编委会名单

主　　任：焦　扬　徐　枫
副 主 任：朱　鸣　黎　荣　翁文磊　孙美娥　刘　琪
委　　员：田　熊　孙红岩　余伟星　宋秀秀　李苏华　李艳玲
　　　　　陈建军　竺倩伟　顾秀娟　葛影敏　（以姓氏笔划为序）

主　　编：徐　枫
副 主 编：黎　荣
执行编辑：李苏华
统　　稿：沈　洁　凌　慧　岑　华　朱亮佳

目录

促进妇女儿童全面发展

全球化、城镇化与新城市女性梦想…003

海外归国人才就业状况及性别差异分析——基于2011年上海市侨情调查…009

文化创意产业视角下女性创意人才的开发研究…019

打造职业女性美丽心灵的通道——现代职业女性心理援助之调研报告…028

法治思维视域中女检察官成长与成才的实证研究——以松江区人民检察院为例…035

虹口区职业女性非学历短期培训需求调研报告…045

朋辈互助在女大学生职业生涯规划教育中的运用…056

当代女大学生的求职困惑与对策研究——以华东师范大学为例…063

上海市金山区城乡家庭发展状况研究…073

维护妇女儿童合法权益

未成年子女权益的司法保护现状管窥——以黄浦区人民法院2010～2012年变更抚养关系纠纷为切入点…083

未成年人民事审判中社会观护制度研究…090

加强对焦虑抑郁儿童青少年的关注与疏导——从一则小学生重症抑郁实例谈起…099

杨浦区高龄独居(空巢)老年女性群体生命安全需求研究…105

H城区女性吸毒相关因素研究…113

服务婚姻家庭多元需求

青年白领子女养育的行为、态度与压力——来自上海的最新调查报告…123

杨浦区家政服务供求主体行为调查研究…142

女大学生情感认知教育的实践探索——基于对"90后"女大学生恋爱观的调查…150

上海出版业适龄青年编辑婚恋情况调研报告…156

构建学校、家庭、社会"三位一体"大教育格局　促进未成年人健康快乐成长——徐汇区家长学校建设的实践、探索与思考…163

功能缺失型家庭的亲职压力现状调查与反思…173

闵行区失独家庭基本情况的调研报告…189

特殊儿童家庭艺术治疗现状与对策研究…195

论童蒙读物在家庭教育中的多重价值…210

0~3岁婴幼儿早期教育发展现状及调研分析——以上海市松江区为例…216

创新妇女组织与妇女工作

妇联参与社会管理创新：成长为枢纽型社会组织的路径与前景…227

上海巾帼志愿者课题调研报告…232

本市年轻女干部培养现状与路径研究…241

妇联携手社会组织共建责任社会之道…249

杨浦区妇女之家创新建设初探…257

创新妇女维权维稳工作　有效参与社会管理创新——以闵行区白玉兰社工服务站为例…271

多元视角下妇联维权工作的路径选择——基于静安区妇联维权工作的实践与探索…277

后记…285

促进妇女儿童全面发展

促进妇女儿童全面发展

全球化、城镇化与新城市女性梦想

黄 怡*

一、"新城市女性"概念

新城市女性指的是 20 世纪 80 年代以后离开农村进入城市并实现城乡身份转换的女性,类似于"新上海人"中"新"的概念,"新"表明在时间上是刚来的、刚到的,与户籍关系没有必然关联。新城市女性主要区别于原先生活在城市中的女性身份,新城市女性作为一个群体,将是今后新型城镇化研究中人口城镇化的主要构成部分。

由于解放以后长期的城乡二元隔离,造成了农村女性在生活空间、社会活动领域内与城市女性的分离。除了在 60、70 年代城市知识青年的上山下山运动中,约有 1 700 多万人(约占当时 1/10 的城市人口)去到农村,其中近一半是城市女知青。这次从城市到乡村的人口大迁移,也是建国后城市女性与农村女性的第一次交接,但在这场运动中,城市青年女性整体是被动的弱势群体,农村女性未能也不可能从中获得积极的影响。

二、农村女性迁徙的三个阶段

80 年代,国内改革开放政策开始实行,而 70 年代后期发端的全球化趋势在世界范围内初露端倪,产业结构升级也扩散到中国。历史证明,对中国来说这是一个紧密而良好结合的发展契机。中国开始承接全球第三次制造业大转移,成为世界工厂。中国农村深深卷入的应该说首先是这场全球化进程,它开启了人类历史上最大规模

---

* 黄怡,同济大学建筑与城市规划学院、同济大学妇女研究中心教授。

的农村人口向城市的迁徙,其次才是城镇化进程,不仅仅因为高速增长的经济给他们带来了貌似更大的空间和更高的物质收入,更重要的根源在于农村问题的无解。

人口自农村向城市的迁徙过程呈现出不同的阶段性特征。按照农村女性加入迁徙的时间和程度不同大致可分为三个阶段。

第一阶段(1980~1990年),自80年代起,农村劳动力大量向城市特别是大城市转移,但是女性人口的转移整体滞后于男性,并且大多集中于年轻女性的流动。在第一阶段的人口流动中,女性只占中国农民工总体的30%左右。这也符合国家在走向现代化过程中都有可能经过的"男工女耕"的过程:男性先转移到更优势的产业上去了,留守在家的女性填补男性在农业生产中的空缺。为了改善家庭收入,农村壮年男性大多外出打工。家里的农业种植、修房子、修灌溉渠、家庭事务、子女教育和赡养老人等工作全部由妇女承担。农村开始出现"空心化"现象,以妇孺老人留守村庄为主。这一阶段的迁徙特征正如地方政府口号宣传的,"出门去打工,回家谋发展。劳力流出去,财富带回来"。

第二阶段(1990~2000年),在总量剧增的同时,流动人口的稳定性增强,家庭化迁移成为趋势。大量农村女性人口流入城市,农村"空心化"进一步加剧,空巢老人、留守儿童组成的不完整家庭数量不断增加。这些女性及其家庭大多聚居在城郊接合部,因为这里的生活成本较低、交通和生活设施相对便利、就业机会较多,她们在各类加工及批发交易市场、废旧物资交易市场等场所务工,也有相当数量从事保姆、月嫂等家政服务。

第三阶段(2000年之后),新生代农民工成为主体。据国家统计局2011年的报告显示,中国在2010年有近1.5亿外出农民工,其中有8487万人出生于1980年以后,占全部外出农民工总数的58.4%。新生代农民工受教育程度更高,平均消费更高,对工作期望值也较高,融入城市的意愿比上辈强烈。新生代农民工整体表现出由"亦工亦农"向"全职非农"转变、由城乡"双向流动"向"扎根城市转变"、由"谋求生存"向"追求平等"转变[①]。新生代农民工已经与上一代农民工有了极大的不同,从衣着打扮、言谈举止很难将他们与城市的"80后"、"90后"区别开来。但他们的就业流动性较大,在城市中"缺乏幸福感"。2007年出版的《打工女孩》虽然颇受争议,却多少反映了新一代打工妹的生存环境与她们的梦想,她们得到的最多,失去的也最多。

---

① 孙铁翔:《流动人口管理之难如何化解?》新华网,2012年8月8日。

三、全球化中的新城市女性

由于特定的时代和环境背景,全球化与城镇化在国内许多城市中是同时进行的。当我们谈论全球经济一体化时,很多人可能并未清醒地意识到,农村女性多多少少处在全球资本主义经济的第一线。

在第一阶段的人口流动中,女性虽然只占中国农民工总体的30%左右,但在珠江三角洲地区,尤其是广州和深圳等地,年轻女性却占流动人口或农民工总数的80%以上[1]。她们主要聚集在低技能、低报酬、工时长、劳动强度大的服务性行业和劳动密集型行业中[2]。年轻女性主要流入南方沿海城市及其郊区,优先发展的广东一带是主要目的地。她们怀着梦想,希望通过打工改变自己的命运。其时纺织、玩具制造以及以OEM为主的代工产业是广东的发展支柱,心细手快的打工妹远比笨手拙脚的打工仔吃香。东莞是中国最大的制造业城市之一,年轻而又没有什么技能的人奔向这里的流水线。据估计,东莞数百万打工族中70%是女性。1991年在中央电视台播出后轰动全国的《外来妹》充分反映了这些背井离乡的打工妹的境遇。对成本的精确计算,让企业主们舍弃了昂贵而生产效率高的机器设备,选择雇佣年轻、勤劳而工资低廉的中国女工从事手工劳动。

在这些来自农村的青年女性当中,相当一部分人叠合了全球化与城市化的双重影响特征。在全球经济中,来自农村的年轻女性构成了在电子和成衣行业中低端制造业劳动力的主体,也就是第二产业中的女性,她们是驯良的和低薪的劳动者。这在空间上反映为中国大都市郊区的连片工业园区,以及城郊外来人口的集中租住地和富士康式的职工集中生活区。

虽然她们工作的城市甚至算不上像样的城市,例如东莞本身就是在全球化进程中迅猛扩张的城市,在《打工女孩》的作者张彤禾的眼中,"工厂就是公交车站,就是纪念碑,就是地标。这座城市是为机器建造的,而不是为了人"。"这是一座未完成的城市,没有记忆,没有过去,这里集中了中国最极端的一切,无情、冰冷、坚硬、压力巨大、杂乱无章,又充满了生机"。但这部分女性仍可以归入"新城市女性",因为她们从事的不再是第一产业部门的农业活动,而是第二产业部门的制造业。

数据表明,从1978年到1998年,在中国持续20年的经济高速增长中,资本的贡献率为28%,技术进步和效率提升的贡献率为3%,其余全部是劳动力的贡献[3]。这

---

[1] 杰华:《都市里的农家女》,江苏人民出版社2006年版,第286页。
[2] 谭琳、卜文波:《中国在业人口职业、行业性别隔离状况及成因》,《妇女研究论丛》1995年第1期。
[3] 辜胜阻:《农村劳动力供给格局或正向严重短缺转变》,经济参考网,2011年3月4日。

其中无法忽略来自这些新城市女性的贡献。

四、城镇化中的新城市女性

在第二阶段的人口流动中,越来越多的农村女性进入城市,并且从南方沿海城市向多城市尤其是大城市扩散,很多以家庭的形式迁徙。在这一时期的迁徙,农村女性更多表现为参与了城市化/城镇化进程。

与这一过程相对应的是,在大城市中,上世纪90年代初的城市产业结构升级造成了城市中日益增大的劳动力差异和职业的两极分化。制造业部门衰退,主要集中在煤炭、纺织、机械、军工等行业;而服务业部门兴起,顶端与底端的服务岗位需求同时增长,顶端是管理和经营等服务业岗位,造就了全球化中城市女性白领群体的成长;底端是消费导向的服务业岗位,则由从制造业部门"下岗"的女性工人承担,更多地是由从农村进入城市的女性群体承担。

一方面,新城市女性的出现为城市职业女性群体提供了服务需求。由于城市职业女性的工作时间大大地挤压了她们的业余时间,职业女性往往以周末超市购物代替传统的每日菜场采购,同时迎合她们家庭需求的服务产业蜂拥而来,快餐店和外卖场所、干洗店、超市、大型卖场、24小时便利店在城市中大量兴起。而这些城市街区空间往往也是新城市女性集中的就业场所空间。

另一方面,新城市女性的出现迎合了全球城市中心服务功能中日益增加的低端岗位需求。正如全球化和城市社会学的领导人物、哥伦比亚大学社会学教授萨斯基娅·萨森指出的,低收入职业比如写字楼清洁工、娱乐业服务人员等大多是女性。城市大量低端服务业迅速兴起,包括餐饮、家政、美发美容乃至地下色情服务,大量地由来自农村、未能受过良好教育和技能培训的年轻和中年女性承担。城市中的各类餐饮店、干洗店、美发美容店乃至发廊、洗浴中心、按摩店,也构成了90年代以来流动人口众多的大城市街区的常见空间景观[①]。

在新城市女性中,还有一部分受雇于工厂,或在其他各类加工及批发交易市场、废旧物资交易市场等非正规劳动力市场务工。总体而言,城镇化进程中的新城市女性,大多数分布在对职业技能要求不高的有限就业岗位上,其中相当数量的岗位劳动条件差、劳动强度大、收入低。

---

① 黄怡:《性别关系视角下的大都市空间文化嬗变》,《性别文化与妇女发展理论研讨会论文集》,2012年。

五、新城市女性的身份、情感与困扰

新城市女性与城市女性同处在城市生活极其复杂的生态链上,她们在城市空间与社会中的近距离交接,对两个群体双方来说都是富有深意的。城市女性带着些许优越、些许同情、些许钦佩,而来自农村的新城市女性带着些许羡慕、些许嫉妒、些许不屑,她们相互依存,也具备了相互理解对方生存境遇的机会。

新城市女性需要获得城乡身份的转换,首先需要自我的认同。独立、时尚的都市职业女性为新城市女性树立了榜样与模范,无论在职业还是生活方式上,都是她们向往和模仿的对象。尽管条件相距甚远,年轻的新城市女性也会积极地重新塑造自己,努力寻找提升自己的生活方式。

但是社会快速转型时期的大城市,注定是一幅呈示出各式各样生存图景的浮世绘,社会多元价值、利益碰撞所引发的问题和矛盾在大城市里集中而尖锐。整体社会氛围加上自身所处窘境,不可避免地会造成新城市女性的情感困扰。

失衡的家庭婚恋生活是最为突出的问题。大量农村人口背井离乡进城务工,虽然给农村的家庭带来了收入,但大多数打工家庭夫妇长期分居。一方面,家里孩子老人要照料,田地要耕种,很多家庭只好选择一人出去打工,一人留守在家;另一方面,也由于户籍、高房价等原因,很多外出农村人口没法拖家带口,不得不和配偶分居两地。夫妻长期分居,生活压力巨大,各自的精神需求和生理需要均得不到满足,因而在一些打工族家庭中出现了越来越多的"临时夫妻"。

固然,城市陌生的环境使得原有的在熟人社会里的伦理道德约束失效;此外,大城市加速上升的离婚率、日趋松散的家庭关系,也潜移默化地影响了迁徙的农村人口的婚姻价值观,使之呈现出多样性、复杂性和现实性的特征。在临时夫妻之类松散的性伙伴关系中,新城市女性易于处于弱势地位,道德责备和破坏家庭的风险,使得她们成为最终的受害者。临时夫妻现象是社会过渡时期出现的婚姻家庭问题,也是在我国城镇化进程中农村人口与社会整体付出的伤痛代价。

由于年龄、受教育程度、婚姻家庭状况、自我评价等生理、心理及社会多种因素,新城市女性群体在价值取向上也有较大分化。在大城市特定地区、特定空间中,夜总会、发廊、洗浴中心、娱乐中心等不同档次半色情场所趋于实体化、常态化,这里绝大多数是新城市女性的栖身之所。在此现象背后隐含着畸形城市化的深层涵义,它催生了大城市传统家庭价值瓦解的社会焦虑情绪。

对相当多数的新城市女性来说,留守儿童与儿童教育是另一个困扰新城市女性

的问题。据全国妇联统计,我国农村因父母出外打工而产生的留守儿童已有5 000多万人,并呈继续增长的趋势。在一些农村劳动力输出大省,留守儿童在当地儿童中所占比例甚至已高达18%至22%①。农村留守儿童问题已经成为不可忽视的普遍性社会问题。特别是女童遭受性侵问题。2013年中国儿童少年基金会《女童保护研究报告》显示,农村留守女童受害者多。广东省化州市的此类案件被害人中,本地农村留守女童占94%②。而对携带子女在城市中生活的新城市女性来说,如何能够给她们的子女提供充分的教育机会是她们最为忧心和关切的大事。

在全球化、城镇化的进程中,新城市女性承受了对自我身份认同、情感与价值困惑的巨大心理嬗变,她们也以自身的生存方式对城市的空间与社会产生了难以低估的影响。

六、城镇化的未来与新城市女性梦想

我国的城镇化目标,若用女性主义的语言加以阐述,就是当全国70%~80%的女性能够在城镇就业,能够与城市女性无差别地享受教育、医疗、住房等各种制度的好处,能够将子女带在身边生活、就学和照顾,也就是拥有城市生活方式时,意味着中国完成了城镇化。而20%~30%的女性依然生活在农村,但这只是生活方式的自由选择差异,而非不得已的抉择,因为城乡是可互为理想的。

也可以这么说,农村女性实现了城镇化,中国也就完成了城镇化,女性的城镇化是中国未来城镇化的关键,亦即新城市女性群体不断壮大的过程,这需要新城市女性主体意识的崛起。为此,有许多努力的切实方向:①提升新城市女性的职业教育,这是改变新生代农村女性命运的突破口,为她们提供适用的、适应城镇化和农村建设需要的职业教育。②创造尽可能多的就业机会,改善新城市女性的就业环境。③营造促进健康的空间环境,包括不断改善的就业空间和居住空间。

在全球化、城镇化交织的复杂而特殊的时代进程中,在社会文化发生的巨变中,不管是新城市女性,还是本来的城市女性,不管是农村农民还是城市知识分子,她们都走在自我塑造、自我实现的道路上。中国社会梦想的实现取决于女性集体梦想的实现。

---

① 秦交锋、皮曙初、王研:《"农海归"、农二代、留守儿童——代表委员热议"人的城镇化"三大重点人群》,新华网,2013年3月8日。
② 《留守女童占被性侵人群94% 妇联建议出台法规》。

海外归国人才就业状况及性别差异分析
——基于2011年上海市侨情调查

吴瑞君 卿石松[*]

一、引 言

随着全球经济一体化、教育国际化趋势的加强,并在国家政策鼓励和人才战略的刺激下,在我国出国留学人数迅速增加的同时,海外留学人员纷纷回国就业创业,形成一波又一波"海归潮"。统计数据显示,改革开放以来,我国各类出国留学人员总数达264.47万人,留学回国人员总数达109.12万人。其中,2012年度与2011年度的统计数据相比,留学回国人员增加8.67万人,增长了46.57%,我国已进入智力回流期[①]。

在此背景下,海归就业已不如从前那样抢手,女性海归人才的就业压力更大,就业问题突显,"海带(海待)"现象屡见不鲜。国家大力引进海外高层次人才的主要目的在于充分发挥他们的科技引领作用,如果他们就业困难,不仅不能起到高端引领作用,还会产生"逆向示范效应"。为此,海外人才归国后的就业和职业发展问题,应引起社会和各级政府的高度重视。因此,深入和系统地开展海外留学归国人员就业问题研究具有十分重要的理论和现实意义。

近年来,上海向建成国际经济、金融、贸易、航运"四个中心"的目标不断迈进,国际人才高地建设取得成效,海外归国人才越来越多,在上海工作和创业的留学人员约占全国的1/4。在全国统计数据资源不可获得的制约下,本文利用上海市2011年侨

---

[*] 吴瑞君、卿石松,华东师范大学社会发展学院教授。
[①] 参见《中国迎来"智力回流期"》,《人民日报·海外版》2013年8月3日第1版。

情普查数据,从性别视角展开归国人才就业状况及影响因素分析,旨在通过这一典型城市的分析发现一些问题,为海外人才,特别是女性高层次人才就业和职业发展提供政策建议。

二、归国人员人口学特征及其性别差异

本文数据来源于上海市2011年侨情调查。该调查标准时点为2011年6月1日零时,调查的对象是在上海市居住半年以上(包括上海户籍和非上海户籍)的归国华侨、归国留学人员、港澳居民、留学生及其眷(亲)属。调查内容包括性别、年龄、受教育程度、从业类型等。根据研究目的,本文选取16至60岁的海外归国人员(包括归国华侨和归国留学生)作为研究对象,不包括此年龄段在校学生和离退休人员。总样本量为12 098,其中女性样本为5 511,占45.55%。

(一) 归国人数不断上升并具有年轻化趋势,学历层次较高

为加快上海"四个中心"建设,尤其是发展现代服务业和先进制造业,上海出台了一系列海外人才优惠政策①,吸引海外人才来沪就业创业已初见成效。从图1海外人员归国变化趋势的数据表明,不管男性还是女性,近5年,特别是2008年国际金融危机以来,归国人数和比重急剧上升。20世纪八九十年代归国人员相对较少,近

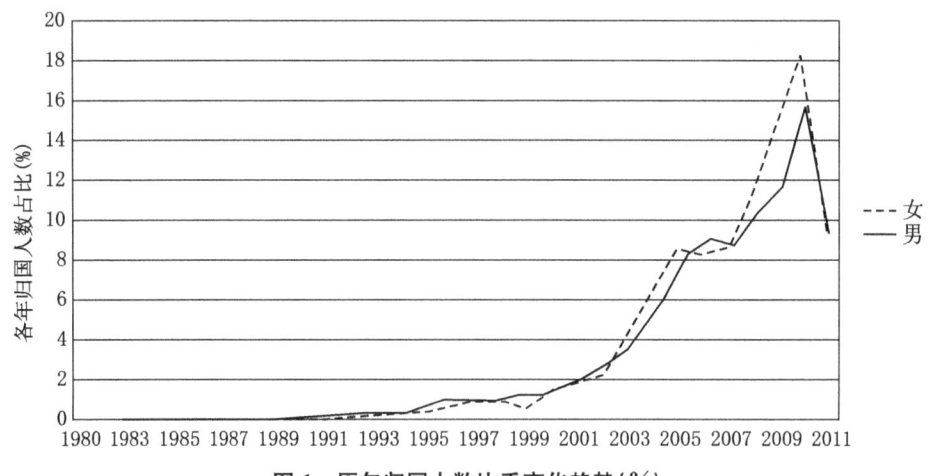

图1 历年归国人数比重变化趋势(%)

---

① 包括上海市于2003年启动实施的"万名海外留学人才集聚工程"和2008年实施"浦江人才计划"等,以便吸引优秀海外人才来沪工作和创业。

94%的人都是2000年以后归国的。分年度看,归国女性人数逐年增加,从2000年到2010年末,年均增长率近30%。其中,2008年女性归国人数为603名,占全部女性归国人员的11.24%。此后两年持续增加,2010年达到979人。①此外,归国人员具有年轻化趋势。以女性为例,女性归国人员的平均年龄为32.29岁。其中,1984年女性归国人员的平均年龄为58岁,2000年下降到42岁,2011年下降到27岁。也就是,更多的年轻人愿意回国就业或创业,很多一部分是刚刚学成归国的海外留学人员。

海外归国人员学历层次较高,全部受过大专及以上高等教育。其中,大学本科学历人口比重为36.65%,研究生及以上学历为58.37%,只有4.98%为大专学历。从性别差异来看,女性的学历层次略高于男性,男性和女性本科及以上学历人口的比重分别为94.49%和95.65%。其中,男女本科学历人口比重分别为37.29%和35.89%,男女研究生学历层次的比重分别为57.19%和59.77%。

(二)浦东新区、长宁区和闵行区等是上海归国人员的积聚地

从图2海外归国人员的区域分布来看,浦东吸纳归国女性人数最多,占到总人数的16.35%,最少是崇明,不到0.5%。同时,长宁、徐汇、普陀、虹口和杨浦等传统中心城区仍然是海归女性聚集重镇。闵行作为郊区中的后起之秀,在吸引归国女性方面排名第三,仅次于浦东和传统中心城区长宁,吸纳了10.71%的女性海外归国人员。这一点与"六普"数据显示上海境外人员的主要分布于浦东、长宁和闵行的现象是一致

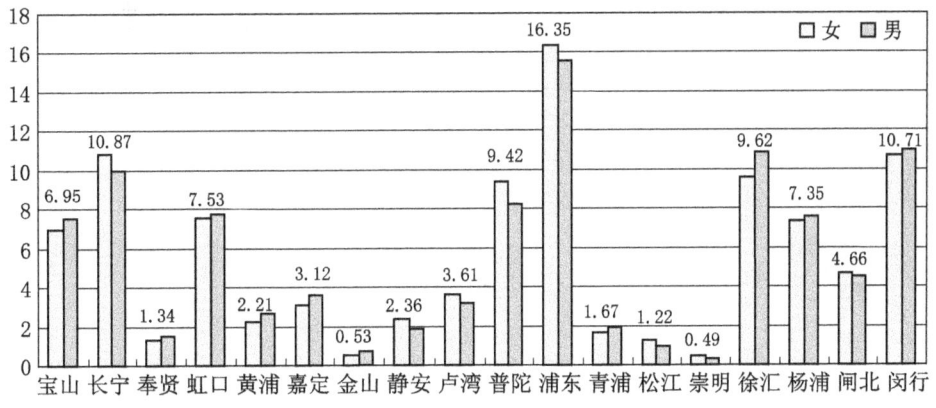

图2 上海市海外归国人员区域分布(%)

---

① 由于调查时间的起点为年中(6月1日),2011年调查得到的归国人数仅为509人,但超过2010年全年海外归国人数的一半。因此,很难说2011年归国人数出现下降。

的①。这些地区是高科技企业多或商贸业发达的地区,就业机会较多、交通便捷、居住环境良好,吸引了大批海外归国人员,是海外归国人才集中就业创业与居住的地区。

同时,从户籍所在地来看,超九成的归国女性落户上海,余下不足一成人员的户籍地又主要集中在浙江、江苏、北京三地。另外,从归国来源地看,英国是首选,其次是日本、美国、澳大利亚、法国等。将近90%的人员自新西兰、加拿大、新加坡、德国、法国、澳洲、美国、日本、英国八国回来,由此可见在对国家的选择上相对集中。

(三) 归国人员就业状况存在明显的性别差异

从就业状况来看,海外归国人员的就业率较高,但仍有一部分人群处于失业状态,也即所谓的"海待"。从表1可以发现,海归人员总的就业率为86.92%,失业人员占全部样本的6.31%,不在业人员为6.77%。在就业样本中,14.92%为企事业单位负责人,37.90%为专业技术人员,17.28%为办事人员和有关人员,9.97%为商业服务业人员,还有18.99%为其他在业人员。不在业可能是因"就业困难"而对就业丧失信心②,暂时或永久性退出劳动力市场。排除这部分样本之后,总体失业率为6.77%③。

表1 海外归国人员的就业分布状况

	总体		男性		女性	
	样本量	百分比	样本量	百分比	样本量	百分比
就　　业	11 906	86.92	6 483	88.94	5 423	84.51
失　　业	11 906	6.31	6 483	5.40	5 423	7.39
不在业	11 906	6.77	6 483	5.66	5 423	8.10
失业率	11 100	6.77	6 116	5.72	4 984	8.05
企事业单位负责人	10 349	14.92	5 766	16.94	4 583	12.37
专业技术人员	10 349	37.90	5 766	41.17	4 583	33.78
办事人员和有关人员	10 349	17.28	5 766	13.94	4 583	21.47
商业服务业人员	10 349	9.97	5 766	9.26	4 583	10.87
生产运输设备操作人员及有关人员	10 349	0.95	5 766	1.11	4 583	0.74
其他在业人员	10 349	18.99	5 766	17.57	4 583	20.77

---

① 参见上海市统计局《2010年上海境外人员的现状与特征》一文。
② 不在业人员中有88.09%自我汇报面临就业困难,甚至高于失业人员中汇报面临就业困难的比重(72.30%)。
③ 失业率计算不包括"不在业"人数,即失业率=[失业人数/(失业人数+就业人数)]×100%。

综合来看,女性就业存在明显的弱势。首先,女性的就业率较低而失业率较高。其中男女两性的就业率分别为88.94%和84.51%,而失业率则分别为5.72%和8.05%。其次,在就业样本中,女性担任企事业单位负责人和从事专业技术人员的比例低于男性,而办事人员和有关人员的比例高于男性。由此可见,虽说女性在就业方面已有很大进步,但女性高层次海外归国人员的职业地位依然低于男性归国人员。这一点从社会职务也得到了验证,受访者中只有42位女性获得了"政协委员"、"人大代表"或者其他先进称号及奖励,不足百分之一。由此,政府需要继续加大对海归女性职业发展的鼓励力度和范围,使之利用所学知识更好地为社会、国家服务。

总结上述描述性分析发现,尽管女性归国人员的学历层次略高于男性,但她们的就业概率和职位地位都低于男性。接下来,本文对归国人员就业状况的影响因素进行回归分析,具体分析女性就业弱势地位的原因,试图找出和提出有利于促进女性高层次人才的成长,发挥她们作用的对策建议。

三、归国人员就业性别差异及影响因素回归分析

基于二元因变量的基本特征,本文采用Probit模型对海外归国人员就业状况的性别差异及其影响因素进行回归分析。首先,针对就业与失业、企事业单位负责人与其他就业人员的变量特征进行比较分析,其次,构建失业概率模型,考察失业率的性别差异及其影响因素;最后,在就业样本中,构建企事业单位负责人(大部分为创业)概率模型,以此考察职业地位的性别差异及其影响因素。

(一) 变量特征比较分析

表2对就业和失业等群体的特征做了比较。结果发现,与就业群体相比,失业群体更多的是女性、归国年限较短、本地户口以及大专等学历层次相对较低的归国人员。当然,更多的失业人员面临就业困难。类似的,与非企事业单位负责人的其他就业人员相比,企事业单位负责人的基本特征是男性居多,年龄较大、归国年限较长、外省市户口以及具有研究生学历的人员,也有小部分可能是学历较低的自我雇佣人员。

交叉分析表明,归国人员的就业状况与这些变量可能存在较强的关系。接下来,利用这些变量做进一步的回归分析。同时,为了考察就业状况与年龄之间的非线性关系,我们在回归方程中纳入了年龄的平方项。

表 2 不同群体的变量特征比较

	就业	失业	企事业单位负责人	其他就业人员
女性	44.28	53.40	36.72	45.61
年龄	33.68	33.79	36.86	33.12
归国年限	5.70	4.78	7.52	5.39
外省市户口	8.43	6.14	10.89	8.00
大专	4.23	12.92	4.80	4.14
本科	34.20	55.13	29.29	35.06
研究生	61.56	31.96	65.91	60.80
就业困难	0.85	27.70	0.39	0.93

(二)失业概率的性别差异及其影响因素

失业概率 Probit 回归结果表明(见表 3),女性归国人员的失业概率显著高于男性。研究结果在本市户口和 2000 年以后归国人员的子样本中稳健一致。在调研中我们还发现,有不少女性海归在从事公益性质的工作,如社工。这也是女性海归就业难的一个体现,虽然她们内心不是很愿意,但也面临先就业后择业的选择。但如果引导得好,可以让更多的海外人才进入社会服务和管理岗位,有助于推动各方面的发展。

与理论预期一致,我们发现失业概率与教育程度负相关。与大专学历层次相比,具有本科或研究生学历层次的海外归国人员的失业概率较低。失业概率与年龄存在 U 形关系,进入劳动力市场之后,随着年龄的增长,失业率在短暂的下降之后逐步上升。也即是,初次进入劳动力市场和年龄较大的归国人员,失业概率较大。同时,失业概率与归国年限显著负相关。可能的原因,一方面是因为回国一段时间之后,海外人才更加适应国内的工作和生活环境,社会关系网络扩大,相对容易找到工作;另一方面是因为国际经济形势而导致最近几年客观的就业压力相对较大。此外,户口在外省市归国人员,失业概率较低。这一点与我们调研得到的信息是一致的,外地户籍人员(即出国前户籍不在上海)来上海的主要原因是具有更好的就业和职业发展机会,主要集聚在高科技领域从事创新创业工作。

表3 失业概率Probit回归结果

变量	(1) 全样本	(2) 本市户口	(3) 2000年以后回国
女性	0.236*** (0.039)	0.222*** (0.041)	0.244*** (0.041)
年龄	−0.098*** (0.019)	−0.101*** (0.020)	−0.073*** (0.022)
年龄平方	0.002*** (0.000)	0.002*** (0.000)	0.001*** (0.000)
归国年限	−0.059*** (0.008)	−0.056*** (0.008)	−0.111*** (0.011)
外地户口	−0.148* (0.078)		−0.146* (0.080)
本科	−0.426*** (0.074)	−0.456*** (0.075)	−0.436*** (0.082)
研究生	−0.989*** (0.073)	−1.027*** (0.075)	−0.975*** (0.082)
常数项	0.807** (0.368)	0.895** (0.382)	0.510 (0.416)
样本量	10 791	9 901	10 070
伪R平方	0.084 6	0.085 5	0.098 9
Wald卡方值	416.5***	396.3***	404.4***

注：表格中数字是回归系数，括号中的数字是对应的稳健性标准误。 *** $p<0.01$，** $p<0.05$，* $p<0.1$

（三）职业地位的性别差异及其影响因素

在就业样本中，我们以是否担任"企事业单位负责人"（大部分是创业）作为指标，考察职业地位的性别差异及其影响因素。模型变量与失业概率模型基本一致，主要是增加行业虚拟变量组作为控制变量。Probit回归结果汇报于表4。结果发现，女性归国人员担任"企事业单位负责人"的概率显著低于男性，在本市户口和2000年以后归国的子样本都得到了类似的结论。这说明，女性海归不仅就业更加困难，她们的职业发展或成功创业的概率也较低。

在控制变量中，年龄、归国年限、户籍和教育程度都对职业地位具有重要的影响。

其中,年龄与成为企事业单位负责人的概率之间存在倒 U 形曲线关系,有一定的工作经验且年富力强的中年人成为企事业单位负责人的概率较高。与归国年限能够降低失业概率的结论一致,归国年限与企事业单位负责人之间具有显著的正关系。同样的,户口在外省市的归国人员更有可能是企事业单位负责人。与调研发现一致,他们来沪的目的更多是因为经商和创业。

表 4　企事业单位负责人 Probit 回归结果

变　　量	(1) 全样本	(2) 本市户口	(3) 2000 年以后回国
女　性	−0.124*** (0.034)	−0.122*** (0.036)	−0.120*** (0.035)
年　龄	0.060*** (0.018)	0.058*** (0.019)	0.027 (0.022)
年龄平方	−0.001*** (0.000)	−0.001** (0.000)	−0.000 (0.000)
归国年限	0.047*** (0.005)	0.046*** (0.005)	0.059*** (0.007)
外地户口	0.222*** (0.055)		0.214*** (0.057)
本　科	0.109 (0.088)	0.094 (0.092)	0.082 (0.102)
研究生	0.231*** (0.086)	0.223** (0.089)	0.197** (0.100)
常数项	−2.546*** (0.348)	−2.471*** (0.365)	−2.012*** (0.413)
行　业	Yes	Yes	Yes
样本量	9 546	8 729	8 921
伪 R 平方	0.062 1	0.061 5	0.048 3
Wald 卡方值	476.7***	423.9***	335.7***

注:表格中数字是回归系数,括号中的数字是对应的稳健性标准误,模型还控制了就业所在的行业(回归结果略)。 *** $p<0.01$, ** $p<0.05$, * $p<0.1$

总之,回归分析和列联表交叉分析的结果一致表明,海外归国人员的就业状况存在较大的性别差异。同时,海外归国人员并非铁板一块,他们的就业状况具有一定的群体和层次差异性。具有研究生等学历层次、回国时间较长而适应国内环境的人员,其就业状况较好。相反,大专等学历层次、新近回国的人员则面临更大的就业压力。

四、结论与政策建议

本文利用上海市2011年侨情普查数据,分析了海外归国人员的就业状况及其性别差异。研究发现,随着海外留学的大众化和国内经济社会的发展,海归人员出现大量化、低龄化趋势。在此背景下,海归人员的失业问题开始显现出来,就业率不足九成,失业率达到6.77%。其中,女性海归人员的就业形势更加严峻。这不仅表现在女性海归人员具有更高的失业率,而且就业女性为企事业单位负责人和专业技术人员的比例较低。

海外归国人员的就业问题不能简单地看作是数量问题,海归人员分为几个层次,在就业中遇到的问题也有所不同。研究发现,除了性别因素,年龄、归国年限和教育程度对就业状况具有显著影响。具体来说,学历层次较低、归国年限较短的海归人员面临更大的就业压力。本(专)科毕业或者在国外短暂留学的归国人员,既没有国外工作经验,对国内环境也不适应,在求职过程中自然没有优势。因此,个体的就业能力而不仅仅是留学身份成为决定海归就业的关键因素。

以上结论的政策含义在于,在教育国际化和海外人才回流的趋势背景下,政府除了需要完善鼓励海外高层次人才回国就业创业的政策之外,还必须重视和关注一般海归人员的就业创业问题。政府应加强对留学人才及其国际流动的统计监测,把海外留学回国人才纳入大学生就业指导和服务的工作规划中来,加强对海外归国人才,特别是女性海归的求职指导和服务。一方面,要完善网络建设和人才中介服务,如成立国家猎头、建立各级高效有序的海外人才市场,加强对海归人员求职和需求信息的发布,以实现用人单位与海归人员的对接,减少海归人才市场的摩擦性矛盾。另一方面,要加强海归人员的就业培训和指导,及时指导、并排解其诸如对国内环境了解不足和沟通方法技巧欠缺等困扰。

同时,针对女性创业者(企事业单位负责人)比例较少的现象,必须完善鼓励和支持海外人才的创业政策,实施以创业带动就业。全社会和政府应努力营造一个法制化的、宽松的创业环境,如落实和改善现有政策特别是完善投资和融资服务体系、设立留学人员创业风险投资基金等,建议建立多渠道集资和风险投资的运行机制。例如,上海市杨浦区于2011年组建海外人才创业引导基金,发挥政府资金杠杆作用,采取政府投入、引导和吸引民间资本,着力帮助初创期的海归企业破解融资难瓶颈①。

总之,要更多地吸引海外人才、更好地使用和利用好海外人才,发挥他们的高端引领作用,努力建设人力资源强国,促进经济社会的转型发展,必须从政策和行政层面着手,采取措施做好海外人才的就业创业工作。同时,女性海外人才是高层次人才的重要组成部分,缓解女性海外人才的就业和职业发展困难,对于促进女性发展和性别平等具有重要的现实意义,相关的劳动、妇联部门必须高度关注女性海归的就业和其职业发展。

---

① 谈燕:《杨浦组建海外人才创投基金》,《解放日报》2011年6月21日第2版。

文化创意产业视角下女性创意人才的开发研究

张迺英[*]

中国是文化创意产业增长最快、市场最大的国家,但目前最大的发展瓶颈是人才。根据上海海略管理信息咨询有限公司的《创意产业发展研究报告》指出,目前在纽约从事文化创意产业的人员占总就业人口的12％,伦敦是14％,东京是15％,而上海、北京还不到1‰。文化创意产业人才的缺乏严重制约着文化创意产业的发展。因此,文化创意人才的开发成为促进产业进步的关键因素。由于文化创意产业有着不同于传统的农业和制造业的特点,其智力因素的发挥在产业发展中占有重要的因素,从而为女性在产业中发挥重要作用提供了难得的机会。

近年来,在上海的八号桥、田子坊、创智天地等知名的文化创意产业园区内,已活跃着越来越多的女性身影。发展文化创意产业对女性而言正是一次难得的机遇。女性具有先天的语言优势,对色彩和声音的敏感度一般高于男性;女性在创意产业从业人员所需的沟通能力、直觉思维能力、学习能力和灵活性等方面也较有优势。因此,着重女性文化创意人才的开发正是弥补文化创意产业人才匮乏的关键。

一、人才是文化创意产业发展的瓶颈要素

文化创意产业自提出以来,已经成为现代经济中最活跃、增长最快、最有前途的产业,世界上主要发达国家的文化创意产业大多数达到了GDP的10％以上,意大利甚至达到25％。我国文化创意产业虽然起步较晚,但已引起社会各界广泛关注,发

---

[*] 张迺英,同济大学经济与管理学院副教授。

展态势迅猛。

(一) 文化创意产业发展的不同类型决定人才的多样性

文化创意产业在全球的兴起和发展,由于各国、各地区文化差异和经济发展水平不同,使文化创意产业有着各种不同的产业类型,因而对文化创意人才的需求呈现出多样性的特点。

理论界学者从不同的角度对文化创意产业进行了分类,如文化经济理论家凯夫斯认为:创意产业提供我们宽泛地与文化的、艺术的或仅仅是娱乐的价值相联系的产品和服务。它们包括书刊出版,视觉艺术(绘画与雕刻),表演艺术(戏剧,歌剧,音乐会,舞蹈),录音制品,电影电视,甚至时尚、玩具和游戏;经济学家霍金斯在《创意经济》(The Creative Economy)一书中,把创意产业界定为其产品都在知识产权法的保护范围内的经济部门。

英国政府1998年出台的《英国创意产业路径文件》中,首次明确提出创意产业这一概念,将创意产业定义为源自个人创意、技巧及才华,通过知识产权的开发和运用,具有创造财富和就业潜力的行业,同时根据这一定义,指出"创意经济"的范畴包括13个行业,即:广告、建筑、艺术和文物交易、工艺品、设计、时装设计、电影、互动休闲软件、音乐、表演艺术、出版、软件、电视广播等。

美国也是世界上发展最强的文化创意产业的国家。在美国被称为版权产业的文化创意产业,是美国创意经济重点领域。美国的版权产业可分为四块:第一块是核心产业,包括出版业(报纸、期刊等)、音乐出版、电台、电视广播、有线电视、电影、舞台制作、广告、电脑软件及资料处理等;第二块是部分版权产业,即产品为部分版权资料的产业,如建筑;第三块是负责将版权产品分销到市场的边缘版权产业;第四块是与版权相关的交叉版权产业,指产业制造或分销的产品完全或部分与版权有关(如电脑硬件、收音机及相关产品)。

我国政府也针对自身具体经济社会发展的特点,同时结合统计、管理的需要,对文化创意产业的概念与分类做出了不同的规定,如我国在《国民经济行业分类》中将文化创意产业分成82个行业小类,将6个行业纳入其中,分为9大类别:文化艺术;新闻出版;广播、电视、电影;软件、网络及计算机服务;广告会展;艺术品交易;设计服务;旅游、休闲娱乐;其他辅助服务。

上海是我国文化创意产业发展的重要城市之一。上海文化创意产业近几年发展速度很快,已经成为上海的支柱产业。从 2004 年到 2011 年,创意产业增加值逐步攀升,其增长速度也不断加快,占 GDP 的比重也越来越高。按照国际标准,一个产业其增加值占 GDP 的比重如果超过 6%,就可以算作一个经济体的支柱。至 2011 年,上海创意产业从业人员已达 118.02 万人,实现总产出 6 429.18 亿元,比 2010 年增长 16.9%,实现增加值 1 923.75 亿元,比 2010 年增长 13%,高于上海市 GDP 增幅 4.8 个百分点,占上海全市生产总值的比重为 10.02%[①],比 2010 年提高 0.27 个百分点,对上海经济增长的贡献率达到 15.5%。

上海政府近几年连续出台了一系列法规、政策[②],同时完善了各项配套设施,以文化创意产业集聚区为基地,并将产业分类为研发设计创意、建筑设计创意、文化传媒创意、咨询策划创意和时尚消费创意五大类。

(二)文化创意产业链各环节人才匮乏的表现

文化创意产业发展的不同类型以及文化创意产业的增速发展,对人才的需求一方面表现出多样性,另一方面表现为文化创意产业链各环节的人才极度匮乏。

文化创意产业链是基于文化资源积累及科技创新发展,源于个人创造力、技能及才华,以信息及网络技术为主要载体,通过知识产权的形成和利用,经过创作、生产、流通等环节,能够为社会创造财富、提供就业机会潜力的产业链。文化创意产业链各环节包括生产和流通两大部分,同时又细分为六大块:资源、创作、生产、包装集成、流通、展示,涉及创意、制作、消费、传播、管理等环节,包括艺术家、创意人才、经纪人、经纪组织、媒介、终端消费者。作为一种全新的经济形态,文化创意产业链融合了技术创新和文化创新。这是一个以创作、创新为手段,以创意成果为核心价值,以文化为内容,以知识产权的实现和消费为特征的新兴产业链。文化创意产业要真正发展,产业链的各个环节都要齐头并进。文化创意产业链的发展不但改变着地区的经济结构,同时也创造了大量的就业机会,但是这些职位却难觅合格的文化创意人才。

虽然我国的文化创意产业已出现良好的发展势头,但必须清醒地认识到我国文化创意产业在进一步发展过程中,正在遭遇诸多瓶颈,如法制尚不完善、缺乏核心竞争力、创造力不足、融资渠道不足等。然而从根本上讲,文化创意产业面临的最大问题是产业链各环节优秀文化创意人才的极度匮乏。创意、创新是该产业的灵魂,而人

---

① 上海市统计局:《科学发展谱新篇——第九次党代会以来上海经济社会发展资料汇编》。
② 例如《上海市文化创意产业发展"十二五"规划》、《上海市加快创意产业发展的指导意见》等。

才正是创意的载体,人才的匮乏已经严重制约了产业的发展与升级。文化创意产业链各环节人才匮乏表现为四个方面,即原创设计者、行业营销者、产业集聚管理者和行业领军者。

在文化创意产业发达的国家和城市,不乏有相当比例的女性成为原创设计者、行业营销者、产业集聚管理者和行业的领军者。她们以独到的直觉、细腻的观察和高超的人际公关能力和亲和力,为文化创意产业做出了非凡的贡献。

二、女性人才对文化创意产业发展的优势分析

如前文所述,中国文化创意产业正处于迅猛发展的时期,急需各类文化创意人才,结合文化创意产业的特点与行业分布,不难发现,女性人才进入这一行业优势明显,这是由于女性人才本身的心理特点与该行业对人才的要求契合度非常高,主要表现在以下方面:

(一) 直觉与思维能力优势

女性的直觉力是理论界、实务界公认的职业优势,由于生理上的差别,女性天生比男性敏感,而具有细致的观察力。研究发现:女性在情感的感知方面,具有男性无法比拟的优势,女性往往比男性富于情感,直观能力强,有一种天生的感觉力,对事物的观察力更为细致、敏锐和准确,能感受到男性所不能感受的东西,对于时尚潮流更是具有天生的敏感性。此外,女性形象思维能力更强,思考问题普遍具有细致、周全的优势,富于联想与想象。

在实际工作中,由女性负责工程设计、制定工作计划、构思规划方案时,通常更为细致且充满感情色彩,在文艺、文学、艺术等领域,女性往往使人感到优美、典雅、和谐、细腻和直观新颖。美国加州管理咨询家珍妮特·欧文与同事做的一项调研,其结果发现女性在识别潮流趋势、集纳新的思维并付之实践等方面优于男性。

咨询策划、文学艺术、时尚设计是文化创意产业的重要组成部分,同时也是上海市构建"创意之都"的重点领域,充分发挥女性人才特有的细致、敏感、富于联想等性格优势,将会对文化创意产业中原创性人才匮乏、创新性不足等问题的解决产生重大影响。

(二) 交际能力的优势

女性普遍具有态度温柔和蔼、感情丰富且善于体谅别人的处境和困难的优势,在

社交场合或工作协作中能表现出较强的表达能力、交际能力和协调能力,这在媒体、公关等行业已有充分表现。

文化创意产业涵盖了从产品的设计开发到包装推广,最终实现销售的整个价值链,其中营销推广是必不可少的一环。在市场经济条件下,好的产品或作品并不能保证好的收益,只有结合客户需求与时代特点,制定并实施适当的营销策略,才能在更大程度上确保产品价值的实现。当前集聚区营销者也正是上海文化创意产业最紧缺的人才类型之一,营销工作者对交际能力的要求是非常明显的,女性人才通过明确自身这一优势,并积极培养创意产业营销者所需的其他能力,极有可能为填补该类人才缺口产生深远影响。

(三) 管理能力的优势

管理学家明茨伯格在其《关于管理的十个冥想》中谈到,"组织需要培育,需要照顾关爱,需要持续稳定的关怀",关爱是一种更女性化的管理方式,女性管理者倾向于以其特有的细致和友善去关心他人,帮助他人,因此通常在谋求下属的福利和关心他们的生活方面,表现突出。

此外,女性管理者往往更善于倾听,能够设身处地从他人的地位、立场来观察、考虑、分析问题,面对分歧、困难时,她们善于通过人际交往、信息沟通,协调组织内部各种关系,使组织活动在时间和空间上达到有机配合,产生一种团结一致的协作力。

这种更为柔性的女性化管理方式对于文化创意产业而言其优势更为明显,因为文化创意人才往往更具有艺术家的气质,对自由的追求也更多,传统严格的管理并不适合他们,当前上海文化创意产业管理人才非常稀缺,这就给予了女性人才发挥自身管理优势的广阔空间,女性人才的积极参与必将推动未来文化创意产业的进一步发展。

三、女性文化创意人才的开发建议

尽管女性在文化创意产业领域具有独到的优势,但纵观当下的产业环境,女性创意人才仍然面临诸多发展阻碍。例如:女性创新能力得不到社会认可;女性在文化创意产业中更多扮演着执行者而非管理决策者的角色,因而其创意得不到真正体现;大量潜在的女性创意人才缺少发展途径;女性创意人才的发展受到来自家庭、社会,以及文化因素的制约等。

针对女性在文化创意产业中的独特优势,以及产业对女性人才的需求,结合现行女性创意人才所面临的问题,建议女性文化创意人才的开发可以从以下几方面进行:

(一) 构建女性文化创意人才的教育培养体系

对女性创意人才的培养,教育是基础。女性创意人才的培养并不强调速成,它是一个长期的过程,应该从小开始引导,从基础教育出发循序渐进。通过教育逐渐加强女性对创意的认识及创意才能的形成。

首先,应从基础教育开始,引导女性加强自我认识,看清自身优势,争取在创意领域发挥智慧才干;其次,从教育水平上来说,相对男性而言,女性文化水平普遍偏低,这样的教育状况显然难以支撑需要众多综合抽象能力的创意的产生。开发女性创意人才,需从整体上提升女性受教育的程度;再次,对教育模式进行相应的改革与创新。培养创意人才必须打破传统的教育模式,更多地关注学生的综合素质、人文精神和文化背景。在教学形式上应该更加丰富、新颖,教育者应积极开拓学生的创造性思维,对学生进行创新创造性教育。而对女性来讲,引导她们如何从女性的独特视角思考问题、启发创意,是培养女性创意人才的关键。

(二) 健全女性文化创意人才的培训机制

在文化创意型企业中,应重视对女性的职业培训,提高女性在创意方面的竞争优势。如前所述,女性在企业中往往担任执行者角色,职位层级较低,因而女性获得创意能力培训的机会并不多。企业应认清女性在文化创意方面的独特优势,懂得利用这一优势为企业创造价值。企业应该为员工提供诸如艺术交流、海外学习、大型展览及文化艺术节活动的参与机会,为女性创意人员创造更多与创意名家、著名文化企业以及教学机构接触的机会,以开拓视野。

除企业层面提供培训机会外,政府相关机构或妇联也应建立女性创意人才培训机制,以弥补企业培训的缺失。可以通过校企合作培养机制,培育专业对口的女性创意人才;通过政府力量,不定期举办公益讲座,邀请国外高端创意人才讲学;搭建国际交流平台,帮助介绍女性创意人才到海外实习。其次,对女性创意人才提供一定的培训费用补贴。因大量女性创意人才处于职场底层,收入有限,难以承担高昂的培训费用。可考虑由政府对创意产业中的女性低收入者提供一定的费用补贴,让更多女性获得培训机会。相关机构要定期对女性创意人才的培训需求进行分析,跟踪培训效果,不断更新完善培训机制,使其发挥长效作用。

(三) 完善女性文化创意人才激励措施

在学校教育阶段,女性往往表现出更多的文化创意天赋,可一旦进入职场,在文化创意领域表现突出的却以男性居多。例如,在历年的戛纳创意节上,参与盛事的多以男性为主,评委更一面倒清一色男性,当中仅夹杂着零星的女性起"装饰"作用。导致女性文化创意人才,尤其是高层人才缺失的原因很大程度上源于女性人才激励措施的不完善,女性最终无法到达职业的顶点。在 IPG 主办的一场研讨会"论广告狂男之后:创意角色朝两性平衡发展"中就有人指出:"女性在创意行业,尤其是广告行业,玻璃天花板长期存在,在企业高层,女性得到晋升的机会远远低于男性。[①]"事实上,根据上海麦肯首席创意总监林小琪的说法,同级别的女性往往比男性能干。遭遇晋升歧视必然导致女性在创意领域长期处于"手脚"地位。作为执行人员,她们不仅报酬较低,且个人价值得不到真正体现,最终,女性创意人才流失而转入传统行业。

对此,应完善相应的激励措施,鼓励更多女性从事文化创意工作,并发展一批高层次的女性创意人才。首先,应强调薪酬激励。薪酬是女性创意人才价值的间接体现。由于创意行业投资回收期较长,不适宜照搬传统行业的薪酬模式,应建立个性化的薪酬设定标准,保证对员工的激励。其次,应向女性创意人才提供更多晋升机会,使其摆脱执行者的角色而进入管理决策层。这不仅是激励的需要,更是企业产生创意的必备条件。创意的产生往往是不同性别、文化和知识的人通过思维碰撞的结果,企业管理决策层需要包括女性在内的更多元化的元素。再次,宣传激励。应加大对女性创意人才的宣传力度,树立创意产业集群中成功女性的榜样,激励女性人才成长。营造良好的舆论环境,使女性在创意领域发挥的才能和取得的成就得到社会的关注和认可。

(四) 为潜在女性创意人才提供发展机会

创意的产生通常得益于各种专业知识以及教育培训的支持,因此,教育水平较高与经济较发达的地区会涌现出更多的创意人才。但创意这一大脑思维的结晶,更多地源自文化背景与生活经历的沉淀。事实上,在我国,有大量的女性创意人群分布在知识与经济水平相对落后的西部小镇、村庄,甚至是边疆地区。她们拥有创意,却没

---

① 伦洁莹:《创意角色向两性平衡发展》,《中国广告》2011 年第 10 期,第 70~72 页。

有表现创意的途径与机会。例如,在我国西部地区,小镇的家庭妇女(无业在家人员)几乎个个精通各种手工制品,比如刺绣、纳鞋垫、剪纸等等。女人们长期聚在一起,探讨各种手工制品的设计技巧,创造过众多融艺术与实用性为一体的手工制品。这些手工制品无不蕴含着当地民俗文化风情以及妇女们的个人创造,是女性在手工制品上文化创意的完美体现。然而,因为缺乏推广途径使得这些物品往往只供家庭独享。

创意无关学历和层次,政府与社会机构应重视这类潜在创意人群,给予她们展示并推广其创意的机会。首先,政策上应给予扶持。政府相关机构可以组织收购渠道,将这类创意手工制品输往市场,以体现创意价值。同时,为潜在女性创意人员提供免费专业培训,一方面激励她们更好地发挥创意才能,另一方面也为她们搭建起一个更容易进入的创意交流平台;鼓励社会机构积极参与网络交易交流平台的建设。其次,政府和机构应经常组织创意活动与竞赛,发掘优秀的民间创意人才。创意类竞赛不应该只针对专业创意人员,也应提供给大众知晓和参与比赛的机会。再次,通过政策引导家庭妇女到正规的文化创意企业就业,为她们展现创意才能提供固定平台。

(五) 优化女性创意人才的成长环境

1. 社会环境方面

加大社会舆论宣传,变革社会传统观念,为女性人才成长创造和谐的社会环境。由于受传统职业性别偏见的影响,社会对女性人才的重视和认可度较低,且这种观念根深蒂固,这显然不利于女性人才的发展。观念的变革是一项长远而复杂的工程,因此社会各阶层应加强宣传力度,采用多种多样的宣传、教育方式,致力于提高性别平等的社会认同感,从而最大程度地发挥女性创意人才的作用。

2. 法律政策环境方面

为女性创意人才营造良好的法律环境,应从维护女性劳动权益与劳动成果两方面进行。首先,应修订有关就业歧视的法律法规细则,明确就业歧视的界定、处罚额度、维权方式等。并通过多种媒体宣传,使反对就业歧视的观念深入人心,达成社会共识。二是关注平等就业。政府应为遭受性别歧视的女性提供维权帮助,保障女性人才实现平等就业与晋升的机会。三是应大力宣传妇联等维权部门的职责和功能,联手法律专家为女职工提供法律咨询、代理等服务,真正为女性维权。在创意成果方面,应健全知识产权法律法规对创意成果的保护。

在国家政策中还存在一些不利于女性人才资源开发的条款,如男女退休年龄的差异。在人民素质普遍提高的今天,这一政策也是女性人才难以达到职业高峰的原因之一,政府应相应调整这类政策。其次,政府可以推出鼓励创意企业接纳女性员工的政策,以推动女性发挥其独特的创意优势。最后,应呼吁设立女性创意人才资源开发专项资金并纳入财政预算体系,以保障女性创意人才成长各项措施的实施。

3. 家庭环境方面

女性创意人才的成长应该得到来自家庭的理解和支持。首先,家庭应改变传统的"男主外女主内"的思想,支持女性发展自己的事业,当女性遇到职业上的困难应给予及时的帮助;其次,家庭成员应共同承担家务,以减轻女性的家庭负担,给予各自相对宽松的自我空间,这对于创意型女性人才的发展尤其重要。再次,建议完善我国目前的用工制度,在自愿的基础上,尝试推行弹性工作制度,为孩子年幼的女性提供家庭和事业互为兼顾的小时工作制度,使女性创意人员在更有利的环境中施展其创意才能。

打造职业女性美丽心灵的通道
——现代职业女性心理援助之调研报告

黄浦区律师工作委员会女律师工作小组　致公党黄浦区委妇委会

一、调研背景

职业女性是社会和家庭的中坚力量,既是单位的骨干又是家庭的栋梁。随着社会的加速发展和竞争的日趋加剧,职业女性在获得发展机遇的同时也面临着挑战。她们纵横捭阖在各种关系中,由此产生的巨大压力而导致心理健康状况不佳,主要表现有:缺乏安全感、足够的自信心、乐观的精神;对工作有倦怠感……

据世界卫生组织调查表明,女性异常心理发生率高于男性,职业女性比非职业女性更容易产生心理疾病。医学心理学研究表明,长期的精神紧张、反复的心理刺激及恶劣情绪得不到及时疏导化解,在心理上会造成心理障碍、心理失控甚至心理危机,在精神上则会造成精神萎靡、精神恍惚甚至精神失常,引发多种身心疾患,如紧张不安、动作失调、失眠多梦、记忆力减退、注意力涣散、工作效率下降等,以及引起诸如偏头痛、荨麻疹、高血压、缺血性心脏病、消化性溃疡、支气管哮喘、月经失调、性欲减退等疾病,甚至诱发癌症。

为了解职业女性心理健康的需求和目前社会上各种心理服务渠道的现状,上海市黄浦区律师工作委员会女律师工作组成立了课题调研组,针对在上海市中心城区各大楼宇工作的女性白领工作者特别是从事一线工作直接接触不同人群的职业女性(如银行大堂接待人员、银行柜面工作人员、各类行政机关办事窗口接待人员等)进行了相关调研。本次课题研究主要采取问卷调查、小组讨论、一对一访谈相结合的形式,了解职业女性心理不健康状况的程度、职业女性产生心理问题的成因以及职业女性认为能解决其心理健康问题途径与方法,并通过座谈的方式与有执业资质的专业心理咨询师交流,借鉴专业人士的意见,提出具有可操作性的、有普及意义的建议。

二、调查数据

本次调查共发放 74 份问卷,回收率 100%;开展四次小组讨论,每组约 7~9 人。调查问卷 17 道题目以客观选择题为主,内容涉及职业女性在工作和生活中可能产生心理问题以及解决心理问题的方法与途径。调查对象的年龄段主要在 20~40 岁,文化水平主要是本科和硕士,婚姻状况正常(如图 1、图 2、图 3)。调查对象具有针对性和代表性,所得数据比较客观。

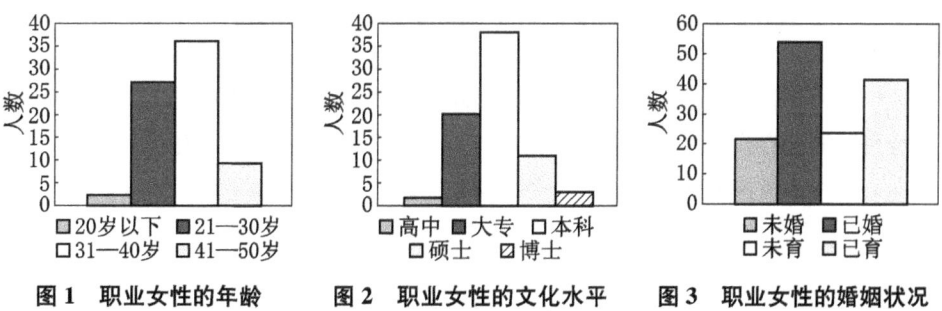

图 1　职业女性的年龄　　图 2　职业女性的文化水平　　图 3　职业女性的婚姻状况

问卷调查数据显示:24%的人认为"周围有心理问题或者疾病的人"有很多;53%的人认为"周围有心理问题或者疾病的人"不是很多;22%的人认为"周围有心理问题或者疾病的人"几乎没有(如下图)。在座谈中,则有 95%以上的人认为自己或者周围的人都有不同程度的心理问题。

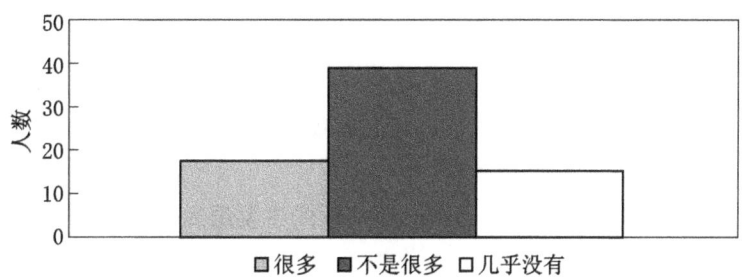

图 4　职业女性对周围有心理问题或者疾病的人的认识

问卷调查对象关注的心理问题,49%的人关注亲子与教育(主要是已婚已育者);36%的人关注婚恋与两性(主要集中在未婚者);35%的人关注职业咨询;47%的人关注自我认识和个人成长;很少有对象关注人际交往、情绪调节等一般心理问题。(如图)

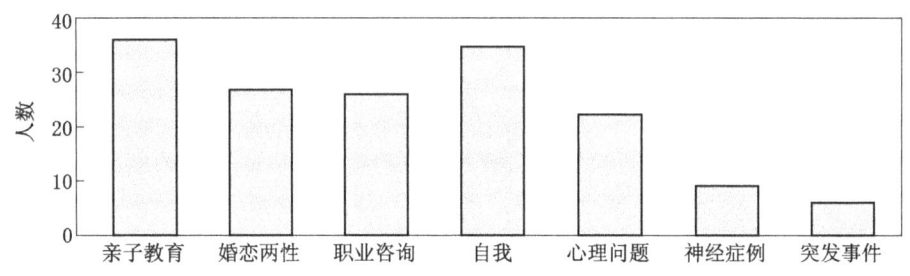

图5　职业女性关注心理问题的种类

对于问卷中"当您感觉压力很大时,您一般会如何处理?"的问题,58%的人选择通过睡觉、听音乐、看电视、娱乐活动、体育锻炼等放松心情的方式自行解决;47%的人采取向他人倾诉的方式;而选择向心理咨询机构或心理医生求助的人数为0。在座谈中,70%的人表示可以通过向他人倾诉的方式解决自我心理问题;25%的人表示完全可以通过自我修复的方式来解决心理问题;只有5%的人在发生心理问题时曾经向心理咨询机构求助或者愿意接受心理咨询机构的帮助(如图6)。

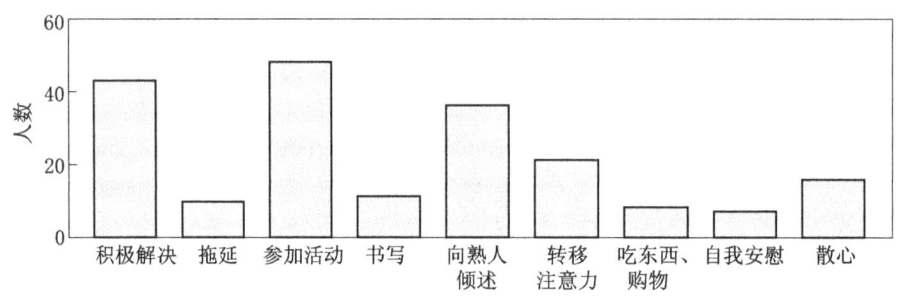

图6　职业女性的释压方式

三、职业女性心理问题成因和自我调整方法

综合以上调研分析,本课题组得出如下结论。

(一) 职业女性产生心理压力和心理问题的主要原因

1. 职场压力

在当今社会,女性在就业、竞岗、提职、加薪等方面都不占优势,一些用人单位在对外招聘、对内优化组合和干部任免中歧视女性,设立各种条件限制女性。有些职业女性为了保住工作或得到提拔,在遭受不公正待遇或者受到性骚扰后不敢吭声,她们既愤懑又无奈,既想竞争又怕付出过高代价,心理压力不断加大。长期处于心理重荷之下,会对心理健康造成严重的不良影响。

对于本次调研的重点对象——担任窗口接待工作的职业女性来说,她们更是承受了有别于其他职业女性的工作压力。她们每天都面对不同的人群,时刻接受着来自工作对象的各种信息。如果接受的负面信息逐渐积累而得不到及时宣泄,久而久之就会形成心理问题。

2. 家庭因素

职业女性除了工作以外,在家庭中还要充当非常重要的角色,最常遇到的是婚姻问题和子女教育问题。

结婚意味着女性完成了一次人生的蜕变,从此她将更多地面对责任和义务。夫妻双方零距离的接触,会让过去没有发现的缺点暴露无遗,从而影响夫妻感情。

在家庭中,子女的教育往往由女性承担和实施。对子女过分关注易产生过度焦虑,稍不留神家庭就会出现危机,导致家庭稳定性下降。

调查发现:女性在婚姻关系中产生的焦虑不仅来自夫妻相处,更涉及夫妻各自原生家庭间的关系;而有子女的女性特别是子女年纪处于成长发育期的职业女性,她们的问题多集中在亲子关系的处理。

3. 自身因素

女性本身的生理因素使女性在各个生理阶段容易出现心理问题。而职业女性除了生理因素影响外,还受以下两个因素的影响。

一是职业女性随着阅历的增长对工作的新鲜感逐渐减少,不少人出现莫名的疲劳感。这种心理倦怠降低了工作效率,增加了对现有工作状态不稳定性的焦虑。

二是女性事事追求完美的心态是造成心理压力的重要原因。女性对家庭、事业抱有太多的理想,习惯于跟别人作比较,对自己要求过于苛刻,而现实往往令其感到失落。这种来自内心的干扰,往往会造成心态失衡,容易引发心理问题。

(二) 职业女性自我调整心理问题的方法

调查显示,多数职业女性遇到心理问题时首先通过自我修复的方式解决。自我修复方式主要有以下几种。

1. 正确认识自我

过高或过低估计自己都会丧失自我发展和成功的机会。女性在自我修复时,会分析自己的长处和不足,敢于承认差距,欣赏他人的长处,扬长避短,提高自我。

2. 自我调节

充分认识优胜劣汰是社会发展的必然趋势,面对压力时保持乐观的心态,将挫折视为前进的动力,在消极情绪中加入积极的思考,松弛过分紧张的情绪。通过自我暗示,适时适度地调节自己的心态与情绪,保持良好的心理状态。积极的心理暗示能驱散忧郁和怯懦,使人恢复快乐和自信。

3. 合理安排生活

无论工作再紧张再繁忙,也保持有规律的生活,有张有弛,缓解压力。合理安排工作与休闲,抽出时间与家人、朋友相聚,彻底放松自己,享受生活。

4. 及时宣泄,找人倾诉

排解压力最好的方法就是宣泄。当感到有悲伤、愤怒、急躁、烦恼、怨恨、忧愁、恐惧等负面情绪时,大声地喊出来或哭出来。勇于向亲友倾诉,或向心理医生唠叨,通过他人劝慰和开导,让不良情绪慢慢消失。

四、现有心理服务机构的作用未能得到有效发挥

职业女性的多种社会角色使得她们所承受的压力要大于一般女性,因此她们的心理服务需求有别于一般的女性。一般女性出现心理问题时,通过心理咨询或者找到自己的倾诉对象都可以解决心理问题。但是职业女性可能会因为其社会地位的特殊性或者由于某种特殊原因而有所顾忌,不愿意通过这些途径接受帮助、解决问题。

究其原因,一是目前我国对心理咨询这个行业的宣传不够,许多人对心理咨询行业不了解,误将心理咨询等同于精神病治疗,即使意识到自己有心理问题也碍于面子不愿意去心理咨询机构求助。二是现有的心理服务机构参差不齐,除了硬件方面的差距外,更有工作人员专业素养和职业道德方面的差距,造成许多人对咨询人员不信任,怕泄露个人隐私而不愿意去心理咨询机构求助。此外,还有对心理问题认知错误、不了解现有的咨询机构、过于相信自己能够解决问题等原因。

本课题组在走访心理服务机构时遇到这样一件事。设立在某社区一个服务中心的心理咨询工作室,其工作人员在午休时与其他窗口接待人员聊天,如数家珍地把她工作中遇到的咨询者的例子当作笑话说。这个心理咨询工作人员并不是有意宣扬,

但是她已经将咨询者的隐私泄露。可以想象,在场的其他窗口接待工作人员当自己遇到心理问题时,肯定不会去这样的心理咨询工作室寻求帮助。

五、对策与建议

(一) 将提供心理援助服务作为福利纳入女职工保护的立法范围

调研发现,完善心理援助机制不仅需要硬件支持,而且也需要软件支持。有效资源整合、加强硬件建设比较容易,但是在全社会形成关护职业女性心理健康的良好氛围则不太容易。职业女性心理健康需要得到关护,她们的心理问题需要得到解决,而现有的心理服务机构却未得到有效利用,其作用未能得到有效发挥。建议将职业女性的心理援助作为女职工劳动保护或女职工福利待遇写入有关女职工权益保护的法律法规,促使国家机关和企事业单位为女职工购买心理服务,从源头上保障职业女性获得心理服务。倡导和鼓励职业女性在遇到心理问题时,主动寻求心理援助。

(二) 设立网络咨询热线,进一步完善心理援助机制

现在的职业女性都比较喜欢通过微博、微信、QQ等方式进行交流和沟通。建议在现有心理咨询热线、心理咨询室的基础上,通过互联网建立专门针对职业女性的心理援助热线。各级妇联、各级工会女职工委员会以及新闻媒体等给予广泛宣传,使职业女性在工作或者家庭生活中遇到困扰产生心理问题时,有地方倾诉或者发泄,能在第一时间得到援助,避免心理问题进一步升级或者加重。

(三) 发挥专业机构作用,分类提供心理服务

对于那些有专业资质、有良好信誉、有社会责任感的心理服务机构应予以扶持。政府或用人单位可向这些专业心理服务机构购买相应的服务,为职业女性分类提供心理服务或者心理援助。

根据现有的职业女性所遇到心理问题的程度,可以将心理援助方式分为保健型、普及型和个案型三类。

1. 保健型

"保健"顾名思义,就是保持健康,类似于职业女性热衷的美容。保健型心理援助就是对职业女性的心灵进行美容,保持其健康的心灵。通过专业机构设立的心理咨询热线,以政府或者用人单位购买小时服务的形式,作为职业女性的一种福利进行

推广。

2. 普及型

这类援助方式所针对的是有一定人数的群体,采用的是团训或者讲座的方式开展服务。既可以通过做心理测试题目进行分析,也可以通过小游戏中的一些动作来进行分析,还可以通过团体分享的方式,让个体在群体活动中获得启发,从而获得心理援助。

3. 个案型

这类心理援助就是一对一的面询。当职业女性因个体问题出现而需要一对一的援助时,专业咨询机构根据具体情况,指派有国家二级资质的职业心理咨询师为其提供服务。这类心理援助可以由政府或者用人单位通过购买服务卡的方式进行普及。

(四)扩大媒体宣传,转变民众观念

完善职业女性心理援助机制的最终目的,是为了让职业女性在发现心理问题时能及时找到心理疏通的渠道,以缓解或者解决心理问题。不管是软件方面的国家立法还是硬件方面的机构扶持,都需要职业女性从主观上接受心理援助机制。不少职业女性基于传统观念的束缚,认为心理问题就是精神病,所以即使觉察到自己有心理问题也不会去寻求外界的心理援助,或者从内心抵触心理问题,自认为心理健康……因此,我们认为,在完善国家立法和机构扶持的基础上,需要通过公众媒体进行大力宣传。比如在黄金时段节目的下面滚动播放有关心理援助机构的联系方式、播放有关心理援助机制的公益广告或者公益节目等。

综上所述,本课题组得出的结论是:现阶段职业女性遇到心理问题时,由于主观上和客观上的一些因素,使得她们不会主动去寻求心理咨询机构的帮助;而现有的心理援助机制也存在着不完善和不健全的状况,从而造成了两者之间不能很好地匹配。我们认为,如果能对现有心理援助机制进行有效整合,将关护心理健康作为女职工劳动保护纳入相关劳动法律法规或相关条例,那么,对于职业女性的心理援助机制就能够完整统一起来,也能够有效地解决职业女性所遇到心理问题,化解社会矛盾。

法治思维视域中女检察官成长与成才的实证研究
——以松江区人民检察院为例

李伟红　贺　英[*]

2012年10月,党的十八大报告中明确指出,法治是治国理政的基本方式,领导干部要运用法治思维和法治方式深化改革。检察机关肩负着中国特色社会主义事业建设者和捍卫者的使命,检察官承载着"促进各级领导干部运用法治思维和法制方式深化改革、推动发展、化解矛盾、维护稳定的能力"的工作任务[①],法治思维对于检察工作有极其重要的意义和价值。而女检察官是一个专业性和女性结合在一起的职业,她们同样是检察工作的重要创造者、承载者和实践者。女检察官的成长与成才直接影响到检察官队伍的整体形象和检察工作的科学可持续发展,在实现中国梦的征程中撑起半边天离不开女检察官的成长与成才。

一、女检察官队伍的现状分析

笔者基于自身的工作实践,对所在工作单位的女检察官进行了分析研究,发现松江区院一直注重女性检察官的培养,近年来,更是涌现出了像包丽娜那样的诸多先进典型,不仅为本单位争得了荣誉,也展现出了一批女检察官执法为民的优良品质。通过仔细分析研究,发现松江区院女检察官呈现出以下特点。

---

[*] 李伟红、贺英,上海市松江区人民检察院。
[①] 2013年1月曹建明检察长在全国检察长会议上的讲话中,在谈到2013年和今后一个时期检察工作的主要任务的时候特别指出,检察机关"在制发办案中大力加强法制宣传教育、弘扬社会主义法治精神……促进各级领导干部运用法治思维和法治方式深化改革、推动发展、化解矛盾、维护稳定的能力"。

(一) 女检察官人数较多

截止到 2013 年 10 月 30 日,上海市松江区人民检察院的全院检察官人数为 158 名,其中,女检察官有 65 名,占据全院人数的比重为 41.14%,占据的比重较高(见图 1)。

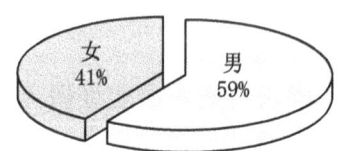

图 1　女检察官占据全院人数的比重

(二) 分部的科室比较均匀

全院 65 名女检察官中,除有 2 名属于院领导之外,其余均分布在全院各个科室。其中,分布在公诉科的有 13 名,侦监科的有 7 名,控申科和金融检察科各有 4 名,分布的比例相对来讲比较均匀(见图 2)。

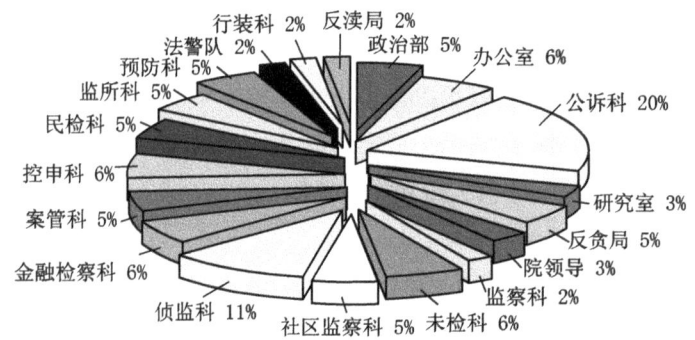

图 2　女检察官在不同科室的分布情况

(三) 女性中层领导占据一定比重

全院共有 47 名中层以上领导,其中,男性中层以上领导有 29 名,女性中层以上领导有 18 名,女性中层领导占据比重较高(见图 3)。

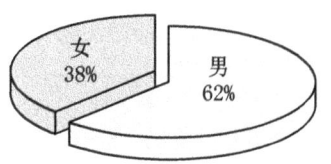

图 3　男女中层领导的比重

(四) 80后女检察官居多

在全院65名女检察官当中,出生在上世纪50年代的有3名,出生在60年代的有9名,出生在70年代的有17名,出生在80年代的有36名。出生在80年代的人占据的比重超过了一半,说明女检察官的平均年龄较为年轻,女检察官的队伍比较有活力(见图4)。

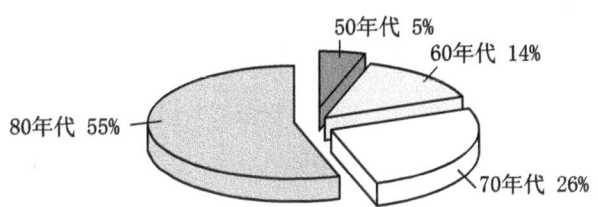

图4　出生于不同时代的女检察官的比重

(五) 女党员人数众多且学历较高

全院65名女检察官当中,具有本科学历的有36名,具有研究生学历的有29名;党员人数有58名,团员人数有5名,群众人数有2名,党员人数占据绝大多数(见图5、图6)。

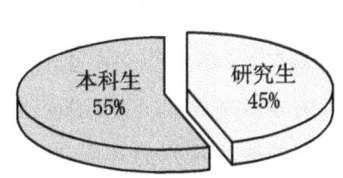 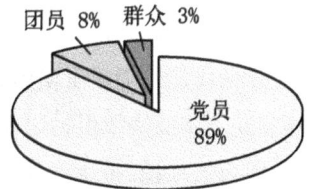

图5　研究生和本科生的比重　　图6　党员、团员和群众的比重

(六) 籍贯为外省市人口比重高于籍贯为本市人口比重

65名女检察官当中,籍贯为上海市的有27名,籍贯为外省市的有38名,籍贯为外省市的人口比重高于籍贯为本市的人口,说明区检察院在人才招聘方面比较注重汇聚全国各地的优秀人才(见图7)。

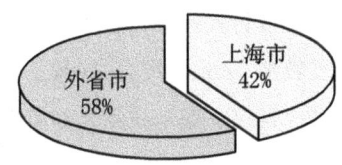

图7　籍贯为外省市人口与籍贯为本市人口比重

二、妇女事业发展新形势为女检察官成才提供了良好机遇

(一) 具备了女检察官成才成长的政治环境

社会的进步可以用女性的社会地位来进行精确的衡量。习近平总书记在刚刚闭幕的妇女代表大会上明确指出,要坚定不移走中国特色的社会主义妇女发展道路,这是实现妇女平等依法行使民主权利、平等参与经济社会发展、平等享有改革发展成果的正确道路。这种自信来自奋斗的历史和时间。各级党委政府要全面落实男女平等的基本国策,全社会都要努力弘扬先进的性别文化,通过刚性的约束和软性的引导,推动形成尊重妇女主体地位、保障妇女合法权益的共识,让每一位妇女都以生活在性别平等的文明国度为荣,都拥有人生出彩的机会[①]。这就说明,有利于女检察官成长成才的政治环境已经具备。

(二) 具备了女检察官成才的法律政策保障

改革开放以来,随着中国经济持续增长和社会全面进步,妇女与男子平等的权利和机会不断得到保障,妇女发展获得了前所未有的机遇。2001年国家颁布了《中国妇女发展纲要(2001~2010年)》,其中明确提出妇女参政的具体目标,包括国家积极开展执法和司法人员的性别意识培训,发挥司法人员在保障妇女权利方面的作用,重视提高女性司法人员的数量和比例。党中央、国务院在2003年做出了《关于进一步加强人才工作的决定》,提出了实施人才强国战略,制定了培养妇女人才的举措。同时,国家还制定了多部法律保护妇女的权益,国家的战略决策不仅为提高妇女参政水平奠定了法律政策基础,也进一步为女检察官成才创造了良好的环境,提供了新的机遇。

(三) 女检察官成才效应显现

女检察官优势逐渐展现得益于天性与检察官职业特质的高度吻合。女性守纪、尽责、颖悟、灵敏、细致、认真、语言能力较强,善于处理人际关系的天性,使她们处理问题富于韧性而又不失原则、与当事人有良好的沟通,善于调和矛盾、以最小的执法成本达到最佳效果。在与未成年被告人接触过程中,能以女性特有的耐心、丰富的感情、温和的谈话博得信任,通过教师、家长的配合,挽救工作更富成效。最高人民检察院在2002年制定的《关于人民检察院办理未成年人刑事案件的规定》中就明确指出,

---

① 孙钱斌:《习近平总书记重要讲话鼓舞半边天》,《中国妇女报》2013年11月4日。

未成年人刑事案件一般由熟悉未成年人特点、善于做思想教育工作的女检察人员承办。女检察官已成为这个领域的主力军。同时,在我院多名优秀女检察官当中,已经有一人获得博士学位,还有一人在读,在获得市级以上荣誉的同志中,我院女检察官也占据较大比重。

(四)女检察官在自己工作岗位上出色地发挥了角色优势

1. **履行出庭公诉职能方面的优势**

出席法庭支持公诉是宪法赋予检察机关的重要职责,也是正义与邪恶的直接较量。女性所特有的语言天赋,使女检察官成为公诉部门的主力军。在法庭上,她们代表着法律的尊严和检察机关的形象,比男检察官表现得更为出色,她们以严密的逻辑思维能力,敏捷的判断力和能言善辩的口才,一次次使被告人认罪伏法,尽显女检察官的风采。我院公诉科由于女干警的优秀表现还获得过"松江区三八红旗集体"称号。

2. **在办理青少年犯罪案件方面的优势**

青少年是祖国的未来、民族的希望,对未成年人进行保护和犯罪预防是全社会的共同责任。我们必须依照宽严相济的刑事政策,"寓教于审",使法、理、情在未成人犯罪案件审判中形成有机统一。首先,女性感情细腻,富有同情心,与男子相比更注重人的自身和人的情感;与男性相比,女性更敏感,直观能力强,对事物的观察力更为细致、敏锐,感受到男性所不易感受的东西;女性富有耐性,柔韧性好,心理承受力、忍受力强,这使其在工作过程中遇到困难时能做到不急不躁、善于克服,能够与他人进行良好的交谈和沟通。其次,比起男性,女检察官更了解未成年人的生理与心理特点,未成年人犯罪的主观恶性不深,多为偶犯、初犯,法制观念淡薄,甚至根本就不懂法。对于这样的未成年人,女检察官的提问方式、态度和语气,都更容易让他们接受。再次,女检察官在维护未成年人合法权益上具有不可替代的作用。在一些侵犯未成年人合法权益的特殊案件中,女检察官也具有特殊的优势,如对性侵害犯罪中的未成年被害人的保护,由女性检察官承办此类案件则可以消除当事人的很多顾虑。我院未检科干警许蔓莉在"青春铸辉煌,建功十二五"上海青年突击队、青年工程立功竞赛活动中表现优秀,被评为"2012年度上海市优秀青年突击队员",为院争得了荣誉。

3. **在履行控告申诉职能方面的优势**

控告申诉接待工作,经常要直接面对有各种情绪的当事人,不少当事人在申诉开始都是带着极为不满的情绪,所以他们难免言辞着急,一旦沟通不畅,容易引发反复缠诉案件。女检察官善良、热情、容忍、善于倾听的性别优势,使得她们更容易获得申诉人的信赖。我院控申科女检察干警由于化解矛盾工作突出,分别在区里以及市级获得了荣誉。

4. 在履行其他检察职能方面的优势

女检察官除了充分发挥在公诉、未成年刑事案件、控告申诉等职能上的优势以外,检察机关还有政治部、侦监部门、反贪部门、社区检察部门、研究室、办公室、预防等多个部门,这些部门的女检察官们也起到了重要的作用,在松江检察机关争创上海市先进检察院的过程中分别发挥了各自的长处和特点,为松江检察机关工作的进步和发展做出了重要的贡献。

三、女检察官成长和成才遇到的挑战

正如女性主义思想泰斗波伏娃脍炙人口的名言"一个人并不是生而为女性,而是变成女性的",受传统观念影响,一些女检察官也存在缺乏事业心、没有成才的勇气、成才内心动力缺失等问题,这是女检察官成才的最大障碍。

(一) 主观思想因素方面的挑战

1. 是自信心不足

受女人从属性、他者化和第二性的地位等传统观念影响,一些女检察官也存在自信心不足、成才内心动力缺乏等问题,表现为缺乏工作激情和强烈的事业心,安于某种状态,不求优秀、最佳。

2. 部分女检察官缺乏牵头意识

许多女检察官在业务上是骨干,在自己的工作领域是能手,但是让她牵头组建一个团队,牵头组织一次集体活动,往往有退缩思想,宁愿选择跟随或配合他人,而不是当领头羊。主要原因除了我国传统的"男尊女卑"的封建思想影响之外,还有就是我国社会长期以来形成的女性善于服从的心理定势难以打破。

(二) 角色方面的挑战

1. 婚恋、生育等生理因素

一名女性大学毕业后通过一系列考试,获得检察官资格最早也在 25 岁左右,由于生理因素,很难做到与同龄的男性无差别地抗衡,特别是因生育在事业上形成一个停顿、休整和重新适应的阶段,和同龄男性拉开差距,并容易造成"差一步、步步差"的结果。

2."女性职责"约束

贤妻良母是现实生活中很多男性和长辈对女性的理想角色期待。女检察官和其他职业女性一样,面临着如何兼顾事业和家庭的难题。对女检察官而言,女性回归家庭的角色期待和"女性职责"约束是她们在同男性进行事业竞争时所面临的先天不足。

上述两个方面的角色障碍正是年轻女检察官的竞争优势随着年龄的增长反而不断弱化的重要原因。

(三) 环境方面的挑战

1. 完全均等的竞争标准给女性检察官成长成才带来挑战

法律是统一的,司法活动的过程和结果都需要以同等的标准进行衡量和评价,而不能因性别差异而有所区别。女性在司法活动中应该与男性依从同样的职业准入标准和相同的职业素养。从晋职、晋级来看,目前检察人员的职务和职级晋升的客观标准也是完全男女平等的。这种平等标准在执行形式上看似公正,但恰恰掩盖了男女生理差异和工作年限不同造成的最大不平等。目前,非副处的女检察官的法定退休年龄为55周岁,50岁左右要从实职岗位上退下来,加之生育等因素,使得女性要在比男检察官更短的时间内从职业生涯的重重竞争中脱颖而出。事实上,女检察官成才面临更大的压力,必须付出比男性更多的努力,而且在一定程度上要胜过男性才能获得真正平等意义上的承认。

2. 媒体在对女检察官形象塑造上的片面性

女性的公众形象是一个社会在特定历史时期对女性价值的认定,在这方面大众媒体具有建构社会性别意义或模式的功能。当前不少媒体都把事业有成的女检察官描述成心里装着社会正义而无法顾及家庭的愧疚的母亲和不合格的妻子。这种下意识制造的家庭与事业的对立,实质上引导人们的认识走向了歧途,以至于一些女检察官一谈起职业经历时都"自觉"地走进了这样的预设格局。而没有成功的女性检察官作为一种社会激励,女性就会出现加盟优秀女检察官行列的动力真空,结果必然使能够成为优秀女检察官的女性更少。这种现象就是社会学理论当中著名的标签理论效应:一旦给女性贴上"你不能兼顾好家庭和事业,你不能成为一名优秀女检察官"的标签,绝大多数女性最终都不会成为优秀女检察官,因为一旦有了这种心理暗示,多数女性都会自觉或不自觉地转移个人从业志趣,最终也远离女检察官行列。

四、法治思维视域中加强女检察官成长与成才的路径选择

女检察官要深化对加强法律监督能力建设、促进执法规范重要意义的认识,刻苦学习,深入钻研,勤于实践,在提高法律监督能力上下工夫,做规范执法的模范。日益复杂繁重的检察任务,要求女检察官不落后、不懈怠,通过自学与培训,以及开展岗位练兵等多种途径,提高自身的能力素质,并转化为推动检察事业的动力,维护国家法制权威,实现社会和谐与稳定,做出贡献。

(一)正视检察领域中的女性价值

女性思维以其特有的敏锐性与经验性在法律推理的时空中自由驰骋,弥补理性思维的不足,发挥着男性思维不可替代的作用。传统的法律和司法是男性化的,我们要把女性的优势和美德吸收进司法,对其进行有益的补充,使司法既遵守规则的确定性和程序公正,又注重纠纷解决的实际效果和实质正义;既能恪守法律职业的信念、规范与操守,又能充分尊重理解大众的需求与情感。在这个意义上,女检察官人数的增多绝不仅仅意味着女性地位的提高,而是会通过自身的影响力使司法更加人性化和多元化,意味着法律与司法自身的发展和完善。

(二)强化针对性培养

根据有关研究,25岁左右和35至45岁为女检察官成功的两个高峰期。要抓住新进入检察官队伍的女青年的成长关键期,加大培养力度,增加年轻女检察官在职学习、岗位锻炼等各方面的机会;对各年龄段的女检察官,女检察官协会等妇女组织要开展有针对性的培训教育,帮助克服各种身心障碍,尤其是在加快推进家务劳动社会化进程方面发挥妇女组织的力量,帮助女检察官更好地平衡事业和家庭;要建立女检察官人才库,有计划地抓好女检察官队伍的梯队建设。

(三)建立相关保障机制

权利平等和消除性别差异是政治文明的底线,权利的分性别对待和向弱势者倾

斜则是政治文明的进步性所在。要建立弹性化的晋升制度，实行富有弹性的业绩累积制度，避免行政性的"一刀切"，使女检察官可以根据自身的实际情况更大自由度地制定自身的发展计划，有放弃、退出的从容和赶超、奋起的机会，真正充分地行使职业发展和家庭生活方式上的选择权。

（四）提高女检察官的文化修养

提高女检察官文化修养，塑造女检察官的良好职业形象绝非某个人、某个群体之事，这不仅需要广大女检察官个人的努力，更需要单位的支持和社会的关心。事物的发展内因是关键，但也不能缺少外部条件，女检察官的成长和成才也是如此。在女检察官自身努力的基础上，需要单位的支持和培养。首先，要大力提倡男女平等，不歧视女性，要重视女检察官，尊重女检察官，大胆重用女检察官，给女检察官一个公正、公平、平等的竞争机会；其次，要抓好女检察官的教育培训工作。通过教育来提高女检察官的政治素质，增强她们在纷繁复杂情况下辨别是非、明辨真伪的能力，增强政治敏锐性和政治鉴别力，增强大局意识、服务意识、和谐意识；通过抓好培训来提高业务素质，提高业务水平，提高业务技能；再次，要多关心、关爱、理解女检察官。现代的女检察官大多数是追求完美型的，她们既要事业，又要家庭，基本上是家庭、事业两不误，因此女检察官的付出与回报往往难以成正比，因此，要对女检察官给予更多的理解和关心；最后，要及时恰当地宣传、报道女检察官先进人物和先进事迹，提高女检察官的知名度、透明度，在女检察官的提拔重用上给予特殊政策，快速提升女检察官队伍的整体素质。

（五）准确定位女检察官的形象标准

女检察官是一个专业性和女性结合在一起的职业，无论是从法律角度还是从社会效果均应彰显其良好的职业形象。我认为女检察官的良好职业形象应从美丽、魅力、尊严、文明和机智五个方面进行塑造。具体来讲，女检察官的美是指外在美与心灵美的有机结合，两者相辅相成，不可缺一，否则无法称之为美，在外表上应是五官端正、衣着得体、落落大方，在内心应是善良、聪慧，有知识、有学识，两者结合起来是表里如一的美；女检察官的魅力是指有凝聚力，具备高尚的情操、举止有度，即仪表要庄重、语言要规范、举止要文雅，而不是庸俗、妩媚的，也不是妖冶和招摇；女检察官的尊严是指检察官是一种非常尊贵、严明的职业，因此女性从事这一职业应体现出庄重而不轻浮,使人可尊可敬,而不是装腔作势;女检察官的文明是指要具有为民执法,以民为本,以公为上的使命感,让犯罪嫌疑人望而生畏,让人民值得信赖,而不是趾高气扬,惟我独尊;女检察官的机智是指明察秋毫,洞悉万象,思维敏捷,机智勇敢。总之,女检察官塑造良好职业形象就是要用铁肩和柔情扬检察之威,铸法治精魂。

虹口区职业女性非学历短期培训需求调研报告

虹口区妇联

现代社会给予女性更多机会,女性自身亦在寻求更多发展,但家庭、事业等原因又成为职业女性参加培训的阻碍。而今,虹口区妇女儿童发展中心成立在即,该中心将综合虹口学习中心的学习功能,以妇女、儿童、家庭为主要服务对象,以非学历短期培训为主要服务方式,满足虹口女性职后学习需求。为更合理地设置该中心的培训项目,虹口区妇联向区机关、企事业单位的女性职员发放调研问卷,在问卷有效数据分类汇总的基础上形成了此报告。

一、调研基本情况说明

本次调研共发放问卷789份,回收的有效问卷为763份,有效百分比为96.70%。

本次调研对象的年龄分布如表1:

表1 职业女性年龄分布

年 龄	18~30岁	31~40岁	41~50岁	51~60岁	总计
人 数	243	279	166	62	750
占比(%)	32.40	37.20	22.13	8.67	100

职业分布如表2:

表 2　职业分布

职　业	事业单位员工	公务员	企业单位员工	社会组织工作者	个体经营者	其他	总计
人　数	257	224	203	25	5	30	744
占比(%)	34.54	30.11	27.28	3.36	0.67	4.03	100

学历分布如表3：

表 3　学历分布

学　历	高中及以下	大学专科	大学本科	硕士研究生及以上	总计
人　数	43	153	468	93	757
占比(%)	5.68	20.21	61.82	12.29	100

收入状况分布如表4：

表 4　职业女性收入状况

收入(元)	3 000以下	3 000—5 000	5 000—8 000	8 000—12 000	12 000以上	总计
人　数	156	390	173	23	9	751
占比(%)	20.77	51.93	23.04	3.06	1.20	

本次调研，重点针对在机关、事业单位、企业工作的三大职业女性群体；同时兼顾了各年龄段的人群分布，以保证本次调研对虹口区职业女性人群需求的体现具有代表性。

二、虹口区职业女性非学历短期培训需求情况分析

(一) 培训需求

1. 职业女性参加非学历短期培训需求大

在"是否愿意接受非学历短期培训"问题中，数据分布如表5：

表 5　"是否愿意接受非学历短期培训"

意　愿	很愿意	看情况	不愿意	总　计
人　数	391	357	14	762
占比(%)	51.31	46.85	1.84	100

超过半数的职业女性表示很愿意参加非学历短期培训,只有1.84%的女性表示不愿意参加。

2. 自我提升是职业女性参加非学历短期培训的主要原因

在职业女性参加非学历短期培训的动因中,数据分布如表6:

表6 职业女性参加非学历短期培训的动因

原　因	提升自我	兴趣爱好	职场压力	家庭需要	总　计
人　次	505	226	68	36	835
占比(%)	60.48	27.07	8.14	4.31	100

此题中,为提升自我的占到60.48%,为兴趣爱好的占27.07%;出于家庭需要的,只占4.31%。可见多数职业女性对修炼自身有很大需求,对丰富业余生活也颇有兴趣,说明多数女性已从"一心扑在家庭上"的状态转变到更关注女性自身的发展状态。

在职业女性认为培训带来的最大益处问题中,数据分布如表7:

表7 职业女性认为培训带来的最大益处

益　处	提升自我	增强技能	职业发展	了解社会	人际沟通	服务家庭	总　计
人　次	469	198	123	122	92	38	1 042
占比(%)	45.01	19.00	11.80	11.71	8.83	3.65	100

此题中,占比最高的仍为提升自我,达到45.01%,此题数据分布也再次印证了职业女性参加非学历短期培训的动因仍是关注女性自身发展。

(二) 培训形式

1. 职业女性最喜爱的培训方式是实践操作

在职业女性最喜爱的培训方式中,数据分布如表8:

表8 职业女性最喜爱的培训方式

培训方式	实践操作	户外拓展	讲　座	授　课	网络教育	总　计
人　次	298	232	196	128	81	935
占比(%)	31.87	24.81	20.96	13.69	8.67	100

此题中,职业女性最喜欢的是实践操作,其次是户外拓展。说明女性更喜欢真实的、互动的方式。

2. 职业女性最认可的培训机构是高校和社会组织

在职业女性通常喜欢的培训承办方问题中,数据分布如表9:

表9 职业女性通常喜欢的培训承办方

承办方	社会组织	高校	商业机构	社区学校	女子学院	总 计
人次	298	242	165	106	52	863
占比(%)	34.53	28.04	19.12	12.28	6.03	100

此题中占比排在第一的是社会组织,其次是高校,说明社会组织和高校在办学方面是得到职业女性广泛认可的,而商业机构和社区学校也占到了一定比例。

3. 职业女性愿意花时间参加非学历短期培训

在职业女性愿意花在非学历短期培训上的时间问题中,数据分布如表10:

表10 职业女性愿意花在非学历短期培训的时间

时 长	4小时以下	4小时至2天	2天至1周	1周至2周	2周以上	总 计
人次	57	117	217	214	149	754
占比(%)	7.56	15.52	28.78	28.38	19.76	100

此题中,职业女性大多都愿意每年付出2天至2周不等的时间。区妇联每年举办的三个常规培训班的总时长为6天,则对于选择1周以上的,至少48.14%的职业女性来说,常规培训的总时长是可以适当增加的。

4. 网站是职业女性最青睐的培训信息渠道

在职业女性最希望获取培训信息的渠道的问题中,数据分布如表11:

表11 职业女性最希望获取培训信息的渠道

信息渠道	网 站	短 信	邮 件	微信	微博	社区告示	总 计
人次	297	176	103	168	116	110	970
占比(%)	30.62	18.14	18.14	17.32	11.96	11.34	100

希望通过网站获取培训信息的仍占最大多数,短信和邮件并列排在第二。社区告示的告知方式也有11.34%支持率,说明仍有部分女性乐于关注社区学习信息,甚至可能愿意参加社区举办的培训。

5. 多数单位对职工参加培训的经费支持不足

在"单位是否有培训经费补贴"一题中,数据分布如表12:

表 12　单位是否有培训经费

经费补贴	对指定培训有补贴	无任何形式的经费支持	全额承担所有培训费用	有定期定额的培训补贴	总　计
人　数	307	203	146	59	715
占比(％)	42.94	28.39	20.42	8.25	100

我区职业女性中,单位对短期培训承担所有费用的占 20.42％,对指定培训有补贴的占 42.94％,说明多数单位对员工的职后深造是持鼓励态度的。然而全额承担培训费用和有定期定额的培训补贴两项相加比例也仅有 28.67％,数据与无任何形式经费支持相当,说明多数职业女性参加非学历短期培训的经费仍需要自筹或是部分自筹,单位在培养员工上的力度仍显不足。

(三) 培训内容

在女性最感兴趣的培训类型一题中,数据分布如表 13：

表 13　职业女性最感兴趣的培训类型

培训类型	艺术修养	职业能力	女性发展	家庭教育	总　计
人　次	370	233	167	143	913
占比(％)	40.53	25.52	18.29	15.66	100

此题中占比最高的是艺术修养类,其次是职业能力,此两项相加达到 66.05％。

在四大类培训内容中具体培训项目的选择如下：

1. 内外兼修的女性发展需求

在女性发展的具体培训项目中,数据分布如表 14：

表 14　职业女性发展的具体培训项目

培训项目	社交礼仪	心理	形象设计	形体训练	投资理财	管理能力	职业规划	演讲沟通	语言	总计
人次	403	379	347	341	337	214	207	200	178	2 606
占比(％)	15.47	14.54	13.32	13.09	12.93	8.21	7.94	7.67	6.83	100

此类培训中,数据排在前五位的依次为社交礼仪、心理、形象设计、形体训练和投资理财。

2. 职业女性最关心健康养生

在家庭教育的具体培训项目中,数据分布如表15:

表15 家庭教育的具体培训项目

培训项目	健康养生	烹饪料理	旅游	急救知识	亲子关系	科学育儿	夫妻沟通	女红创作	总计
人次	537	455	385	345	279	254	202	115	2 572
占比(%)	20.88	17.69	14.97	13.41	10.85	9.88	7.85	4.47	100

在此类培训中,数据占比位居第一的是健康养生,其次是烹饪料理,足以显示女性对健康和饮食的注重。

3. 各类艺术修养的需求相对平均

在艺术修养类具体培训项目中,数据分布如表16:

表16 艺术修养类具体培训项目

培训项目	花艺	茶艺	摄影	书画	舞蹈	乐器	收藏鉴宝	声乐	总计
人次	382	377	362	291	264	236	209	149	2 270
占比(%)	16.83	16.61	15.95	12.82	11.63	10.39	9.21	6.56	100

在此类培训中,数据分布相对平均,除声乐一项选择的人最少外,其他均有9.21%至16.83%的占比,相对最高的是花艺和茶艺。

4. 职业能力提升培训需求大

在职业能力提升的具体培训项目中,数据分布如表17:

表17 职业能力提升的具体培训项目

职业能力培训	心理护理师	社会工作者岗位资格培训	家庭教育指导师	总计
人次	430	340	321	1 091
占比(%)	39.41	31.17	29.42	100

职业能力专项培训的三个选项均显示出较高的数据,说明职业能力资格培训等证书类培训需求很大。

(四)妇联组织的作用

1. 职业女性最期待妇联发挥整合资源的作用

在职业女性认为妇联组织在短期非学历培训中发挥的作用中,数据分布如

表18：

表18 妇联组织在短期非学历培训中发挥的作用

妇联发挥的作用	整合资源	提供信息	设置课程	总　计
人　次	498	253	144	895
占比(%)	55.64	28.27	16.09	100

此题中,过半职业女性认为妇联组织最应发挥的作用为整合资源的作用。

2. 培训常态化、扩大受益面、费用合理、颁发证书

本题为本次调研问卷唯一的开放性试题,反应的需求可以归纳为以下几点:

一是培训常态化。受访女性希望培训项目常态化设置,并希望能与各单位开展合作培训,在时间上尽量安排工作时间。

二是拓展受益人群。受访女性希望妇联加大培训项目的宣传力度,惠及更多人群,特别希望能将更多培训向企业女性开放。

三是培训费用合理。受访女性希望培训费能在一个合理的范围内,对于收费项目提供免费试听的机会,并期待有更多公益性培训项目。

四是颁发资格证书。受访女性希望多设专业岗位资格培训项目,培训合格后颁发国家认可的资质证书,并提供相应的就业信息。

三、虹口区职业女性参加非学历短期培训存在的主要阻碍

虹口区职业女性参加非学历短期培训存在的主要阻碍有四个方面:一是时间安排,二是经费筹措,三是女性自主学习意识,四是培训资源拓展。

1. 阻碍职业女性参加非学历短期培训的主要原因是时间问题

在阻碍职业女性参加非学历短期培训的原因中,数据分布如表19：

表19 阻碍职业女性参加非学历短期培训的原因

原　因	时间安排	费用昂贵	无合适的课程	信息渠道	交通不便	总　计
人　次	464	225	148	131	77	1 045
占比(%)	44.40	21.53	14.16	12.54	7.37	100

阻碍职业女性参加非学历短期培训的原因排在第一的是时间问题,占到44.4%,其次是费用问题,占到21.53%。该数据反应出现代女性的生活非常繁忙和充实,工

作和家庭之外属于自己自由支配、可以用来学习的时间非常少,而各种商业培训、高校教育的费用昂贵也是女性对职后培训望而却步的重要原因。

在职业女性认为最合适的学习时间问题中,数据分布如表20:

表20 职业女性认为最合适的学习时间

培训时间段	工作时间	周末	工作日晚间	总计
人次	413	230	128	771
占比(%)	53.57	29.83	16.60	100

此题中,选择工作时间的超过半数,达到53.57%,选择周末和工作日晚间的依次占29.83%和16.60%。显然,过半的职业女性并不愿意在属于自己的业余生活时间中再拿出时间来参加非学历短期培训。

2. 经费是阻碍职业女性参加培训的又一阻碍

而在职业女性自身愿为培训承担的费用一题中,数据分布如表21:

表21 职业女性自身愿为培训承担的费用

花费	不愿意	500元以下	500~1 000元	1 000~3 000元	3 000元以上	总计
人数	208	243	216	73	21	761
占比(%)	27.33	31.93	28.39	9.59	2.76	100

此题中27.33%的职业女性选择不愿意,31.93%的女性愿意花费500元以下的费用,28.39%的女性愿意花费500~1 000元。

3. 企业单位女职员的培训资源缺口较大

在问卷最后一道开放性问题中,提出建议的数据分布如表22:

表22 职业女性对培训提出的建议数

职业	企业单位职员	公务员	事业单位职员	总计
建议数	51	32	26	109
占比(%)	46.79	29.36	23.85	100

可以看出,企业单位职业女性对妇联组织举办非学历短期培训提出了最多的建议,这反映出她们对非学历短期培训的需求较大,也侧面反映出我们的培训面不够广,没有充分使企业中的女职员受益。

四、对虹口区妇女儿童发展中心培训项目及运作制度的建议

(一)畅通信息渠道 扩大受益人群

1. 选择女性喜爱的信息渠道宣传培训信息

根据调研数据显示,虹口区职业女性最希望获得培训信息的渠道是网站,其次是短信、邮箱。在虹口区妇女儿童发展中心今后的培训信息发布中,尤其是首次推出的培训项目,应首重网站的信息发布。对参加过中心培训的老学员,可通过短信、邮件等方式有针对性地发布培训项目。

2. 整合网站资源,做好信息发布和维护工作

虹口区妇联的网站资源主要是虹口区妇联官方网站,其次还可联合虹口区生活服务网、上海虹口的网站资源。在虹口区妇女儿童发展中心日后的网络信息工作中,应特别重视这些网站的资源利用,做到培训信息即时和常态的发布,并做好相关信息的维护工作。

(二)合理设置课程

1. 首推艺术修养类培训

根据调研数据,职业女性最感兴趣的培训内容是艺术修养。在艺术修养类具体培训项目中,呼声最高的是花艺和茶艺,摄影紧随其后。

建议首推花艺和茶艺系列课程,做好学员信息维护,培养固定受众,拓展发展中心认知度。其次,可借助虹口区科协的资源,举办摄影技巧入门讲座,并举办学员摄影比赛,增加课程互动性,激发学员学习热情。

2. 注重推出内外兼修的女性发展培训

女性发展的具体培训项目中,数据排在前三位的为社交礼仪、心理和形象设计。在家庭教育的具体培训项目中,数据占比位居第一的是健康养生。

建议我区妇女儿童发展中心将"女性礼仪"系列讲座延续下去,将形象设计内容融入其中。并将心理和健康养生讲座常态化,也形成系列讲座。

3. 逐步推出职业能力培训

在职业能力提升的具体培训项目中,职业能力专项培训的三个选项均显示出较高的数据。

建议妇女儿童发展中心可将此三个职业能力培训全部引入。在具有一定运作经验后,再根据学员的具体需求,逐步增设烹饪料理和母婴护理等职业能力培训。

（三）整合各界资源

1. 发挥社会组织力量

本次调研中,受访者显示出对社会组织举办的培训的高信任度。

建议首先在职业能力培训中引入社会组织,将培训交由社会组织运作,中心提供场地、帮助宣传。在运作顺利后,再向其他培训项目拓展。

2. 积极申请公益项目,降低培训费用

商业机构培训费用居高不下,单位用于员工培训的经费支持不够,多数职业女性需要自筹培训经费。

建议中心在举办培训项目时,尤其是常态化、收费高的培训项目,积极申请政府公益项目、社会组织基金项目,尽量降低培训费用,吸引多愿意参加培训的职业女性走进虹口区妇女儿童发展中心。

3. 加强与高校的合作

在区妇联举办培训的经验中,有成功地与同济大学女子学院、青年干部学院、上海开放大学女子学院、虹口区业余大学的合作经验。本次调研数据也显示,女性对高校的培训信任度很高。

建议在虹口区妇女儿童发展中心用好合作学校的资源,特别是上海开放大学女子学院的丰富课程和师资资源。

（四）建立良好的运作制度

1. 中心工作需要专人管理

虹口区妇女儿童发展中心要做到常态化运作,需要有专人负责培训项目设计、招生、合作单位和教师的联系、财务管理等工作,在人员上需要有足够保障。

2. 经费保障和合理收费

虹口区妇女儿童发展中心的建立依靠政府扶持,其长期发展也需要稳定的资金保障。除了政府的财政支持和积极申请各类项目资金外,中心也需要在培训项目上收取合理的费用。通过收费增强学员对培训的重视程度,也在一定程度上实现中心经费的自给自足。

3. 建立课程评分制度

学员的意见反馈是中心改进课程的最直接有效方式。

建议建立课程评分制度,设计评分表,对每次课程由学员进行打分,并提出意见

和建议,不断改进中心的课程设置和讲师安排,不断优化中心培训项目。

4. 培训项目常态化运作

在虹口区妇女儿童发展中心运作一年后,对特别受欢迎的课程实行常态化运作。

建议可按照时间开课,如每月开课,学员随时报名随时参加培训;或满员开课,如设定一班30名学员,报名人数一满立即通知学员开课。

朋辈互助在女大学生职业生涯规划教育中的运用

方雅静　金夏芳[*]

在大学生就业形势以及职业生涯规划教育成为人们关注话题的背景下,女大学生就业问题以及针对女大学生开展的职业生涯规划教育成为话题中的热点。与西方发达国家相比,我国大学生职业生涯规划教育尚处于起步阶段,在教育内容、形式和方法上还有许多需要探索和提升之处,女大学生作为大学生中的重要群体,与之相适应的有效的职业生涯规划教育体系尚未建立。女性的生涯发展有其特殊性,相应地,对于女大学生的职业生涯规划教育也要做专门的研究,开展有针对性的指导。基于在"女性职业生涯规划教育"方面的实践积累,笔者以为,朋辈互助可以作为开展女大学生职业生涯规划教育的有效方法之一。

一、差异与特点：女大学生职业生涯规划探析

"'生涯'一词是由'职业'一词拓展而来的,生涯在英文中有人生经历、生活道路和职业、专业、事业的含义。学者们对生涯的认识和研究由来已久,观点也不尽相同。下表,是国外学者专家给'生涯'所下的定义,可以看出生涯的意义,不仅随时代的不同而有所不同,每个人的看法也不完全一致。[①]"(见表1)"职业生涯规划是对未来职业发展的规划和管理,个人通过分析自己的兴趣、爱好、能力和特点,结合社会要求,根据自己的职业倾向,确定最佳的发展方向和奋斗目标,并为实现这一目标做出行之

---

[*] 方雅静,同济大学学生就业指导中心、同济大学妇女研究中心讲师。金夏芳,同济大学妇女工作委员会、同济大学妇女研究中心秘书。

[①] 崔智涛:《大学生生涯发展课程设计研究》,华东师范大学2009年博士学位论文,第20页。

有效的安排。①"职业生涯规划关系到大学生的学业规划与职业发展,对于女大学生而言,做好职业生涯规划,有助于女大学生尽早明确生涯目标,为将来的职业发展奠定良好基础。然而,我国关于大学生职业生涯规划方面的研究起步较晚,关于女大学生职业生涯规划的研究更是严重不足。

表1 有关"生涯"的各种定义

学 者	时间	定 义
Shartle	1952	一个人在工作生活中所经历的职业或职位的总称。
Super	1957	一个人终生经历的所有职位的整体历程。
McFarland	1969	一个人依据心中的长期目标,所形成的一系列工作选择,以及相关的教育或训练活动,是有计划的职业发展历程。
Hood&Banathy	1972	包括个人对工作世界职业的选择与发展,非职业性或休闲性活动的选择与追求,以及在社交活动中参与的满足感。
Hall	1976	人终其一生,伴随着与工作或职业有关的经验或活动。
Super	1976	生活中各种事件的演进方向和历程,是统合人一生中的各种职业和生活角色,由此表现出个人独特的自我发展组型;它也是人自青春期以迄退休之后,一连串有酬或无酬职位的综合,甚至包括了副业、家庭和公民的角色。
McDaniels	1978	一个人终其一生所从事的工作与休闲活动的整体生活型态。
Webster	1986	个人一生的职业、社会与人际关系的统称,即个人终身发展历程。

当前,高校的就业指导和职业生涯辅导主要针对大学生整体,缺少根据女大学生的特殊性,进行专门指导和系统研究,也缺乏相关的完整理论体系,对女大学生的职业生涯指导,在自我认识、环境评估、职业定位、计划执行等环节都存在问题。索柯尼石油公司人事经理保罗·波恩顿曾参与过7.5万名应聘者的面试,并出版了一本名为《获得好工作的六种方法》的书。有人请教他:"今天年轻人求职时最容易犯的错误是什么?"他的回答是:"不知道自己想要什么。""不知道自己想要什么",也就是没有明确的目标,这是包括女大学生在内的许多大学生择业时容易出现的问题②。表现在女大学生的求职行为和结果上,不少女大学生的就业信心相对不足,就业意识比较盲目,求职技巧明显欠缺,不知道怎样进行自我包装营销,很难适应现代就业市场需

---

① 李利宏、马文艳:《女大学生职业生涯规划现状及辅导构想》,《教育理论与实践》2007年第4期,第40页。
② 钱艳芬:《后危机时代女大学生就业问题的思考》,《南通职业大学学报》2011年第3期,第45页。

求。2009年9月全国妇联发布的"女大学生就业创业状况调查"显示:女大学生求职,平均投出9份简历,才能得到一次面试或笔试机会;平均投出44份简历,才能得到一个意向协议;九成以上的女大学生求职时,感受到性别歧视;90.2%的企业坦承招收女大学生有诸多困难。2010年3月份,国内大学生就业第三方独立调查机构麦可思研究院完成的一项针对女大学生就业的专项调查显示,2010届女大学生就业签约率为21%,明显低于男大学生29.5%[①]。面对女大学生就业难,问题的解决需要方方面面共同努力,而女大学生自身的努力是关键环节。对于女大学生而言,不仅要勤于学习以提高自身的综合素质,更重要的是应尽早做出科学合理的职业生涯规划,为自身的可持续发展打下坚实基础。

"女大学生职业生涯规划是指女大学生根据自身情况,结合发展机遇,对决定个人职业生涯的主客观因素进行分析、测评和总结,确定其事业奋斗目标,选择合适的职业,制定相应的教育和培训计划,并对每一步骤的时间、顺序和方向做出合理的安排。[②]"根据美国职业管理学家舒伯(Dinald E.Super)的职业生涯发展理论,职业生涯发展分为成长阶段、探索阶段、确立阶段、维持阶段和衰退阶段,共5个阶段。15~24岁正是职业生涯发展的探索阶段,在该阶段,应着力培养和提升自己的综合能力与就业竞争力。高校中的女大学生正是出于探索阶段这一职业生涯发展的黄金期。因此,在高校领域开展女大学生职业生涯规划研究,面向女大学生进行有针对性的职业生涯指导,帮助女大学生增强规划意识,主动开拓美好前程,成为当前下加强女大学生就业指导工作,实现培养高素质女性人才培养目标的重要内容。

二、发现与检验:朋辈互助对女大学生的影响

"朋辈"(peer)含有"朋友"和"同辈"的意思,通常是指:同年龄者、年龄相当者或生活境遇相似者,他们属于同一个社会群体,享有共同的价值观念、经验、生活方式,具有年龄相近、性别相同或者所关注的问题相同等特点[③]。"朋辈心理咨询的行为干预原理是出自社会学习理论、合理行为理论、参与教育理论等社会心理学的理论支持。社会学习理论(Social Learning Theory)认为,人们的许多行为能够通过角色示范(modeling)来学习,人们的道德思考和道德行为会受到他所观察到的结果和他人角色示范的影响。合理行为理论(Theory of Reasoned Action)认为,决定一个人行为

---

① 钱艳芬:《后危机时代女大学生就业问题的思考》,《南通职业大学学报》,2011年第3期,第42~43页。
② 王红彬:《女大学生职业生涯规划的问题及教育对策》,《长沙航空职业技术学院学报》2006年第6期,第12页。
③ 石芳华:《美国学校朋辈心理咨询述评》,《上海教育科研》,2007年第8期,第52页。

的是行为动机,行为动机的预测依赖于人实施行为的态度和主观规范;其中主观规范是指人们对他们所在乎的人会如何看待他(她)的行为之信念,也就是说如果与之关系亲密的其他人认为某种行为是积极的,那他(她)就会希望达到对方所期望的行为标准。参与教育理论(Theory of Participatory Education)则认为:参与是学生从社会和生活中发展认知和经验学习的主要途径。因此,朋辈心理咨询的实施者相信人们行为发生变化不是因为科学性的事实依据而是因为最亲近的、最信任的朋辈的主观意见,朋辈的行为变化是其行为变化最有说服力的示范。[①]"人们通常愿意听取年龄相仿、知识背景、兴趣爱好相近的同伴、朋友的意见和建议,青年人尤其如此。

马歇尔夫(Mamarchev,1981)对朋辈心理咨询(peer counseling)的定义是"非专业心理工作者经过选拔、培训和监督向寻求帮助的年龄相当的受助者,提供具有心理咨询功能的人际帮助的过程"[②]。大学生群体具有鲜明的朋辈特点,他们年龄相近,所处的时代相同、环境相似,对事物的理解与评价也比较一致,比较容易取得共识。同时,同学之间彼此熟悉,能够平等相待、以诚相待,同伴教育者与同学间比较容易建立相互信任的沟通关系,而且互相之间可以产生亲近和真实的感觉。基于这些因素,在大学生群体中实施朋辈互助,能够受到大学生的欢迎,具有积极的意义。美国心理学家Alanfeingold对有关人格性别差异的研究结果显示,女性比男性更具有内向性、焦虑性、信任性,尤其是依赖性[③]。当女大学生在职业生涯规划中遇到挫折、烦恼等各种问题时,她们往往求助于自己的朋友寻求解决问题的建议和指导,以及情感上的关心、安慰和鼓励。笔者曾在大学生中开展题为"求职性别差异"的问卷调研,在216名参与学生中,有18.06%的学生在"求职中遭遇性别歧视"时会选择"寻求亲朋、老师、同学的帮助",其中女大学生占25.86%。

卢梭在《爱弥尔》一书中曾这样说道:"每一种性别的人在按照他或她特有的方向奔赴大自然的目的时,要是同另一种性别的人再相像一点的话,那反而不能像现在这样完善了……""如果你想永远按照正确的道路前进,你就要始终遵循大自然的指导。所有一切男女两性的特征,都应当看作是由于自然的安排而加以尊重。"所以,在职业生涯规划教育中,我们必须充分认识到男女两性的差异性,在尊重差异性的基础上,有效做好女大学生职业生涯规划教育。而尊重差异性,就必须看到每一种性别的特性和共性,具体在职业生涯发展中,相比于男大学生,女大学生面对许多共性的和特

[①②] 石芳华:《美国学校朋辈心理咨询述评》,《上海教育科研》,2007年第8期,第52页。
[③] 钱艳芬:《后危机时代女大学生就业问题的思考》,《南通职业大学学报》2011年第3期,第44页。

定的问题。比如：在当前的就业市场中，用人单位公然表明"不招录女性"的少了，但隐形性别就业歧视现象仍较为严重，包括：对女生提出的条件和要求要比男生更多更高；提出"三年内不许结婚，五年内不得生子"的霸王条款等。再如：在职业生涯发展上，相比于男生，女大学生一般从事与其传统角色相关或相近的职业，相对集中在教育、文秘、演艺、服务行业等领域，就业领域相对集中、层次相对较低。在科技含量高、文化层次高、职位高的岗位上，女性占比较小，这些使女大学生的视野和发展空间受到限制。由此，在女大学生职业生涯规划教育中，由于她们彼此具有相似的特质、面对共同的问题，以朋辈互助的形式开展教育就更显优势。

三、构建与探索：女大学生朋辈互助体系设想

通过朋辈互助的形式，帮助女大学生自觉地进行科学的职业生涯规划，需要在课程、人员选拔、氛围营造等多方面建立起女大学生朋辈互助体系。

（一）开设女性特色课程

课程是教育教学的核心环节，是学生接受学校教育的主渠道。在大学生职业生涯规划教育中，开设课程是普及生涯规划理念和方法，扩大职业生涯教育受众的有效方法。教育部办公厅关于印发《大学生职业发展与就业指导课程教学要求》的通知要求，"从2008年起提倡所有普通高校开设职业发展与就业指导课程，并作为公共课纳入教学计划，贯穿学生从入学到毕业的整个培养过程"。但是，鉴于职业生涯规划和发展中男女两性差异的客观存在，笼统地开设面向全体大学生的职业生涯规划课程，不能有效解决女大学生的职业生涯规划课程，因此，应该开设针对女大学生职业生涯规划的特色课程。"女性课程是基于性别特征，针对女性受教育者的特殊生理、心理和社会际遇特点而设置的，旨在提高她们智力、能力和观念的课程。要结合女大学生的实际不断充实完善我国女性学课程建设尤其是女大学生职业生涯辅导课程的建设。[①]"需要注意的是，女性职业生涯规划特色课程的开设，不是放大女性在就业竞争和职业发展中可能遇到的不平等现象，而是要帮助女大学生了解社会性别的形成、发展过程，正视两性差异，正确自我认知，学会用社会性别视角观察、思考、分析和评价社会现象，在课程内容设置和课时安排上应充分考虑教育的针对性和科学性，内容的系统性和连续性，在唤醒性别平等意识的基础上，使学生的自信和自立能力得到提

---

① 余璇、杨成洲：《女大学生职业生涯规划体系的构建》，《天津市经理学院学报》2009年第4期，第37页。

升,以此帮助女大学生科学规划职业生涯。事实上,特色课程的设置,能够在普及知识和方法的同时,为具有"朋辈"属性的女大学生提供了互相交流和互帮互助的平台,在笔者开设的女性生涯规划课程的课程反馈中,学生表示对课堂提供的"畅所欲言"、"能够听取他人的意见"等设置"受益匪浅"。

(二) 培养朋辈辅导员

"那些从某个社会群体中选拔出来,接受特定的培训和信息,为朋辈提供心理援助和行为示范的人被称为朋辈辅导员(peer educator)。①"以朋辈互助的形式开展女大学生职业生涯规划教育,培养女大学生朋辈辅导员是关键。"朋辈助人者不是所有学生都能胜任的。一般应具有开朗乐观的性格,较强的观察力和理解力,较好的语言表达能力和组织协调能力,拥有良好的人际关系,责任心强,乐于助人,愿意付出时间和精力。②"担任朋辈辅导员的女大学生应以自愿参与为主,在具有帮助他人的能力的同时,更重要的是具有帮助他人的意愿。在女大学生职业生涯规划教育中的朋辈辅导员,在具有良好的心理素质、充分的自信心、控制情绪的管理技巧、人际交往中的人格魅力、应对压力的能力的基本素质的基础上,还须具有对于女性职业生涯规划的科学认知和合理规划的能力。作为朋辈辅导员的女大学生,既是她人职业生涯规划的助人者,也是自身职业生涯规划的自助者。对于选拔出来的朋辈辅导员,可以通过讲座、报告、案例分析、拓展训练、团体训练等多种方式对其进行培训,以提高他们的理论素养、知识水平和实践能力。

(三) 营造适宜氛围

"据心理学研究表明,女性成就强弱取决于成就动机、人格特征、家庭价值观和社会文化环境。许多成功女性的经历告诉我们,来自家庭和社会文化环境的支持对女大学生成才是非常重要的。③"开展女大学生职业生涯教育,重要的一点是为女大学生的发展和实现自身价值营造更为平等、宽松的成才环境。在人的生涯发展中,敢于向他人求助也是一种很重要的能力,女性由于其隐忍的特质和相对内向羞涩的性格,在遇到困难和障碍时,往往怯于求助他人。"开展朋辈心理互助的首要条件是创设一种良好的集体环境和气氛,集体中各成员间关系融洽、分工协作、尊重、关心、理解、信

---

① 石芳华:《美国学校朋辈心理咨询述评》,《上海教育科研》,2007年第8期,第52页。
② 芦茜:《大学校园中朋辈互助的实践研究》,《高等农业教育》2010年第12期,第33页。
③ 余璇、杨成洲:《女大学生职业生涯规划体系的构建》,《天津市经理学院学报》2009年第4期,第37页。

任,这些都是人际交往中不可或缺的重要特质,也是有效地开展朋辈心理互助的重要保证。①"这就需要我们在朋辈互助体系的构建中,营造这样一种敢于向朋辈求助的氛围,鼓励女大学生将职业生涯发展遇到的问题与朋辈分享,并得到来自朋辈的帮助。

从朋辈互助的视角思考女大学生职业生涯规划教育,只是开展女大学生职业生涯教育的一种尝试。高校应充分认识职业生涯教育在高层次女性人才成长中的重要作用,从女大学生入校伊始即开展长期的、连贯的、个性化的指导。

---

① 施鸿、吴炎苗:《朋辈互助对大学生的影响因素及建设策略》,《教育教学论坛》2010年第35期,第26页。

当代女大学生的求职困惑与对策研究
——以华东师范大学为例

王郦玉　俞丹微*

目前,随着全球经济发展的波动,就业问题已成为普遍显著的问题,我国又正处于社会转型时期,近年来高校的扩招使得原来的"精英"教育向"大众化"转变,大学生人数迅速增加,大学生不再是一种稀缺资源,劳动力市场供过于求,大学生求职、就业难已成为社会普遍关注的问题。而女大学生,作为受过高等教育的女性,在求职过程中也面临着困难与挑战,承受着一定的压力,遇到种种问题并由此产生各类困惑。

为了准确而全面地了解女大学生求职过程中产生的求职困惑及其社会和心理原因,从而更好地向女大学生提供有效缓解或解决这些问题的行之有效的对策与方法,更好地指导和帮助女大学生就业,我们以华东师范大学为例,开展了以"当代女大学生的求职困惑与对策研究"为主题的调研工作。

一、调研工作概述
(一) 调研工作的开展进程

2013年3月,课题组在华东师范大学学生就业咨询服务中心的大力支持下,拟定了调研工作的基本目标和主要内容,明确了具体分工和进度安排,对调研工作进行了规划,确定以问卷形式进行抽样调查。2013年4月,通过对近年来相关文献和研究成果的检索与参考,形成了问卷初稿。随后通过小范围的预调查和个别访谈,对问

---

* 王郦玉,华东师范大学对外汉语学院讲师。俞丹微,华东师范大学对外汉语学院在读研究生。

卷初稿进行了修改和完善。

2013年4月~5月,课题组在华东师范大学多个院系的本科生、研究生辅导员老师的大力支持下,完成了问卷的发放、回收工作,对个别学生进行了深入的访谈。2013年5月~6月,课题组成员对问卷数据进行整理、输入以及初步的分析。2013年6月,课题组负责人召开课题组会议,在充分讨论的基础上,撰写了初步的调查报告。

(二)样本情况概述

本次调研工作共发放调查问卷200份,回收186份,有效问卷182份,回收率达93%,有效率达97.8%。调查对象主要为应届女大学生,包括本科生和研究生。从样本的构成情况来看:文科生占52.2%,理工科生占33.0%,艺术体育类占14.8%,基本上能够体现出华东师范大学应届女大学生的总体结构情况,说明本次样本的情况对于华东师范大学应届女大学生的总体具有一定的代表性。详情如表1所示。

表1 样本基本构成　　　　　　　　　　单位:人,%

		人 数	比 例
专 业	文科	95	52.2
	理工科	60	33.0
	艺术体育类	27	14.8
总 计		182	100

二、当代女大学生求职困惑与对策研究的总体情况

此次当代女大学生的求职困惑与对策研究的调查结果可以分为三个部分,分别是当代女大学生求职过程中的困惑、当代女大学生的认知情况以及她们所需求的相关帮助、对策,这将在下文中一一展开,进行详细地说明。

(一)当代女大学生求职过程中的困惑

我国《宪法》规定,"中华人民共和国公民有劳动的权利和义务"(第四十二条),"中华人民共和国妇女在政治上、经济上、文化上、社会和家庭生活等方面享有同男子平等的权利"(第四十八条)。此外,《劳动法》、《妇女权益保护法》、《就业促进法》等都规定了妇女享有与男子平等的就业权利,企业在录用职工时,除国家规定的不适合妇

女的工作或岗位外,不得以性别为由拒绝录用妇女或提高妇女的录用比例。但是,现实情况却并不像法律规定的那样,每年的求职季总会出现因求职不顺而出现女大学生情绪过激行为的新闻报道。女大学生在求职过程中,遇到了很多由性别身份带来的困难,甚至感到由于性别原因受到歧视,也因此产生了不少的困惑。

薛宁兰在其《社会性别与妇女权利》一书中指出,"就业歧视是指基于民族、种族、性别、宗教信仰、社会出身或身份、地域或方言、身体特征(身高、相貌、体型)、健康(乙肝病毒携带等)与残疾、婚育状况等因素,对劳动者采取的具有剥夺或损害其就业机会均等或职业待遇平等作用的区别、排斥或优惠措施。[①]"英国学者兰迪·L.德西蒙等认为,"在人力资源领域可能存在的歧视有两种,一种是入门歧视,另一种是待遇歧视。入门歧视是指一个组织对一项工作的获得资格设置限制、关卡,排斥申请人或提高较低的起点工资,也就是说使一些应聘者丧失应聘的资格或者给求职成功者较低的工资待遇。[②]"本调查中的性别方面的就业歧视就是以薛宁兰提出的定义为参考,而主要关注的问题是女大学生在求职的过程中,是否受到入门歧视。

在本次被调查的 182 位华东师范大学应届毕业的女大学生中,有 116 位认为用人单位在招聘时所提供的职位男多女少,占被调查总人数的 63.74%。有 35 位女大学生认为男女一样多,占被调查总人数的 19.23%。有 20 位认为女多男少,占被调查总人数的 10.99%。而有 11 位女大学生认为视情况而定,占 6.04%。其中,视情况而定主要是指用人单位的性质和岗位性质不同,导致了具体情况的不同。统计结果如图 1 所示。

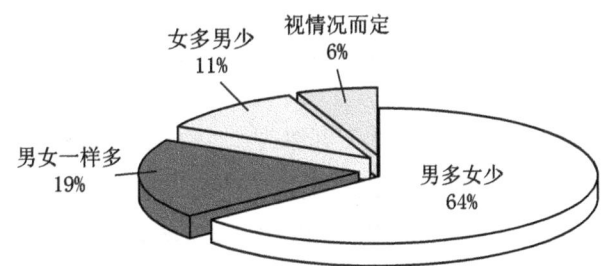

图 1　女大学生对用人单位招聘时提供的男女岗位数目的看法

此外,值得我们注意的是,有 41 位理工科类的女大学生认为用人单位在招聘时所提供的职位男多女少,占被调查的理工科类女大学生总数的 68.3%,远比同选项文

---

① 薛宁兰.社会性别与妇女权利[M].北京:社会科学文献出版社,2008 年.p142.
② 管磊.完善我国妇女平等就业权法律保障之探讨[D].苏州:苏州大学王健法律学院,2007:10.

科类的64.2%（文科类的女大学生认为用人单位在招聘时所提供的职位男多女少数占被调查的文科类女大学生总数的比例）和艺术体育类的52%（艺术体育类的女大学生认为用人单位在招聘时所提供的职位男多女少数占被调查的艺术体育类女大学生总数的比例）来得高。由此可见理工科类女大学生在求职过程中遇到岗位数男多女少的情况最为明显。

在调查中,有113位女大学生认为在求职过程中感到因为自己的性别是女性而受到了歧视,占被调查总人数的62.1%,有69位女大学生认为自己没有受到歧视。针对女大学生受到歧视的情况,我们进行了更进一步的追问,以了解她们受到了哪些歧视,根据反馈,我们将女大学生感到受歧视的用人单位的要求概括如图2所示（选项为多选）。

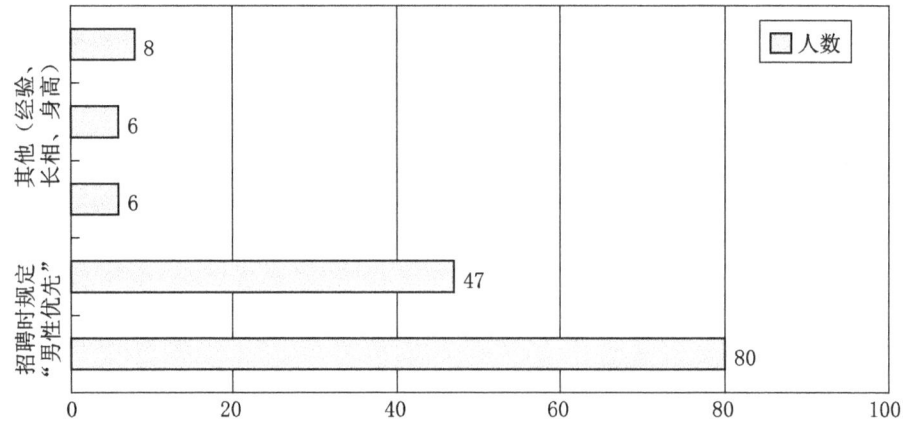

图2　女大学生求职受歧视项目人数统计

从图2中,我们可以发现,女性由于其性别方面的原因在求职方面比男性还要困难,特别是不少用人单位在招聘时规定"男性优先"这一项目,使许多女生感到受到了性别歧视。而认为受到招聘时规定"限男生"这一条款的歧视的女大学生的人数也不少,有47位。

在这次调查中,针对用人单位的性别歧视的问题,特别是哪些性质的聘用单位性别歧视最严重,我们进行了更深一步的追问,让被试按照聘用单位的性质,选择她们所认为的求职和就业中性别歧视最为严重的前三类用人单位。根据182位女大学生的回答,经统计发现,政府机关、科研单位、国有企业是她们所认为的求职和就业中性别歧视最为严重的前三类用人单位。具体情况见表2。

表 2　被试所认为的求职和就业中性别歧视严重的用人单位情况①

单位:人,%

	人　数	比　例
政府机关	87	47.8
科研单位	78	42.9
国有企业	73	40.1
事业单位	68	37.4
私人企业	59	32.4

(二) 当代女大学生的总体认知情况分析

认知是人对事物的认识,是人脑反映客观事物的特性与联系并揭示事物对人的意义与作用的心理活动,它作用于每一个个体,影响一个人的选择、情感态度。女大学生在求职过程中会受到自身的认知的影响,从而影响岗位的选择以及职业观念,这些会对女大学生的求职以及今后职业生涯产生很大的影响。要全面了解女大学生对于自身性别、角色的认知情况,必须了解当代女大学生对女性这一社会性别在就业中所具有的优势的认识、对家庭及事业的态度,这将有助于我们对女大学生就业问题提供针对性的指导,提出富有针对性的对策。

针对这一部分的内容,我们参考了 2009 年发表的《松江大学城大学生宗教信仰状况调查报告》的量表设计②,并在此基础上结合华东师范大学的工作实际进行了修改和完善,设置了 8 个题项,包括三个方面的内容,依次为:职业观,包含 3 个题项;婚姻家庭观,包含 3 个题项;自我评价,包含 2 个题项。此外,另有两道题也与自我认知有关,一个题目是"您觉得作为女大学生在就业中有哪些优势",另一题是问答题,包含两个小题,其中一个是从重要性角度出发对爱情、亲情、友情、家庭、事业进行排序,另一个则是女性职业偶像的问题。我们通过数据分析得出以下初步结论。

1. 就自我评价而言

除了量表中的选项以外,被试所认为的女大学生在就业中的优势也是自我认知、自我评价的一方面。量表中的两个题项为"家庭美满才是女性的成功"和"男大学生

---

① 由于按聘用单位性质划分,选择项目较多,被试可以从中选三项,内容较多,选择较分散。因此,仅列被选择较多的前五项。
② 上海社会科学院宗教研究所课题组.《松江大学城大学生宗教信仰状况调查报告》.刊于《中国宗教报告(2009)》.北京:社会科学文献出版社,2009:265—284.

能力比女大学生强"。在第一个题项中,87位女大学生同意及非常同意家庭美满才是女性的成功这一观念,占被试总数的47.8%,另有31.9%的女大学生不置可否,这说明在女大学生的观念中,家庭是衡量其自身价值的重要标准,甚至是最重要的标准。而这种观念在从重要性角度出发对爱情、亲情、友情、家庭、事业的排序题中得到了佐证,有99位被试女大学生认为亲情最重要,排第一,有62位被试女大学生认为家庭最重要,排第一,两者相加,占被试总数的88.5%。但也要注意的是,有20.3%的被试不同意"家庭美满才是女性的成功"这一观点,这也表明有相当部分的当代女大学生并不是将家庭美满作为衡量自身价值的唯一标准。

在"男大学生能力比女大学生强"这一题项中,74位被试女大学生非常不同意这一观点,81位被试女大学生不同意这一观点,两者占被试总人数的85.2%,具有相当高的比例。这表明当代女大学生对自身能力越来越肯定,并不认为女大学生在能力上比男大学生差。而在女性这一社会性别在就业中的优势的问题上,94%的被试女大学生认为女大学生更为细心,更能够胜任细致的工作,65.9%的被试女大学生认为女性更有礼貌、更温和,而赞同女性考虑问题更周全细致的比例达65.9%,51.1%的被试认为女性的语言表达能力更强。但在女性忍耐力更强、更能承受压力这一观念上,仅有25.3%的被试赞同这一观点,具体见表3。而综合这些结果,我们可以发现,当代女大学生对女性这一社会性别的观念受传统影响较大,仍旧以社会构建的女性优势、特点为主要认知,虽然认识到男大学生能力并不比女大学生强,但对自身的忍耐力、抗压力并不是那么自信,这一点尤为值得引起我们注意。

表3 被试女大学生对女性在就业中的优势的观点的统计

单位:人,%

	人数	比例
更为细心、能够胜任细致的工作	171	94.0
更有礼貌、更温和	129	70.8
考虑问题更周全细致	120	56.9
语言表达能力更强	93	51.1
形象思维能力更强	49	27.0
忍耐力更强,更能承受压力	46	25.3
其他	2	1.1

2. 就婚姻家庭观而言

61%的被试认为家庭中的女性必须自立,91.2%的被试赞同女性必须在经济上独立。这表明当代女大学生认为婚姻家庭中女性要有自己的经济基础,这也意味着当代女大学生普遍认为要有自己的工作,而再结合上面一部分提到的有相当多的被试认为"家庭美满才是女性的成功",大部分的被试女大学生将亲情、家庭放在最重要的位置,可以看出,工作、职业并不是女大学生认知中最重要的部分,而这有可能会影响她们求职的选择,以及今后工作的进取心、投入的精力等等,在很大程度上这是造成女大学生求职难的一个原因,也是很多企业从成本、劳动力价值最大化上考虑不愿意聘用、或不愿优先聘用女大学生的一个原因。此外,18.7%的被试女大学生赞同全职太太是一种现代的选择,46.1%的被试不赞同这样的观点,另外的35.2%则为不置可否,而这显示当今女大学生的另外一种观念趋势,一部分女大学生对职业发展、经济独立等问题并不重视,而这种观念对女大学生的求职态度会造成很大的影响,这也将会导致她们在求职过程中采取消极的态度,或者放弃求职的机会。

3. 就职业观而言

92.3%被试认可职场上的女性必须自信的观点。就获得高学历有助于女性的职业发展这一观点来看,64.9%的被试赞同,而23.6%的被试不置可否,另有11.5%的被试并不这么认为。这表明大部分的当代女大学生认为学历对职业发展有影响,特别是高学历,而这也反映出当代研究生逐渐以女性为主的趋势,学历在当代女大学生的认知中是比较重要的,这从侧面反映出女大学生在求职过程中需要更高的学历才能使自己更具竞争力的观点。此外,当代女大学生关于职业的认知中也存在负面的因素。关于干得好不如嫁得好的观点,22.5%的被试同意这一观点,32.4%的被试不置可否,而45.1%的被试不赞同这种观点。说明当代女大学生中仍有相当一部分并不追求独立自主,仍把获得未来个人幸福和发展的希望寄托在婚姻上。而在女性职业偶像这一问题中,54.9%的被试没有女性职业偶像,这一数据结果非常令人吃惊,这显示出当代女大学生对于自身的职业发展尚缺乏深入的思考,也不善于主动寻找职业榜样,这些问题都值得引起我们的思考。

三、女大学生的就业辅导需求及相应对策

对当代女大学生而言,求职就业中的困惑以及求职难的问题是她们面临的主要挑战,也是让她们的心理受到打击、在求职过程中产生压力的一个非常重要的原因。

她们是否需要侧重于女大学生的就业辅导,需要哪方面的就业辅导,是否了解有关妇女保护的法律以及她们认为解决当前女大学生就业难最有效的措施是什么,是我们在调查访谈和数据分析过程中特别关注的问题。通过本次调研,我们得出了初步的结论,并提出以下对策:

(一) 结合社会性别现状,开展针对女大学生的就业指导与心理辅导

由于社会性别因素的影响,当代女大学生在求职过程中会面对男大学生所不会遇见的具有特殊性的问题,受传统社会观念的影响,女大学生在求职过程中容易感到被歧视,也更容易对自身价值和职业问题产生困惑。

调研结果显示,90.7%的被试认为高校需要开展侧重于女大学生的就业辅导,9.3%的被试认为不需要,这说明侧重于女大学生的就业辅导是大部分女大学生所需要的,也是非常有必要的,这对于推动女大学生顺利实现就业将具有重要的意义。调查中显示,在165位认为需要开展侧重于女大学生的就业辅导的被试中,63.6%的被试期望学校提供求职面试技巧培训的就业指导服务,55.8%的被试期望学校提供就业信息,54.5%的被试期望学校提供就业政策、形势分析的指导服务。

从中可见,高校针对女大学生的就业指导应强调其应用性和实用性,应更强调可操作性,直面现实问题,而不是空谈理论,如此才可能收到较为显著的效果。

此外,27.3%的被试期望学校提供就业心理咨询方面的就业指导服务,这说明当代女大学生对自身的心理压力等问题越来越关注与重视。具体情况见表4。

表4 女大学生就业指导服务需求情况　　　　单位:人,%

	人　数	比　例
求职面试技巧培训	105	63.6
就业信息发布	92	55.8
就业政策、形式分析	90	54.5
职业能力测评及生涯设计	82	49.7
相关法律、法规的普及介绍	68	41.2
就业心理咨询	45	27.3

在女大学生求职的过程中,伴随着她们的不仅是实际操作方面的困难,更有心理上的不安与焦虑,从调查可见,相当一部分女大学生已经意识到了这方面的问题,她们也渴求相应的指导。因此,在当前高校就业服务的过程中,也应加强对毕业期女大学生的心理疏导和引导工作,帮助她们树立信心,发现自身优势,明确人生目标,提高

抗挫折和抗击打能力，从而在寻找到理想工作的同时，也能培养出完善健康的人格，避免使个别学生因为求职过程中的恶性竞争而出现消极绝望或过分嫉妒的情况。

（二）依靠法律武器，提高相关法律法规的普及度

我们在调研过程中发现，就对有关妇女保护的法律的了解而言，63.7%的被试认为自己了解《劳动法》，50%的被试认为了解《妇女权益保障法》，23.7%的被试了解《女职工劳动保护规定》，8.8%的被试了解《就业促进法》，13.7%的被试明确表示对这四个法律都不了解。从统计结果来看，这表明当代女大学生对于维护自身利益的法律知识普遍了解不多，大部分的女大学生只是了解比较基本的法律的内容，如《劳动法》和《妇女权益保障法》，有相当多的女大学生对这些法律并不了解。而从表4看，有41.2%的被试期望学校提供相关法律法规的普及介绍的就业指导服务，这表明部分当代女大学生意识到相关法律、法规知识的重要性，但是比例仍旧不高，比例所体现的需求情况与女大学生对相关法律的了解情况相比，相差甚远，有些女大学生并没有意识到法律对维护自身权利的保障性，也尚未意识到法律法规的重要性。

因此，加强当代女大学生对相关法律法规知识的了解与认知是解决女大学生求职困惑的一项重要对策。在大学的公共法律课教学中，在就业指导课的授课过程中，应针对教学对象的特点适当加入并强化针对女大学生的法律法规教育。结合生动鲜明的实例、知晓度较高的社会新闻、活生生的现实人物来开展法制意识教育，加深同学们的印象，强化她们的法制意识，使她们在现实中遭遇歧视或不公时能果断有效地拿起法律武器来保护自己。

（三）整合社会资源，努力为女大学生营造良好的就业环境

女大学生的就业问题，涉及当代女性的自立自强与健康发展问题，关于两性平等地位的确立和社会和谐，因此仅仅依靠高校就业服务部门的力量是不够的，还需要联合妇联等社会组织，针对女大学生所遇到的切实问题，提供有力的社会支持和保障，并为女大学生的成长成才提供良好的舆论环境。

针对女大学生的切实需求，我们通过调研发现，就被试认为的解决当前女大学生就业难的最有效的措施排序来看，35.7%的被试认为解决当代女大学生就业难的最有效措施是提高女大学生自身素质，树立信心，积极参与社会竞争，而29.7%的被试认为制定操作性强的两性平等就业政策并严格执行是解决当前女大学生就业难的最

有效的措施。这说明加强女大学生的就业竞争力是非常重要的，也是一些女大学生认识到自身存在问题的体现，这体现了当代女大学生对自我的反思。制定操作性强的两性平等就业政策并严格执行则从另一方面体现了女大学生对现今法律法规制定的操作性以及实施过程中力度及效度的问题的思考，也反映出现有的法律法规在制定方面理论性过强，没有操作性，很难给予实际的保护以及这些法律法规执行力度的问题。而完善相关的社会保障机制，普遍建立生育保险制度的措施也有相当部分的被试认为能比较有效地解决问题，而这一措施是针对企业因女性生育所带来的成本问题而尽量不录用女性员工的问题所提出来的，这是对女性的一项保障。而这些措施都是非常重要的，在被试女大学生中有相当大的比例。具体情况见表5。

表5 解决当前女大学生就业难最有效措施的排序情况　　　　单位：人

措　施＼有效性措施排序	第一	第二	第三	第四	第五
完善相关的社会保障机制，普遍建立生育保险制度	39	52	33	42	16
加强性别平等宣传，消除用人单位重男轻女的偏见	21	45	45	57	14
提高女大学生自身素质，树立信心，积极参与社会竞争	65	38	43	26	12
制定操作性强的两性平等就业政策，并严格执法	54	34	44	40	10
其他	3	13	17	17	130

因此，进一步解决女大学生就业难问题并非无路可走、无法可寻，而是在此过程中需要全社会共同的关心与支持，高校的就业服务部门也应根据现实的情况，进一步加强和社会相关机构和组织的联系，共同为女大学生走上社会以后的顺利发展创造出更好的条件。

四、结　语

在当代社会，女大学生的求职与成才仍面临着种种挑战和困难，高校各级各类就业服务组织应帮助女大学生树立正确的价值观、职业观、家庭婚姻观，加强女大学生对自身角色的认识、自身特点的认识，重视女大学生的求职能力和综合素质的培养，提高女大学生的就业竞争力，培育她们的职业适应能力，拓宽女大学生的求职视野，加强妇女保护的法律法规知识的普及，向女大学生提供富有针对性的就业指导服务，帮助女大学生在职业生涯中顺利起航，实现每个人的"中国梦"。

上海市金山区城乡家庭发展状况研究

黄晨熹　梁肖玥*

家庭是社会的基本细胞,家庭幸福是社会和谐的重要基础。改革开放以来人口转变和经济社会转型导致我国家庭结构发生深刻变化,家庭发展方面出现许多新情况和新问题。2013年5~6月,华东师范大学人口研究所进行了金山区家庭发展状况调查。调查采用两阶段抽样法,以居住在金山区1个月及以上的上海本地家庭和外省市来沪家庭为对象。经数据整理,最后得到有效问卷5 131份,问卷有效率达到93.3%。其中,城乡家庭比约1∶1,本地和外地比为9∶1。本文基于问卷调查,对上海市金山区家庭发展状况及问题进行了深入分析,并提出相关对策建议。

一、金山区家庭发展基本状况

(一) 家庭结构小型化,核心家庭比重高,独居老人和仅老年夫妻家庭比重高

从家庭构成①类型看,核心家庭比重超过1/3②,扩展家庭和仅夫妻家庭约各占1/5强,个人独居家庭约占1/8。从年龄构成看,独居家庭中60~69岁、70~79岁、80岁及以上的比重分别为17.4%、14.2%和13.9%,三者合计为45.5%。仅夫妻家庭中受访者年龄为60~69岁、70~79岁、80岁及以上的比重分别为28.3%、15.3%和

---

* 黄晨熹、梁肖玥,华东师范大学人口研究所教授。
① 独居家庭是指只有一个成员的家庭;仅夫妻家庭是指家庭成员中只有夫妻、没有其他家庭成员的家庭;核心家庭是指父母和未婚子女构成的家庭;扩展家庭是指父母和已婚子女或其他亲属居住在一起的家庭。
② 如果将仅夫妻家庭纳入核心家庭,那么该比例达到55.9%。

3.7%,三者合计 47.3%。

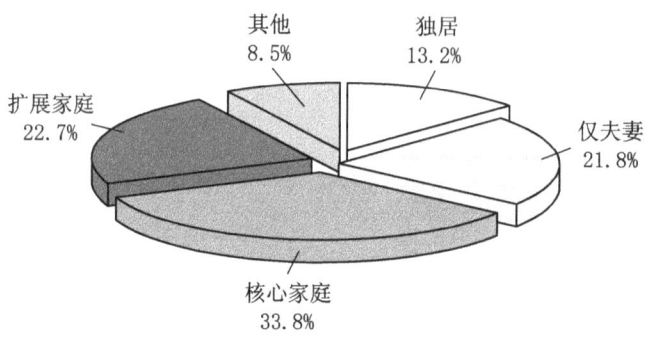

图 1　金山区家庭类型构成

金山区家庭规模呈现小型化特点,平均家庭规模 2.94 人,高于 2010 年上海市平均家庭规模(2.5 人),但低于全国平均水平(3.1 人)。其中,1 人户、2 人户、3 人户、4 人户、5 人户、6 人及以上户比重分别为 13.2%、28.1%、29.6%、13.8%、12.3% 和 2.9%,大家庭比例较小。

(二)家庭关系总体良好,邻里关系持续改善,但城乡差别明显

金山区家庭内部关系良好。家庭关系量表(满分 5 分)平均得分为 4.289 分,其中城市地区得分(4.37 分)高于农村地区(4.22)。表示家庭关系非常融洽(得分 5 分)和融洽(4—5 分)的比重分别占 27.2% 和 25.0%。不过,仍有 4.0% 受访者表示家庭关系不融洽。

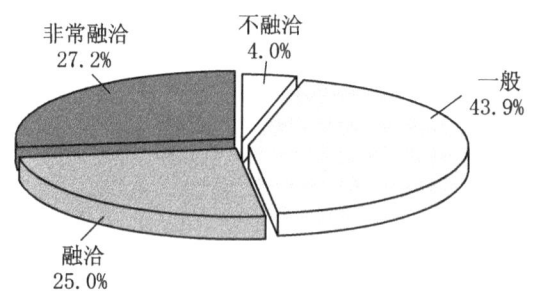

图 2　金山区家庭总体关系状况

邻里关系总体良好。35.0% 的受访者表示邻里关系很好,48.1% 的表示较好,表示邻里关系很差和较差的比例不到 1%。41.1% 的受访者表示,与过去相比,邻里关

系变好了,52.5%的受访者表示没有什么变化,只有6.3%的受访者表示变差了。

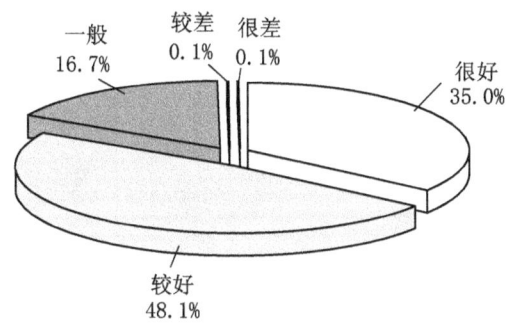

图3 金山区受访者对邻里关系看法的构成

城乡之间邻里关系的差别十分明显。尽管城镇受访者对邻里关系的总体评价高于农村受访者[1],但从邻里交往情况看,则与总体评价相反。例如,农村地区"几乎每天"和"每周至少一次"到邻居家串门、聊天或娱乐的比例分别比城市地区高11.3个和11.8个百分点;农村地区邻里经常互帮互助的比例是城镇地区的一倍强,而城镇地区邻里从来不互帮互助的比例是农村地区的2.5倍。显然,城乡之间不同的生活方式和住房结构对邻里关系产生了明显的影响。

(三)慈善活动参与度较高,对社区活动整体比较满意,但参与度有待提升

在社会互助方面,我们选取了捐赠、献血、扶困济贫和扶跌倒老人四项活动来测量家庭参与社会慈善的程度。如表1,参与比较多的三项分别是捐赠、扶跌倒老人、扶困济贫,占77.6%、76.2%、64%;献血的比重最小,为43.2%。受城乡收入差异的影响,城镇家庭参与捐赠、扶困济贫的比重高出农村家庭20多个百分点,但在献血、扶跌倒老人这两项无关乎经济条件的活动上差异很小。

从活动参与的频率看,经常参加的居民占14.6%,偶尔参加的占了54.4%,从未参加社区活动的居民有25.5%,有3/4的居民参与过社区活动,但经常参与者比重仍有待提高。从社区活动的影响因素看,69.6%的居民是自己主动参与、对活动感兴趣,15.6%是应组织者要求来凑人数,14%的居民因为家人朋友推荐或支持而参与活动。说明多数居民都是主动参与。在不参与的原因中,最大的原因是没有时间

---

[1] 城镇受访者中认为邻里关系很好和较好的比例分别为41.0%和41.3%,而农村受访者中相应比例分别为29.5%和53.8%。

表1 金山区城乡居民奉献社会情况　　　　　　　　　　单位:%

奉献社会情况		城 镇	农 村	合 计
捐　赠	是	86.4	69.8	77.6
	否	8.8	17.1	13.2
	不清楚	4.8	13.1	9.2
献　血	是	45.4	41.3	43.2
	否	43.8	47.3	45.7
	不清楚	10.8	11.4	11.1
扶困济贫	是	77.3	52.3	64.0
	否	14.9	28.6	22.2
	不清楚	7.8	19.1	13.8
帮助跌倒老人	是	79.5	73.3	76.2
	否	5.6	7.2	6.5
	不清楚	14.9	19.5	17.3

(55.9%)。对于农村居民来说,活动地点离家远是仅次于时间的第二大原因,有30.5%的居民因此不能参加社区活动。

(四)家庭总体幸福感较强,城乡家庭略有差异

本次调查中,针对"您认为自己家庭生活幸福吗?"这一问题,有30.1%的家庭选择"非常幸福",51.2%的家庭选择"比较幸福",也就是说,81.4%的受访者的主观幸福感较高。其中,城镇家庭幸福感又略高于农村家庭,反映在该问题的五个选项中(表2)。只有1.9%的受访者表示自己家庭生活"比较不幸福"或"非常不幸福"。

表2 城乡居民对不同方面家庭状况的满意率[①]比较　　　单位:%

家庭关系和服务状况	城 镇	农 村	差 距
生活便利程度	83.7	72.0	11.7
家人健康	80.0	69.6	10.4
收入状况	54.1	44.7	9.4

① 包括非常满意和满意。

续表

家庭关系和服务状况	城　镇	农　村	差　距
教育状况	65.1	58.4	6.7
夫妻关系	83.1	78.1	5.0
医疗卫生情况	60.2	55.6	4.6
社会参与	65.9	61.6	4.3
住房状况	67.8	66.5	1.3
亲子关系	85.5	85.4	0.1
邻里关系	76.1	76.5	－0.4

二、金山区家庭发展面临的主要问题

首先,家庭收入低,城乡公共服务存在差异。金山城乡居民收入均明显低于全市平均水平,生活成本快速提高导致居民支出压力明显增加,基本生活开支仍占家庭支出的主导地位,用于发展和休闲的支出比重较低。城乡居民在生活便利、家人健康和收入状况存在一定差异,对全区家庭总体幸福感产生不利影响。

其次,两类特殊家庭面临困难。第一类家庭结构不完整,如离婚或再婚家庭、空巢老人家庭、独居老人、单亲家庭和隔代家庭,面临成员关系紧张、照顾能力不足的困难;第二类是因家庭成员面临特殊困难(如失业、贫困、疾病)的经济困难家庭。

再次,社区凝聚度与活动参与度不高。从活动参与的频率看,偶尔参加的占了54.4%,从未参加社区活动的居民有25.5%,"没有时间(55.9%)"和"离家较远,不方便(12.5%)"是不参与的主要原因。

最后,居民健康意识和生殖观念有待提高。金山区只有不到1/3的居民会定期进行健康检查,其中城市居民定期检查比重(40.4%)几乎是农村居民(21.8%)的两倍。不良生活方式是很多疾病的病因之一,最常见的分别是吸烟(27.2%)、长时间接触手机和电脑(25.7%)和饮酒(14.3%),并存在城乡差异。金山区居民利用计划生育服务的覆盖率仍有提升空间,且调查中一些受访者认为,生殖健康只是育龄期间男女的事情,与未婚者、离婚者或老年人无关,或仍存在重男轻女的思想。

三、对策建议

(一) 加快经济发展转型,提升城乡收入,进一步促进城乡公共服务均衡发展

首先,采取切实有效措施,稳步提升城乡居民收入。金山城乡居民收入均明显低

于全市平均水平,生活成本快速提高导致居民支出压力明显增加,基本生活开支仍占家庭支出的主导地位,用于发展和休闲的支出比重较低。从而造成城乡居民对收入状况的满意度最低,影响城乡居民总体生活满意度。建议从优化产业结构、增加就业机会、提升社会保障水平、控制物价过快上涨等方面,加快本区经济发展和转型,提升城乡居民收入。

其次,不断改善城乡社区设施和水平,进一步促进城乡公共服务均衡发展。提供充足的基本公共服务、提升家庭抵御社会风险能力是创建幸福家庭的重要基础。作为一个城镇化水平相对较低的远郊县,金山区仍面临城乡发展尤其是城乡之间公共服务水平不平衡的问题,特别在医疗服务和养老保障方面,对全区家庭总体幸福感产生不利影响。从表2可见,城乡居民在生活便利程度、家人健康、收入状况等方面的满意度存在明显差异,教育、夫妻关系、医疗卫生、社会参与等方面满意度的差异也较为明显。这与以往许多研究中农村居民满意度往往高于城镇居民的结论刚好相反。可能的原因是,金山区的农村居民虽然身处农村,但由于受到大城市现代生活方式的影响,生活预期和消费方式等均较接近于城镇地区,对城乡公共服务均衡等方面的诉求也相对强烈。建议政府要进一步加大投入,增加针对社区设施建设的实事项目,特别要提高农村社区医疗服务和养老服务的水平,促进城乡公共服务均衡发展。

(二)关注特殊家庭困难需求,提升家庭能力建设总体水平

首先,以服务保障为手段,弥补家庭功能丧失或不足的风险,特别注重加强针对农村居民的老人、就业、住房保障、婚姻家庭关系指导、心理咨询等服务。随着社会转型和生活方式转变,家庭规模和家庭类型分别呈现小型化和多样化特点,离婚或再婚家庭、空巢或独居老人、单亲家庭、隔代教养家庭等比重不断增加,家庭结构不完整而使得这些家庭面临功能丧失或不足的风险,部分家庭容易面临成员关系紧张的困难,部分家庭容易面临照顾能力不足的困难。而由于城乡公共服务的不均衡性,农村地区的此类家庭表现出更大的需求。

其次,以经济保障为手段,提升经济困难家庭抵御风险的能力,重点关注城镇化过程中产生的支出型贫困家庭、农村养老保障以及低收入失业家庭问题。近年来,金山区城镇化快速推进,为许多家庭创造了更多的就业机会、经济收入和更好的生活条件,但同时也使得部分家庭因自身条件较差、难以适应社会转型等因素而陷入经济困难。慢性病患者家庭和农村地区失业人员家庭比重较高,低保人员家庭、残障人员家

庭和重病大病患者家庭占有一定的比重。这些弱势家庭都面临较大的经济困难,需要政府进一步完善经济保障,为其提供经济援助,提升他们的家庭发展能力。

(三)增加社区居民互动和社会参与,培育社区的凝聚力和认同感,形成乐于扶危济困、邻里互助、回报社会的良好道德风尚

文明是幸福家庭的道德追求。热爱祖国,关心社会,珍惜家庭,推动家庭成员之间、家庭与社会、家庭与自然的友爱、和谐是社会主义现代文明的重要内容。现代化和城市化的快速推进提高了市民的文明程度,但激烈的社会竞争、巨大的生活压力、割裂的生活环境等也对基于社区的文明程度提升产生一定的消极影响。针对这些问题,我们建议应采用社区社会工作专业方法,以人的发展为重心,兼顾社区发展和人的发展,通过一定的引导和激励措施,增加社区居民互动,提升社会参与积极性,促进社区融合和认同。

首先,设计亲民、便利的社区活动项目和激励引导机制,提升居民主动参与比例。调查显示,本区居民主动参与社区活动的比例不理想,特别是参与志愿服务的比例偏低。受访者表示"没有时间"和"不方便"是没有参与的主要原因。这两项理由有一定的合理性和相当大的弹性。易言之,如果社区活动与居民切身利益相关或对他们能提供切实帮助,那么这些理由都不会成为理由。这要求我们在社区活动项目设计时,要加强社会调查,找出居民的关注点和兴趣点,并通过完善激励引导机制,吸引他们主动参加。

其次,塑造睦邻友善社区氛围,加强居民矛盾案例宣传,进一步完善居民矛盾协调机制。随着经济利益和生活方式的分化,居民间矛盾不可避免。尽管发生矛盾的比例不高,但对整个社区氛围的影响极坏。建议要进一步加强社会管理创新,在继续加强睦邻友善社区的宣传力度的基础上,通过建立以政府协调为基础的居民自治组织调解和社会力量介入调解的调节方式,将社区居民矛盾尽快尽早化解在初级阶段,避免矛盾恶化和激化。

再次,加强好人好事的正能量宣传,激励市民参与慈善捐赠、扶危济困和志愿活动,积极回报社会。随着媒体作用的日益强大,通过媒体加强积极向上的正能量宣传对塑造良好社会氛围至关重要。特别要加强平凡人、身边人的正能量故事宣传,让市民们感到简单的举动、细微的行为、小小的付出就能为别人、为社会带来重要的正能量,从而激发市民们参与各种回报社会活动的积极性。

（四）加强生殖健康知识和服务宣传，引导科学文明的婚育观念

优生优育是幸福家庭的希望所在。总体而言，金山区居民利用计划生育服务的比重较高，对提高人口素质，促进人的全面发展起到积极作用。但调查中我们也发现一些问题，如一些受访者认为，生殖健康只是育龄期间男女的事情，与未婚者、离婚者或老年人无关。还有一些受访者表示未享受过任何计生服务。一些受访者仍存在重男轻女的思想。

首先，要进一步加强有关生殖健康知识和服务的宣传，重点要突出宣传内容的通俗易懂、简单明了、图文并茂，特别是要适合一些受教育程度偏低的农村或老年市民的需要，改变一些市民的错误观念；同时，在现有服务基础上，进一步提高生殖健康服务的覆盖率和可及性，让更多有需要的市民享受到优质的生殖健康和计生服务，特别是青少年健康、优生优育和科学育儿服务。应加强对这些计生公共服务的评估，及时了解服务项目取得的成效和存在问题，并及时作出调整和改进。

其次，在继续加强计划生育政策宣传、引导科学文明婚育观念的基础上，积极引导符合政策夫妇充分利用政策机会，鼓励符合二胎政策的双独夫妇生育两个，以在一定程度上缓解未来人口老龄化的冲击。探索建立家庭津贴制度，为符合条件生育子女的家庭提供一定的经济补助（如所得税退税等）。

维护妇女儿童合法权益

未成年子女权益的司法保护现状管窥
——以黄浦区人民法院2010~2012年变更抚养关系纠纷为切入点

虞憬 徐婷姿[*]

涉少民事审判领域中,抚养问题与未成年人权益保护的关系最为密切。变更抚养关系制度正是基于子女的成长是长期的动态过程这一考虑,在原抚养条件发生重大改变的情况下,允许离婚夫妇以协议或诉讼的方式变更子女的抚养关系。此类案件对未成年人成长环境影响甚巨,处理时更需慎重。本文以我院2010~2012年审理的变更抚养关系纠纷为切入,剥茧抽丝、层层深入,以期为完善未成年人权益保护相关工作,更好地保护离异家庭未成年子女健康成长提供有益信息和思路借鉴。

一、案件主要特征趋势——源自审判实践的多维检索

从我院2010~2012年案件审理情况来看,呈现出案件数量基本稳定、审判效果整体良好、审理节奏相对较快、抚养权变更率较高的特点,案件呈现如下趋势。

(一)涉非婚生子女纠纷日渐显现

受当前社会上未婚同居、一夜情、婚外与第三人同居等不良风气的影响,涉非婚生子女纠纷日渐显现,在三年间审结的155件案件中,有11件涉及非婚生子女,占比7.10%。

---

[*] 虞憬、徐婷姿,黄浦区人民法院。

(二) 涉案父母呈年轻化趋势

有三成左右案件的涉案父母为"80后"。这与变更抚养关系纠纷大多发生于双方离婚后,涉案父母的年龄结构与当前离婚群体的年轻化趋势直接相关。

(三) 强制执行案件数量少难度大

三年间仅8件进入执行程序,进入执行比例仅为5.16%。但由于此类案件执行内容兼具人身与财产双重属性,导致执行难度大。特别在实际控制未成年子女的一方决心隐匿孩子的情形下,即使对其采取罚款、拘留等制裁措施,也未必能够促使其告知法院子女的下落;哪怕最终找到子女,如果子女不配合,同样容易形成执行僵局。

二、纠纷成因——法定理由与社会诱因相交织

(一) 原告起诉时提出的理由

以三年间调解、判决结案的128件案件为范本,原告起诉时以最高法院《关于人民法院审理离婚案件处理子女抚养问题的若干具体意见》(以下简称《抚养问题若干意见》)明确列举的情况作为具体起诉理由的案件数量仅54件,占42.19%。此外,原告还会提出诸如名实相符①、亲自照护的欠缺、为子女落户就学、性别或再婚所产生的照护障碍、出境或移民、欺诈性抚养②等其他理由。

(二) 深层次的社会综合诱因

1. 意识冲击下的家庭脆化

传统家庭本位意识在多元化的价值观念冲击下弱化,家庭的凝聚和归拢功能逐渐消退。以自我为中心的个体意识在婚外情等不良婚恋观的催化下不当膨化,甚至出现道德意识的滑坡,催生出欺诈性抚养等极端情况,从而进一步动摇了家庭的稳固性,最终深刻影响到未成年人完整的家庭成长环境。

2. 子女工具观下的相互推诿

不少年轻父母的责任意识和法制意识都有所欠缺,对子女需求关注不够,往往以自己的利益为本位,在履行抚养义务时相互推诿,存在将子女视为负担、工具、筹码的

---

① 即子女实际已随无抚养权一方生活多年,现无抚养权方要求变更抚养权,以实现名实相符。
② 所谓欺诈性抚养,是指在婚姻关系存续期间乃至离婚以后,妻明知其在婚姻关系存续期间所生子女系非婚生子女,而采取欺诈手段,称其为婚生子女,使夫承担该子女的抚养义务。

现象。这些都严重影响了未成年人健康成长的环境,诱发了变更抚养关系纠纷,最终受害的则是心灵最需要呵护的未成年子女。

3. 利益驱动下的表象争夺

审理中发现,一些变更抚养关系纠纷表面上是在争夺子女的抚养权,实际当事人却是为了谋求一些不可明言的经济利益,子女的抚养权实际嬗变成为了父母之间或是与第三方利益博弈的工具。如有的当事人为获得更多的动迁利益,双方携手诉至法院,要求将子女的抚养关系变更到待拆迁的一方;又如有的当事人离婚后,子女因动迁、受赠等原因获得一定财产,父母双方为掌控子女名下的财产,引发对子女抚养权的争夺。

三、核心问题——未成年人遭受二次伤害的风险溯源

(一)法层面的现实遗憾

1. 是否并处抚养费及探视权无明确规定

由于法律未明文规定在确定未成年人抚养权归属时必须将抚养费、探视权问题一并处理,因此导致司法实践中做法不一:有的根据判如所请的原则来处理;有的则积极引导当事人,尽量将抚养费、探视权予以确定。

2. 征询未成年人意见的具体做法尚未统一

我国法律层面上缺乏符合未成年人特点的意见征询程序,导致司法实践中做法不一:有的是当庭询问,有的是要求提供子女书面意见,有的则通过与子女谈话的形式。由此许多情况下,子女无法实质性地参与并充分表达自己的真实意愿。

3. 未成年子女最佳利益原则易被父母便利需求淹没

我国法律对于父母双方达成抚养协议过程中司法的介入权规定十分有限,仅《抚养问题若干意见》第10条规定了法院在双方协议抚育费由一方全部承担的情况下有审查权。而司法实践中,当双方协议未涉及抚养费负担问题,或者约定了明显过低的抚养费,或者协议将子女归属于明显不具有监护能力的一方时,法院能否主动介入干涉尚存疑。此种欠缺,使得未成年子女最佳利益原则容易淹没在父母自我便利的需求之下,无法得到最充分的体现和保障。

4. 规范性缺失加大案件处理难度、影响处理效果

(1)轮流抚养制度的缺失。该制度在不少国家都比较普及,其有利于减少父母双方争夺或推诿抚养子女的矛盾,更有利于子女身心的健康成长。在我国,虽然《抚

养问题若干意见》第6条原则规定了轮流抚养,但对轮流抚养的时间间隔、抚养费用负担、交换抚养的方式、终止的情形等具体内容未予明确,且适用前提是父母自愿,加之部分父母对法律知识的缺乏和长期以来形成的传统习惯思维,很大程度上都限制了该制度的运用。我院三年间审结的案件无一起适用了轮流抚养制度。

(2) 子女个人财产制度和财产照护制度[①]的缺失。大陆法系国家大多构建有子女个人财产制度和财产照护制度,以维护未成年人的财产利益。而我国法律缺乏离异子女财产保护的相关制度设计,这同时也为特定情况下名为变更抚养关系实为争夺子女财产的诉讼提供了动因。法院在相关案件处理时,亦很难做出有针对性的保护措施。

(3) 抚养权之诉代位行使制度的缺失。我国法律明确规定提出抚养权变更之诉的主体限于父母,由此导致在父母其中一方抚养明显不利于未成年子女成长,而另一方由于主观怠于行使或客观未行使诉权的情况下,出现抚养权变更之诉无从发起的尴尬。此时,未成年子女本人及(外)祖父母等近亲属能否代位行使该诉权,行使顺序如何,这些都是司法处理时不容回避却又难以回答的问题。

(二) 抚养权争议对未成年子女的辐射伤害

1. 父母双方严重冲突的负面效应

由于我国当前主要实行单亲抚养制度,司法实践中容易产生双方争夺或推诿抚养权的情形。如基于双方都再婚、经济状况都不佳、父母责任心不强等情况,可能会出现双方推诿抚养权的局面,给未成年人造成被遗弃的感觉;而疼爱子女、探望权难以行使、财产纠葛等因素又会催生双方争夺抚养权的情况,在未成年人有一定认识、表达能力的情况下,也会给未成年人带来不小的压力。

2. 非婚生子女合法权益保障不易

审判实践中发现,由于非婚生子女生父母婚姻关系的欠缺,其权益保护较之婚生子女而言,更容易受到以下侵害:

(1) 心理健康难以保障。生父母相互推诿抚养责任、亲子鉴定等行为,容易进一步催生传统观念下受歧视的非婚生子女的自卑心理,甚至造成性格上的扭曲、对社会的仇视。

(2) 在获得生父照护探视抚养方面存在客观障碍。部分非婚生子女生父母在分

---

① 参见余孝安:《我国调整抚养关系法律制度的漏洞及填补——以立法为视角》,法学学术网,2013年8月8日访问。

手后生父已组成家庭,甚至育有子女,生父主客观上均难以尽好监护责任,这也是非婚生子女抚养权变更率远低于一般抚养权纠纷的重要原因。

(3) 抚养费用难以落实。《婚姻法》对非婚生子女抚养费用的范畴为"抚养费、教育费",缺少婚生子女抚养费中医疗费的内容。实践中,非婚生子女明确抚养费数额的情形也不多,同时我国又缺乏相应的机构垫付制度,导致一些非婚生子女在父母双方条件有限或一方不闻不问的情况下,生活难以为继。

3. 欺诈性抚养暴露的心理冲击

欺诈性抚养中,离婚后抚养孩子的父亲,通过亲子鉴定发现子女非其亲生,而起诉要求变更子女抚养权归母亲,有时还会提出赔偿请求。此种情况对未成年人的打击相当大。一方面,法院通常会支持这种理由的变更抚养权诉请,也不要求非亲生父亲一方承担抚养义务;另一方面,离婚夫妻双方的关系也会恶化,未成年人和曾经关系亲密的父亲将处于尴尬境地,这些因素都极大改变了孩子的成长环境,对其幼小的心灵容易产生不可逆的伤害。

四、改进思路——完善未成年人权益保护是全社会共同的课题

(一) 健全制度,明确执法依据

1. 立足儿童本体观,规范未成年人意见征询程序

我国当前立法在面对抚养纠纷时,没有突出子女的中心地位。如前所述,现行法律并没有针对涉少案件的专门审理程序,实践中对如何听取未成年人意见的做法比较随意。对此,应将儿童本体观作为制度设计的理论依据,在涉少案件中设置有利于未成年人尽量排除干扰、表达自己真实意愿的特殊表达程序。如明确监护人应到场和应回避的情形,明确判断未成年人出庭与否的标准,设置圆桌交流的询问方式等等。

2. 填补规范空白,丰富抚养权诉讼的制度内涵

一是在我国现行以单亲抚养为主的制度模式基础上,通过明确操作细则适当推动轮流抚养制度的适用。二是建立适合我国国情的子女独立财产制度,将父母对未成年子女财产的处分限制在为子女利益的限度内,并完善相应的制约机制和责任追究机制。三是借鉴域外做法,设立监护监督制度,及时了解未成年人成长环境的变动并迅速采取措施。四是确立抚养权之诉代位行使制度,明确在未成年人利益出现严重损害危险而父母未行使诉权的情形下,允许该未成年人或其近亲属提起变更之诉。

(二) 能动司法,优化审判效果

1. 合理调配力量,强化裁判前后的审判延伸工作

基层法院民事审判力量有限、社会观护体系尚不完善、心理咨询力量薄弱,这些都限制了审判延伸工作的开展。在现有条件下,首先法院应在人员调配、机构建制、专业培训等方面给予涉少案件审理组织一定的倾斜。同时探索建立变更抚养关系子女回访登记制度,酌情为未成年人寻求心理帮扶和社会援助。

2. 适时主动介入,强化特定情形下的职权主义

首先,法院应加强释明工作,引导经济困难的当事人寻求法律援助,以弥补诉讼能力的不足;另一方面,法院对重要证据应加强主动调查收集的力度,以更全面地掌握未成年人的生活状况。其次,对于双方协商一致变更抚养关系的案件,法院应秉承子女最佳利益原则加强审查,对明显有悖于未成年人利益的意思表示予以引导修正乃至否决。

3. 全面定纷止争,强化对当事人的释明引导

抚养的完整过程是涵盖了抚养权归属、抚养费负担、探视权行使在内的综合内容,仅明确抚养权的归属可能会给将来纠纷的产生埋下隐患。为此,法院应加强对双方当事人的释明引导,力求在确定抚养权的同时,一并明确抚养费和探视权问题,减少讼累。

(三) 多方共建,夯实保护环境

1. 探索完善以国家社会干预为前提的社会观护制度

社会观护制度,旨在引入社会力量,以诉讼为切入口,通过社会观护员提交社会调查报告、参与案件调解、进行回访观护等方式,对未成年人和家庭进行帮助指导,以促进家庭和谐、呵护未成年人成长。当前,《上海法院未成年人民事案件审理规程(试行)》对观护制度作出了比较详细的规定,但如何充实社会观护员的力量,完善社会观护体系,更好地发挥观护制度的效果,尚有待于在实践中进一步思考与探索。

2. 建立健全以学校社区为依托的未成年人权益保护信息机制

变更抚养关系纠纷进入法院时往往纷争已持续了一段时间,对未成年人的利益可能实际已产生损害;还有相当一部分在不良环境下成长的未成年人,非抚养方由于不知情等原因未提出变更之诉。因此,需要把维护未成年人利益的触角前伸后移。实践中,学校和社区是在未成年人家庭之外最容易掌握未成年人生活状况信息的场

所,应充分发挥其积极作用,及时采集汇总有效信息,适时向相关未成年人保护组织予以反映。

3. 积极构建以案例资源为基础的互动公共论坛

应进一步扩大案例的辐射作用,积极构建以丰富的案例资源为基础的公共论坛,实现司法与社会的良性互动。互动公共论坛平台的选择在重视传统媒体的同时,也不能忽视新兴媒体;在重视信息输出的同时,也不能忽视大众的信息反馈。

五、结　语

未成年人的权益保护是全社会共同的课题,其中离异家庭子女的权益保护更是重中之重。从变更抚养关系纠纷的审判现状可以管窥,当前司法乃至社会对于未成年子女的权益保护远未达到尽善尽美的水平,这其中有着法律规范、社会风气、传统观念等多方面的因素。要解决这一问题,必须从立法、司法、整个社会领域内积极寻求答案。如何做好未成年人的权益保护,不仅关系到每一个家庭的今天,更关系到整个社会的明天;不仅值得我们深思,更亟待我们去践行。

未成年人民事审判中社会观护制度研究

唐启盛*

一、未成年人民事审判中社会观护制度概述

未成年人民事审判中的社会观护制度是我国未成年人民事案件审判中的一项新的制度。虽然目前我国相关法律法规尚未对社会观护制度做出具体规定,但为了最大化维护未成年人的合法权益,部分试行少年综合审判的地方法院已经在司法实践中尝试实行这一新制度。

(一) 社会观护制度的概念

1. 社会观护制度的内涵

社会观护制度是指,人民法院在审理未成年人民事、行政案件中,聘请社会观护员对涉及未成年人的个性特点、家庭情况、成长经历以及权益保护现状等进行社会调查,参与案件调解,案件审结后对未成年人进行回访观护,以保护未成年人合法权益的工作制度[①]。

2. 社会观护制度的特点

(1) 主动性。对于涉及未成年人的民事案件,符合适用社会观护条件的,法庭主动启动社会观护程序,任命社会观护员,而社会观护员主动进行调查,了解相关情况

---

* 唐启盛,上海市宝山区法院。
① 2011年11月上海高院与上海市团委联合签发的《上海法院审理未成年人民事、行政案件开展社会观护工作的实施意见(试行)》。

并制作社会调查报告。

（2）偏向性。在公平公正的前提下，社会观护制度的设计偏向于维护未成年人，更加注重对未成年人合法权益的保护。比如在调查取证时，社会观护员主要调查有利于保障未成年人合法权益的证据。

（3）全程性。社会观护制度贯穿于涉及未成年人民事案件审理的始终。社会观护员庭前调查走访、庭中报告质证，庭后回访回馈，全程参与到该案件的司法流程中。

（4）社会性。社会观护制度的实行需要社会各界的支持和理解，社会观护员也主要来自各社会组织的推荐。社会观护员在调查中，对未成年人的生活、学习、家庭环境进行走访了解。

二、在未成年人民事审判中引入社会观护制度的意义

（一）为民司法，保障未成年人合法权益的客观需要

社会观护制度体现了对未成年人的司法关怀，也是对未成年人的合法权益进行特殊化优先保护的客观需要。《中华人民共和国未成年人保护法》第3条规定，未成年人享有生存权、发展权、受保护权、参与权等权利，国家必须根据未成年人身心发展特点给予特殊、优先保护，保障未成年人合法权益不受侵犯。特殊保护和优先保护是审理涉及未成年人案件的两项基本原则。

优先保护基于未成年人心灵比较脆弱，容易受外界影响的特点，在诉讼程序中尽量简易快捷，具体而言就是立案优先快速、审理简约高效、执行及时到位[1]。特殊保护侧重于实体上主动给未成年人提供便利，例如在举证环节上，对没有举证能力和条件的当事人，法院依法主动调取有利于未成年人权益的证据[2]。保障未成年人合法权益不受侵害的前提就是要做到：横向上全面调查其生活学习环境和亲友关系，纵向上深入了解其身心的发展和周遭境况的变化。社会观护制度的形成，使得司法机关可以借助社会力量，获得难以通过成人司法途径获得的有关未成年人的客观情况，从而为法院公正公平审理，做出有利于未成年人权益的裁判提供依据[3]。

---

[1] 张长青、左树芳：《试论涉少民事审判贯彻未成年人权益特殊优先保护原则的意义和途径》，载于中国预防青少年犯罪研究会网。
[2] 张文娟：《中国未成年人保护机制研究》，法律出版社2008年版。
[3] 丁兆增、吴国平：《构建我国未成年人民事案件适用特别程序初探》，载《西华师范大学学报（哲学社会科学版）》2010年第4期。

(二) 创新司法，推动未成年人民事案件审判方式的不断完善

《儿童权利公约》规定，关于儿童的一切行动，无论是由公私社会福利机构、法院、行政当局或立法机构执行，均应以儿童的最大利益为一种首要考虑(参见《儿童权利公约》第3条)。但在涉及未成年人的民事案件审理过程中，由于未成年人的身心发育尚未健全，难以在普通诉讼程序中全面、客观地反映自身情况和利益诉求，所以通常只能由其法定代理人发表意见。而在利益纠纷中，法定代理人往往是案件其中一方的当事人，大都从自己的利益角度考虑问题。

民事诉讼实行当事人意思自治原则，在解决矛盾纠纷的过程中，无论是当事人还是法官，容易忽略未成年人在诉讼中的权益，把成年人的意志强加给未成年人。我国民事诉讼采取当事人主义模式，要求法官地位中立、居中裁判，但当事人主义模式并不能契合未成年人民事案件的特殊性[①]。

未成年人民事审判的社会观护制度是在不违背《民事诉讼法》的基本原则的前提下，强调司法权的主动干预，对未成年人进行延伸保护，为未成年人和法院的沟通提供新的途径，让法官能够更清晰地听到未成年人的真实意见。

(三) 联动司法，强化社会协作机制的有益探索

社会观护制度是一项对未成年人进行共同保护的社会系统工程，这是家庭、学校、社会和司法机关的共同责任，仅仅依靠司法的力量是远远不够的。所以，积极调动各种社会力量参与未成年人司法保护，在私保护权力无力的情况下，及时引入公权力予以干预，能够使权益受到侵害或有被侵害可能的未成年人得到最大程度的保护。

社会观护制度，融入到未成年人民事案件的各个阶段，把未成年人民事审判工作不仅向前后延伸、而且还向外扩展，这无疑需要集中和整合各种社会资源，充分发挥社会的力量，以全方位维护未成年人的合法权益。

三、我国未成年人民事审判社会观护制度的现状

社会观护制度是基于未成年人身心发展不健全而对未成年人进行司法干预的制度。如《法国民法典》规定，法官可委派任何有资格的人进行调查，其目的在于收集有关家庭的物质与道德状况、子女生活与教养条件等，如果父母一方对社会调查结论持

---

① 张中剑、张姝，《未成年人民事案件社会观护制度研究》，载《未成年人民事权益保护的探索和实践——未成年人民事审判论文集》，人民法院出版社2009年版。

有异议的,可以请求另行调查。德国以地方青少年为主体对未成年人案件进行政府干预,青少年局可以作为未成年人的辅助人,主张生活费等请求权,为其父母提供咨询和收养告诫等①。

2006年8月,最高人民法院下发《关于在全国部分中级人民法院开展独立建制的未成年人案件综合审判庭试点工作的通知》,决定在全国17个中级人民法院开展未成年人案件综合审判庭试点工作。各地法院在充分调研和借鉴其他国家和地区相关制度的基础上,将社会观护制度初步引入涉及未成年人民事案件的审理实践中。

(一)我国各地法院未成年人民事审判社会观护制度的实施现状

江苏法院是全国较早开始关注未成年人权益保护民事案件特点的法院,早在1991年8月,江苏省常州市天宁区法院就成立了全国第一个综合性少年法庭,首次将未成年人的民事权益保护案件纳入少年法庭的审判工作范围。江苏法院更加注重在民事审判中给予未成年当事人以特殊保护,其制定了涉及未成年人的民事案件庭前调查制度,避免因当事人举证不到位而影响案件审理结果。

广州法院在未成年人民事案件审理中已经形成了较为完善的社会观护制度。2007年广东省广州市中级人民法院制定《广州市法院审理未成年人民事案件社会观护(员)制度实施规程》,明确社会观护制度的宗旨、人员构成、工作机构、事实范围、社会观护员的权责,以及社会观护员进行庭前、庭中、庭后观护的工作内容和工作程序等。经团市委、妇联等机构推荐,广州法院聘任了123名"羊城少年法庭之友",并配备给各基层法院少年审判庭。在涉及未成年人的民事案件审理过程中,"羊城少年法庭之友"经法院委托担任社会观护员,对相关事实进行调查并将调查结果形成报告,在庭审中交法庭质证,使法官能够全面了解未成年人案件外的情况,让案件的处理能切实保护未成年人的权益②。

四川法院在未成年人权益保护民事案件中引入社会调查原则,通过对未成年人所在的学校和小区进行深入调查,向未成年人的亲属、邻居、老师、同学等了解其学习和生活情况,以便对如何更有利于未成年人学习和成长做出判断。同时积极调动社会资源,建立观护回访制度,及时了解法院生效判决的履行情况。成都市中级人民法院还尝试实行社会观护员参与调解制度,即在涉未成年人民事案件中,由承办法官和社会观护

---

① 赵俊:《论少年民事审判之社会观护员制度的建构》,《未成年人权益司法保护论坛优秀论文选编》,第19页。
② 摘自2008年2月最高院在云南曲靖召开的"关于审判涉及未成年人权益保护民事案件工作座谈会"会议资料。

员一起组织双方当事人进行调解,或者委托社会观护员组织双方当事人进行调解。

沈阳市中级人民法院发动社会力量参与未成年人维权工作,将社会调查制度全面引入涉及未成年人民事案件审判中。规定全市两级法院在未成年人民事案件中按3%的比例实行社会调查制度,并逐步扩大到10%。沈阳中院与沈阳市未保会还共同组建了50人的社会调查员队伍。经过培训的社会调查员,不仅参与涉及未成年人的刑事审判,而且在民事审判中发挥作用。社会调查员对未成年人的家庭背景、成长环境以及涉案的实际情况进行调查,及时制止遗弃、虐待以及侵害未成年人其他合法权益的行为。对于有必要进行"后续关爱"的未成年人,法院和社会调查员将定期进行走访。

云南省曲靖中院,在涉及未成年人的民事案件审理过程中实行"庭前、庭审、庭后三帮教,动情、晓理、明法三育人"举措,通过庭前帮教,消除未成年人的思想顾虑,从而正确对待审判;通过对双方当事人德行、经济状况、身体情况,以及对子女责任心等情况进行调查,制作调查报告,从法律、道理、亲情和社情方面对当事人进行教育;宣判时向双方当事人耐心释疑,帮助其正确对待裁判结果①。

(二)上海法院关于未成年人民事审判社会观护制度的有益探索

2007年7月19日,上海法院启动了"少年综合庭审判"工作,积极探索未成年人民事权益的司法保护机制的完善,形成了"情、法、快、疏"四字涉少民事案件审判工作理念。以情为主线,强化亲和审判理念,营造良好庭审氛围,大胆尝试将圆桌审判模式运用于涉少民事案件的审理中。以法为主线,强化积极庭审理念,保护未成年人权益,强调法官积极释明权和依法主动调取有利于未成年人权益的证据;以快为主线,强化高效审判理念,从速化解纠纷争端;以疏为主线,强化迂回审判理念,真正做到案结事了。

2011年5月,按照最高法院引入、创建"社会观护员"制度的要求,上海市高院和团市委签署《维护和发展青少年合法权益工作合作备忘录》,将建立社会观护员制度作为年度工作重点之一。全市500多名阳光青少年社工将参与未成年人民事案件的观护以及回访工作。法院审理涉及未成年人民事、行政案件时,可以根据需要聘请上海市阳光小区青少年事务中心社会工作者担任社会观护员。

2011年7月20日,上海市高院副院长沈志先在国家妇女儿童发展纲要终期评估检查会上发表题为《助推社会管理创新,实现上海法院未成年人保护工作的可持续发展》的讲话。沈志先提到,未成年人民事案件一般基于家庭关系引起,家事纠纷不

---

① 摘自2008年2月最高院在云南曲靖召开的"关于审判涉及未成年人权益保护民事案件工作座谈会"会议资料。

能简单做出是非分明的处理,尤其不能损害未成年人的利益和感情。未成年人民事案件审判应遵循"积极、有限、亲和、关怀"的审判理念,即在诉权保护上强调"积极",秉持"特案特办",特殊保护未成年人的权益;在诉讼程序上强调"优先",开辟"绿色通道",尽快帮助未成年人脱离纷争;在审理方式上强调"亲和",在未成年人到庭时运用"圆桌审判",避免庭审对抗对未成年人造成"第二次伤害";在审判结果上强调"关怀",借助"背景调查",真正化解涉及未成年人权益纠纷。

2011年9月9日,上海长宁区人民法院正式启动未成年人民事案件社会观护工作,长宁法院少年法庭从5月起就与区妇联、阳光青少年事务社社工区工作站就社会观护员工作进行协商,建立了一支分布全区的社会观护员队伍。

2011年12月22日,上海高院副院长、少年法庭指导小组组长丁寿兴与团市委潘敏签订《上海法院审理未成年人民事、行政案件开展社会观护工作的实施意见(试行)》,计划于2012年开发未成年人民事、行政案件社会观护信息库,加强对社会观护员培训工作。该《实施意见(试行)》明确了社会观护的概念和内容、社会观护员的权利义务和任免条件以及社会调查报告的内容和要求等,使得未成年人民事案件社会观护工作的开展有章可循,对于进一步完善社会观护制度有着重要的积极意义。

四、对未成年人民事审判中社会观护制度实施现状的评价和建议

(一)从社会观护的主体来看

一方面,由于编制和收案数量的限制,各地法院"案多人少",审判人员难以再兼顾繁杂的社会观护工作;另一方面,法官庭前对案件进行深入调查走访与法官居中裁判的定位不相称。因此在司法实践上,法院内部大都没有设立专门的社会观护员,而是与社会组织建立合作关系,由社会组织推荐符合条件的人来担任社会观护员。

社会观护员需要通过走访调查了解涉案未成年人的个性特点、家庭情况、成长经历以及权益保护现状等,制作调查报告并当庭宣读,参加案件调解,进行观护回访,是整个社会观护制度的主体。

以上海为例,根据《上海法院审理未成年人民事、行政案件开展社会观护工作的实施意见(试行)》,社会观护员的任职条件是品行良好,热心于从事维护未成年人合法权益工作,具备一定的心理学、教育学和法律等专业知识,具有一定工作经历,沟通协调能力强,有上海户籍或在上海有经常居住地。另外该《实施意见(试行)》还规定了社会观护员应当优先从下列人员中选任:①专业社会工作者;②共青团、妇联干部;

③青保干部；④在职或退休教师；⑤"关心下一代工作委员会"工作人员或离退休干部。具备上述这些条件的公民，由其所在单位征得本人同意后，以书面形式向所在地的基层法院推荐。

该《实施意见（试行）》对社会观护员的任职条件和职业要求作出了详细的规定，为法院甄选社会观护员提供了标准和参考。从社会观护员的职业要求来看，大部分是机关组织干部，这对于协调有关方面配合调查有所帮助，但是，应考虑到，社会观护的主要内容是考察未成年人的学习、生活情况，未成年人的老师、同学、邻居等应该对其境况比较了解，建议基层法院与辖区内的中小学和街道建立合作，由街道或下辖居委会以及中小学各推荐一名符合条件的同志兼任社会观护员。这可以取得未成年人境况的第一手数据，免去机关组织的社会观护员调查走访的周折。

（二）从社会观护的范围和内容来看

根据最高人民法院于2006年12月15日下发的《关于批准未成年人案件综合审判庭试点工作方案中有关事项的批复》中的规定，未成年人案件综合审判庭应当受理的民事案件范围是：①当事人一方或双方为未成年人的民事案件；②婚姻家庭纠纷案件中涉及未成年人权益的案件，一般包括：抚养关系纠纷、抚育费纠纷、监护权纠纷、探视子女权纠纷、生身父母确认纠纷、确认收养关系纠纷、解除收养关系纠纷、继父母子女关系纠纷；③继承纠纷案件中涉及未成年人权益的案件；④申请指定监护人案件、申请撤销监护人资格案件。

2009年，最高院下发《关于进一步规范试点未成年人案件综合审判庭受理民事案件范围的同志》，对之前确定的收案范围作了调整，具体是：①侵权人或直接被侵权人是未成年人的人格权纠纷案件；②婚姻家庭与继承纠纷案件；③侵权人或直接被侵权人是未成年人的特殊类型侵权纠纷案件；④适用特殊程序案件。2011年发布的《上海法院审理未成年人民事、行政案件开展社会观护工作的实施意见（试行）》进一步把社会观护的适用范围明确为：①抚养纠纷案件；②监护权纠纷案件；③探望权纠纷案件；④其他涉及收养关系纠纷的未成年人民事案件。另外，人民法院审理治安处罚、劳动教养类未成年人行政案件时，可以根据案件需要适用社会观护。

总体来看，未成年人民事案件一般以抚养类纠纷等案件为主，这类案件是基于家庭关系引起的，与其他民事纠纷相比，有如下特点：①引起纠纷的原因复杂，无法轻易探明；②解决纠纷的途径多样灵活；③往往遇到执行难问题。

社会观护的主要内容,是根据社会观护的适用范围确定的,多集中在未成年的个体情况(如成长经历、生活学习的环境等)和家庭情况(家庭成员的品行操守、经济能力和对待未成年当事人的态度)。社会观护员应将社会观护内容的调查情况制成社会调查报告。《上海法院审理未成年人民事、行政案件开展社会观护工作的实施意见(试行)》规定,社会调查报告应包含以下内容:①未成年当事人的个人基本情况、性格特点和健康状况等;②未成年当事人的个人成长经历、生活学习成长环境、社会交往等情况;③未成年当事人父母及其家庭成员及主要社会关系等家庭情况,包括工作单位和岗位、经济收入、健康状况、品行、与子女的感情程度、教育子女的方式等;④未成年当事人父母所在小区居(村)委会的反映;⑤未成年当事人的权益保护状况;⑥其他需要调查的内容。这6项规定从侧面体现了社会观护的主要内容。

以上海为例,根据未成年人民事审判案件的特点,笔者建议细化相关规定,延展社会观护的内容,把社会观护细化为庭前观护、庭中观护和庭后观护,并缀以各自的观护内容,以使其更具有可操作性和针对性。

具体而言,庭前观护的基本内容可以是:对未成年人民事权益的现状和是否有受侵害之虞进行了解;对案件进行社会性质的调解;对危害未成年人权益的行为进行社会干预和援助;走访了解未成年人的居住成长环境和学习生活环境;调查未成年人父母等近亲属的工作单位,要特别关注其是否有某些恶习。社会观护员在特定的时间内,按照规定的格式,把庭前调查内容制作成社会调查报告提交给法庭。

庭中观护的内容:根据最高院2011年4月18日发布的《关于审理未成年人民事案件若干规定(征求意见稿)》,明确规定人民法院审理未成年人民事案件适用社会观护的,庭审时应当出示社会观护员提供的调查报告,听取当事人意见,社会观护员应当出席庭审,并就调查报告的形成过程作出说明。

庭后观护的内容,主要是定期对未成年当事人进行回访,了解案件的执行情况,对不积极履行的当事人应当督促并进行必要的法律宣传、观察未成年人的合法权益是否受到妥善保护、案件处理的法律效果和社会效果是否达到预期等。就回访的记录和社会调查报告等存入原卷宗归档,并录入未成年人社会观护信息库,为法院总结经验,以便今后更好地适用社会观护制度提供素材。

(三) 从社会调查报告的性质来看

社会观护员在调查走访后制作的社会调查报告,是法庭了解未成年人真实情况,并据此裁判以维护未成年人合法权益的重要依据。社会调查报告是否能够作为民事案件的证据使用存在争议,有一种观点认为社会调查报告并非证据,只是可以在法庭宣读并由诉讼参与人发表意见[①]。但大多数法院认为经过庭审质证的社会调查报告,可以作为证据使用。以上海为例,《上海法院审理未成年人民事、行政案件开展社会观护工作的实施意见(试行)》规定社会调查报告应当在社会观护员接受法院委托后10个工作日内完成,并提交法院。社会调查报告应当由社会观护员出庭宣读,并就社会调查报告的形成过程作出说明,就其真实性、合法性接受双方当事人和辩护律师的质询,法院应当将双方不同意见记录在案。社会调查报告在经法庭质证后,可以作为证据在未成年人民事案件中使用。

笔者也同意经过法庭质证后的社会调查报告可以作为证据,在未成年人民事案件中使用。因为民事诉讼证据,指能够证明民事案件真实情况的客观事实材料,即证据应同时具备真实性、关联性。社会调查报告是社会观护员在对于涉案未成年当事人的个性特点、家庭情况、成长经历,以及权益保护现状等进行社会调查走访后形成的书面报告。社会调查报告对案件事实有充分的证明作用,具备成为民事诉讼证据的基本条件。

另外社会调查报告是由法院委托的社会观护员制作的,属于人民法院依职权调查收集的证据范畴,该调查报告当庭宣读并经双方当事人质证后理应作为证据使用。当然,作为证据使用的社会调查报告,对案件裁判结果有着重要影响,为保证其真实性和客观性,一方面社会观护员必须坚持回避原则和实事求是等原则,据实作出社会调查报告;另一方面社会调查报告也应当由当事人双方充分发表其意见。一旦对社会调查报告的真实性或关联性产生合理质疑,法庭应当另行委托其他社会观护员重新进行庭前观护调查。

总之,未成年人民事审判中社会观护制度已经初步形成,在司法实践中各地法院都总结了各自的经验和心得,但由于在国家层面对社会观护制度还没有进行立法,因此各地法院对社会观护制度的实施意见还存在许多矛盾和冲突的地方,这不利于最大化地保障未成年人的合法权益。另外,在社会观护的实施过程中,如何处理好深入调查走访和保护个人隐私的问题,如何处理好法官居中裁判和优先保护未成年人权益的问题,是今后社会观护制度应当加以解决的。

---

① 张中剑、张姝:《未成年人民事案件社会观护制度研究》,《未成年人民事权益保护的探索和实践——未成年人民事审判论文集》,人民法院出版社2009年版,第210~211页。

加强对焦虑抑郁儿童青少年的关注与疏导
——从一则小学生重症抑郁实例谈起

王佩芬[*]

一、儿童青少年的焦虑抑郁问题不容忽视

近年来,中小学生跳楼或自杀事件屡见报端,花蕾般的年华却过早枯萎或凋谢,令人扼腕痛心。尤其是在当下独生子女为主的中国社会,可以想见这种事件会给孩子的家庭带来多大的焦虑与痛苦,给同学老师留下多重的阴影。事实上,更为严重的是,青少年中存有一定比例的不同程度的焦虑与抑郁者,却依然面临无助的困境,没有引起家庭、学校和社会相应的关注,这是一个值得警惕和深思的问题。

在医学上,中小学生的情绪与心理问题一直是研究的热点,一般会通过各种表格进行焦虑性与抑郁性不良情绪的筛查评估,如儿童焦虑性情绪障碍筛查表(SCARED)和儿童抑郁障碍自评量表(DSRSC)等。20世纪80年代,美国、加拿大、新西兰的几项大规模的、设计良好的流行病学调查表明儿童青少年焦虑障碍患病率为10%~20%,瑞典精神病学家Larsson等在调查了471名8~13岁的瑞典学龄儿童后认为10%以上的儿童有抑郁症状,美国精神病学家Kessler(1994)流行病学调查报导青少年重症抑郁终生患病率为15%~20%[①]。在我国,郭兰婷等1998年用Bulevue抑郁量表(BID)对322名10到12岁小学五六年级学生的调查中发现抑郁症

---

[*] 王佩芬,上海社会科学院法学研究所科研人员,华东政法大学与上海社科院法学所刑法学联合博士点博士研究生。
[①] 转引自苏雁林等:《长沙市小学生焦虑抑郁共病的现状调查》,《中国心理卫生协会第四届学术大会论文汇编》,2003年9月,第25页。

状的出现为 3.4%～11.5%[1]，苏林雁等在 2003 年对长沙市某小学二年级至六年级的 565 名学生使用儿童抑郁障碍自评量表（DSRSC）调查抑郁障碍检出率 17.17%，在焦虑性障碍儿童中，30.71%合并抑郁；在抑郁障碍儿童中，44.33%合并焦虑[2]。近年来，我国流行病学调查发现青少年抑郁症患病率有不断上升和发病年龄更小的趋势，其终身患病率达到 15%～20%，接近于成人，而复发率高达 40%～70%[3]。

上述一连串触目惊心的数据，给我们发出警示：如何关注青少年儿童的精神健康，是一个急迫而严重的问题。

二、一则重度抑郁儿童走出情绪阴霾的实例

笔者几年前接触到一例患有重度抑郁的小学生，最终在家长和校领导的交流沟通以及老师同学的配合帮助下圆满解决，甚是欣慰。这里将其整个过程与大家分享，希望能对解决某些中小学生的焦虑抑郁问题有所参考。

11 岁的小丽（化名）是一名五年级的学生，曾是班级里的学习委员、少先队小队长，成绩优秀，乖巧听话。但笔者遇到其家长时，则反映说小丽当时已有近一年的时间断断续续不去上学，夜晚常常惊醒，情绪低落自闭，甚至影响到心脏产生功能障碍。家长带小丽多次去看心理医生，所服用的抗抑郁药物也已达到最大剂量，但情况并未显示有好转的迹象。再有半年小丽就要面临升学压力，对此小丽的家长真是忧心忡忡，一筹莫展。

其间，小丽的家长也就导致小丽抑郁的原因向老师和同学们了解过：小丽作为班里的学习委员，老师将班里一个最为调皮捣蛋的男同学安排为小丽的同桌，以保持良好的课堂纪律。但该男同学经常以各种恶作剧欺负和捉弄小丽，例如乘小丽不备时将削尖的铅笔头朝上放在小丽的座位上扎其臀部，在小丽收作业时不但不配合反而故意影响课堂纪律等。而小丽正处于少女心理生理发生转变的青春期，男同学的行为对她构成了极大的困扰。老师对于小丽反映的这些问题没有太过在意，有时甚至在未查清事实的情况下也批评小丽，认为是小丽的班干部工作未做到位。小丽抑郁症发生后，家长也多次与班主任老师沟通，班主任也严肃批评了调皮捣蛋的男同学并让其作书面检查，多位老师和同学也几次上门家访看望小丽，但一切似乎都于事无

---

[1] 郭兰婷等：《学龄儿童的抑郁》，《中国心理卫生杂志》1998 年第 3 期。
[2] 苏雁林等：《长沙市小学生焦虑抑郁共病的现状调查》，《中国心理卫生协会第四届学术大会论文汇编》，2003 年 9 月，第 25～26 页。
[3] 钟秋园等：《青少年抑郁症患者个性特征与父母教养方式的相关性研究》，《实用临床医学》2010 年第 11 期。

补,小丽的病情在一天天加重。当笔者遇到小丽家长时,家长说已是万般无奈,因此询问看能否从法律方面获得什么解决的办法。

显然,心病还需心药医。在了解到上述情况后,笔者告诉小丽家长,此事要从根本上解决,最好不要通过法律途径。虽然小丽在精神健康方面已存在受损害的事实,但在法律上因果关系的证明以及证据的收集都极为费时耗力,而结果也不一定会理想。对于家长来说,最希望的结果是小丽痊愈,而不是追究谁的责任。

笔者向小丽家长了解到,在此之前家校之间的沟通都是限于家长与班主任老师或代课老师之间,校方领导对此事并不知情。对此,笔者让小丽家长与学校校长、班主任老师一起约好,利用周末时间进行会谈。

会谈当天,笔者比约定的时间早到半小时,先径直找到校长办公室。校方对此事也非常重视,校长、党委书记、教导主任都前来参与沟通。笔者以小丽亲友的身份,向校方说明了事情的前因后果以及小丽当前的状况。笔者说:"我们应当认识到,大家今天能坐在一起这样心平气和地沟通解决,实在是一件幸事,虽然小丽的情况不好,但目前毕竟面临的还不是最坏的后果。想一想,如果面对的是跳楼自杀这种无法弥补、无法逆转的后果,我们坐在这里会是怎样的欲哭无泪。而现在我们还有机会把这件事的消极影响减到最小。"

另外,笔者一再向校方强调,一切以小丽的健康恢复为目标,而在解决此事中班主任老师是最为关键的角色,希望校领导关心关注此事,但绝不能是通过追责来处理,否则会适得其反。当然,专门从事教育事业的校长书记,其教育理念与理论水平自然高人一等。校方表示之前并不知情,班主任老师也是一位新老师,一定会配合家长重视和解决此事。

等到家长和班主任来参加会议时,一切都在已达成共识的情形下顺利进行。因为了解到小丽并不愿意调换班级,因此决定首要的事情是将其与男同学的座位调开,换一位小丽要好的女同学作为同桌。接下来再由班主任老师上门与小丽沟通,可以为其之前的错误批评作一个真诚的道歉,并告诉其所困扰的问题已从根本上解决。其他问题看事情的发展再沟通解决。

在沟通过程中,班主任老师由于从事教学时间不长,此刻认识到问题可能产生的严重后果,乃多次惶恐表示,真的不知道以后该如何对待小丽。笔者说,不用有压力,慢慢来,相信老师的爱心,可以关心而不偏心,适度而不过度,自然而不刻意。在孩子有进步的时候适时地表扬、鼓励,帮助其恢复快乐与自信。

此后过了几周,小丽的家长打电话说,小丽又恢复了正常的学校生活,每天与要好的同伴一起玩得很开心,还参加了学校的兴趣小组。后来又过了几个月,当笔者又听到一则学生跳楼的新闻时,不无担心地打电话问起小丽的情况,小丽妈妈笑着向笔者表示感谢,并说小丽已顺利从小学毕业,准备升入中学,不再有往日的抑郁症状。看来,那段曾经笼罩在她心头的阴霾已随风而散,了无痕迹。

三、产生儿童青少年焦虑抑郁的因素及危害

在生活中,像小丽这样因各种原因导致焦虑抑郁的中小学生并非极其个别的情况。正如流行病学调查结果所显示,中小学生易因家庭、生活、学习中的各种问题而产生焦虑、抑郁甚至是自杀情绪,具有一定的比例。导致青少年儿童产生焦虑或抑郁的因素,一般包括环境因素、个性因素或遗传因素,例如家庭变故、父母不和或离异、管束过严、学校教育不当、社交交友不顺、学习成绩不理想、生活方式不健康、个人性格或家族遗传等等。有时某些在成年人看来根本不值一提的琐事,但对于未成年的孩子来讲都可能会构成难以想象的困扰。

对于处于成长期的儿童来说,其大脑、神经系统、身体以及心理都尚未发育成熟,对于事物的认识、情绪的理解以及语言表达能力等都尚不完善,不能像成年人一样具备准确表达情绪体感和处理解决问题的能力。因此,儿童的焦虑抑郁症状,一方面表现为躯体不适,如恶心呕吐、厌食、腹部不适等精神症状躯体化;另一方面则是突然受到严重的精神刺激之后表现出惊恐绝望、伤心流泪、失眠夜惊、易做噩梦等急性抑郁反应;或是表现为情绪低落、郁郁寡语等。

而对于向成熟过渡的青春期少年来说,正处于生理与心理发育的转变期,也是自我和人格形成的关键期。生理与心理上的巨大变化,也使得情绪的波动幅度较大,成为心理冲突、情绪问题和行为问题发生的高发期。其焦虑抑郁症状主要表现为:或是闷闷不乐、守口如瓶、悲伤寂寞、敏感多疑,或是脾气暴躁、情绪变化突然、行事冲动,或是社交恐惧、退缩回避、精神不足、悲观沮丧,严重的出现思维能力下降、焦虑不安,有的伴随躯体不适,甚至出现自伤、自杀的念头或行为。

这些严重的心理问题,都存在伤害其自身或他人的可能性,严重影响儿童青少年的健康成长,但现实生活中,大多数情形下却没有引起应有的关注。对于这些问题如果不予以及时地干预和疏导,还有可能对青少年儿童以后的整个人生产生不良的负面影响。

四、对于干预和疏导儿童青少年焦虑抑郁情绪的几点思考

焦虑抑郁作为一种心理疾病,精神病学家一直在药物方面探求有效的治疗方案,如药物治疗、心理治疗包括认知行为治疗、人际关系治疗、家庭支持治疗等,而电痉挛治疗一般不适用于12岁以下的儿童。笔者认为,对于儿童青少年焦虑抑郁的治疗,不同于成年人焦虑抑郁者的治疗,家庭和学校应当在早期发现和干预疏导方面发挥关键性作用,既可以从根本上解决产生儿童青少年焦虑抑郁的原因,以便彻底治愈和减少复发,也可避免相关药物及治疗行为对儿童青少年身心带来的隐性损害。

(一)家长应在早期发现和干预疏导方面发挥主要作用

孩子是每个家庭的未来,承载着父母和社会的希望,让孩子健康快乐成长是每一位家长的心愿,也是义不容辞的责任。但现实生活中,相当多的父母却只会关心孩子的物质生活,而忽略了孩子的内心世界,或者意识到了精神健康的重要性,却不知道应当如何处理。对此,笔者认为,家长应当注重以下几个方面:

1. 明确家庭和谐和睦是孩子健康成长的基础

社会转型期下的家庭,自然也会面临诸如就业、住房、医疗等重重压力。但无论如何,家长应当认识到自身的责任,尽量给孩子支撑起一片快乐的天空。即使是家庭发生一些不可预见或难以避免的变化,也要首先考虑孩子的感受,关心关注孩子的内心世界,将负面影响减少到最小。

2. 经常与孩子谈心交流,引导孩子学会做人与处理人际关系

孩子在成长的过程中,难免会遭遇各种困扰,家长应当加强了解孩子的内心世界,对于儿童,可以利用一些故事、游戏告诉孩子做人的基本原则,以及如何面对和正确处理诸如朋友、同学、师生等基本的人际关系,为孩子排忧解惑。对于青少年,则应当注意其青春叛逆期的特点,尊重孩子,多进行理性冷静的谈话,而非采取简单粗暴的方式训斥孩子,使孩子在感情上离家长越来越远。对于孩子产生烟瘾、网瘾等不能自制的恶习,帮助孩子改正不良的生活习惯,恢复正常的生活方式。

3. 教孩子学会求助、倾诉

告诉孩子在发生感情上的困惑或在生活中受到其他威胁时,如受到别人的误解,受到大同学的欺侮等等,有哪些排解和救助途径,以及一些最为基本的法律知识等。同时加强与学校老师及同学的联系,了解孩子内心世界的真实状态。家长如果在以上问题也存在困惑,则应当向专业人士如老师、心理医生、社会学家包括律师等求助

解决问题。

4. 将孩子的无因不适与精神状态相联系,尽早发现与干预不良情绪

在医学上,有相当一部分儿童青少年焦虑抑郁的主诉为身体不适,家长也以为是身体器官功能的问题,但实际上与精神状态相关。尽早发现和干预不良的情绪,可以将焦虑抑郁抹杀在萌芽状态,从而对儿童青少年的损害减至最小。

(二) 学校应与家长相互配合,共同关心孩子的心理健康

对于在学校短期变化较大,如注意力不集中、情绪低落沮丧、成绩严重下滑的学生,老师应当加强与家长的了解沟通,找出产生问题的原因。对于是由于学生家庭不和或父母离异产生的问题,则在与家长沟通的同时,也引导学生换角度看问题,在挫折中成熟成长,走出不幸的阴影。

(三) 坚持以心理治疗为主,药物治疗为辅

心理与精神上的疾病,与物理性的身体病症不同,虽然药物对焦虑抑郁症状有所减缓,但由于青少年儿童身心尚未发展成熟,药物难免会对其成长产生负面作用,因此除遗传性抑郁症之外,应当认识到心病还需心药医,要从思想上寻到病根才能彻底解决问题。否则就只能是治标不治本。

就媒体之前报道的一些家长将网瘾严重的孩子送去一些不正规的机构对孩子采取电痉挛疗法,严重损害青少年身心健康的事例,都源于家长存在盲目相信心理疾病单纯依赖于药物就可以治愈的误区。作为正处于蓬勃成长期的中小学生,要像爱护幼苗一样耐心、细致、谨慎,从而寻求最佳的治愈方式。

杨浦区高龄独居(空巢)老年女性群体生命安全需求研究

杨浦区妇联　同济大学公共管理系

20 世纪 70 年代末期上海成为我国第一个老龄化城市。而今随着人口结构的变化、现代化进程的加快,上海高龄独居(空巢)老人问题日益突出。由于独自居住,一旦危险性因素突现,身边既无人照料,又无有效的求救方式与途径,极可能因错过最佳治疗或抢救时机,造成原本可以避免的悲剧。考虑到高龄老人中女性占主体,因此,笔者主要研究高龄独居(空巢)老年女性群体生命安全方面的需求,以期发现女性老人最迫切的需要,提出相应的对策措施,提高她们的晚年生活质量。

一、高龄独居(空巢)老年女性群体的界定

笔者研究的高龄独居(空巢)女性老人,包括高龄独居老年女性和高龄空巢老年夫妻两大"集合"。具体指 80 岁及以上独自一人居住的女性老年人口,或夫妻双方均 80 岁或以上的空巢老年夫妻。

一般来说,威胁高龄独居(空巢)老人生命安全的因素主要有四大类。一是突发疾病,包括心脑血管疾病或心脏病等。二是突发意外伤害,包括吃饭时被异物卡喉或哽噎、被动物伤害、中暑、溺水等。三是自身引发的意外伤害,突发用药不当导致伤害,因使用家电设备不慎导致触电、烧烫伤、煤气中毒、引发火灾等伤害,因活动不慎造成跌倒、扭伤、锐器伤、挤压碰撞伤等伤害。四是他人引发的意外伤害,包括被抢、被骗等。

二、城市快速发展给高龄独居(空巢)老年女性群体带来巨大安全隐患

(一) 城市极端气候频发,给高龄独居(空巢)老人带来安全生活隐患

近年来,随着全球气候变暖,我国城市遭遇严重气象灾害的事例,屡见不鲜。如

特强暴雨伴随雷暴、局地强风、冰雹和龙卷风、雾霾、冰雪等。城市气象灾害一旦发生,便呈现影响大、范围广、损失严重的特点,造成重大经济损失、人员伤亡和社会影响,给城市居民的生产、生活带来巨大风险。尤其是给高龄独居(空巢)老年女性群体带来安全生活隐患。

(二) 城市高龄独居(空巢)老人猝死、意外事故频发,敲响社会警钟

城市独居(空巢)老人是任何一个现代国家都难以回避的社会难题。中国的城市中,"空巢"老人意外事件同样开始频繁出现。2009 年上海一位老人在家中化为白骨,曾是当年令人唏嘘的轰动性新闻。2011~2013 年沪上频发独居老人在家中猝死事件。

此外,日常生活中,老人因异物卡喉或哽噎、被动物伤害、中暑、溺水、烧烫伤、煤气中毒、火灾、摔伤、被抢、被骗等时,得不到及时救助,身边无人,又无有效的求救方式与途径,极可能因错过最佳治疗或抢救时机,造成原本可以避免的悲剧。

(三) 城市高龄独居(空巢)老年女性群体日益增多,急需关注

上海高龄老年人口中,女性占大多数。截至 2012 年 12 月 31 日,上海市各年龄段老年人口性别构成中,女性所占百分比逐渐增多①。同时,上海高龄独居老人占老年人口比例不断上升,且以丧偶女性为主②。这些高龄老妈妈们收入有限,健康状况不佳,独自居住,遇事或突发意外,更易受到伤害,因此,急需得到关注(见图1、图2、图3)。

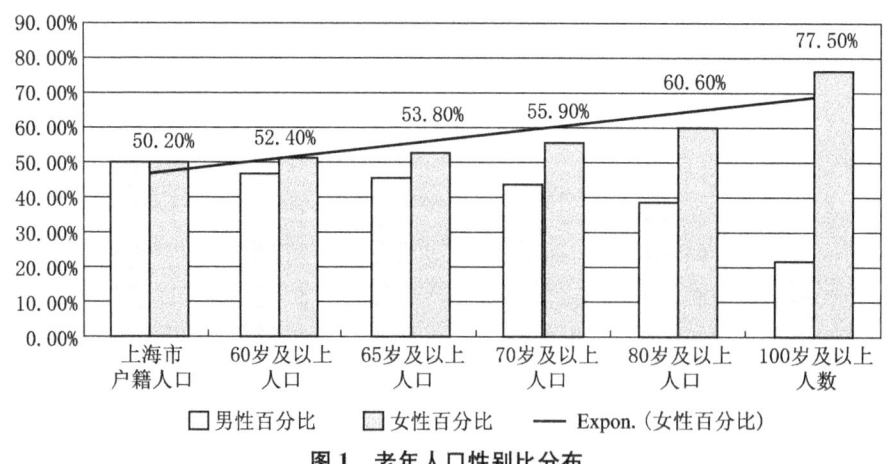

图 1　老年人口性别比分布

---

① 2012 年上海市老年人口和老龄事业监测统计信息,http://www.shanghai60.org.cn/content.php?id=668。
② 彭亮、王裔艳:《上海高龄独居老人研究》,《南方人口》2010 年第 5 期。

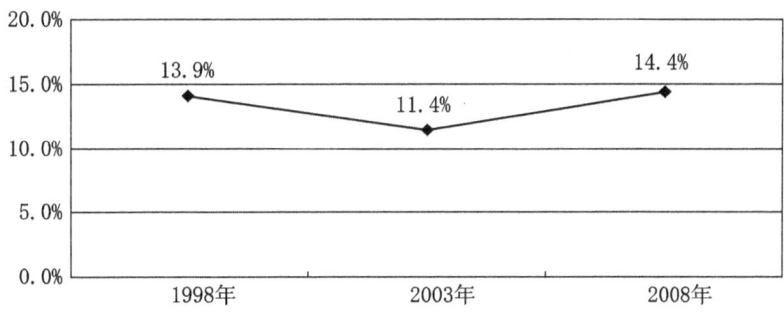

图 2　上海高龄人口百分比

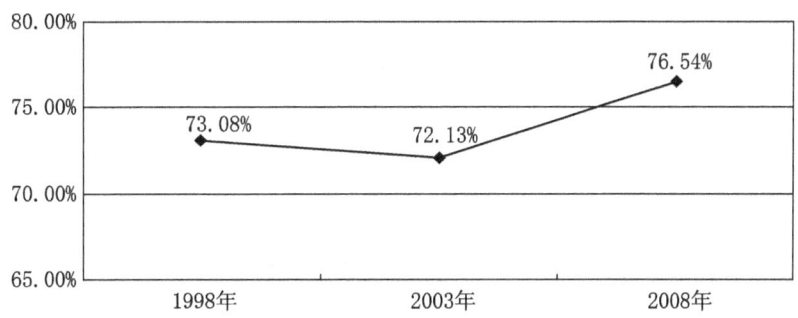

图 3　高龄独居女性老年人百分比

三、杨浦区高龄独居（空巢）老年女性群体现状分析

（一）杨浦区人口老龄化和高龄化程度均高于上海市平均值

2012年上海市60岁及以上人口占上海户籍人口的25.7%。杨浦区60岁及以上人口占户籍总人口的25.9%。上海市80岁及以上人口占上海户籍人口的4.7%，占老年人口的18.2%，而杨浦区80岁及以上人口占杨浦户籍人口的5.1%，占老年人口的20.0%。

在60岁及以上人口占本地区总人口比例排名中，杨浦区在上海17个区县中排名第九，在80岁及以上人口占本地区60岁以上老年人口比例排名中，杨浦区则排在第六位。且在80~89、90~99年龄段老人占本区域老年人口的比例，杨浦均高于上海市平均值。

（二）杨浦区高龄女性老年人口比例超过上海市平均值

高龄女性（80岁以上女性）人口占本区域老年人口的比例、占本区域总人口的比例，杨浦区均高于上海市平均值。而且在80岁以上人口中，杨浦区女性比例亦高于上海市平均值。（见表1），所以，高龄女性群体是杨浦高龄老年人群的主体。

表 1　高龄女性人口比例分布情况

区　域	80 岁以上女性老年人口数(万人)	80 岁以上女性占老年人口比例(％)	女性占区域总人口百分比(％)	女性占 80 岁以上人口百分比(％)
上海市	40.6	11	2.8	60.6
杨浦区	3.5	12	3.2	62.0

四、杨浦区高龄独居(空巢)老年女性群体生命安全需求分析

本文抽取杨浦 12 个街镇 565 名高龄独居(空巢)女性老人,进行有关生命安全方面需求的调研,共发放问卷 565 份,回收问卷 565 份,其中有效问卷 547 份。全部问卷用 SPSS 软件 19.0 进行统计分析。

(一) 受访群体基本情况

本次调查的受访群体,年龄主要集中在"80～85 岁"(占 74.0％),有 2～4 名子女(占 70％),多数"已婚丧偶"(68％),有退休金或养老金(占 91.9％),居住在售后产权房(63.3％)和商品房(18.1％)中,尚有行动能力(占 77.8％),多数没有享受到社区居家养老服务(占 73.5％),子女"平均每周探望 1 次"(占 70.1％),身边"没有保姆或钟点工陪护,单独居住"(占 72.2％)。

(二) 灾害性天气给受访群体独居(空巢)时带来的安全隐患

老人独居时最担心的气候条件是"酷暑"(18.7％),近半数老人选择了这一气候条件(48.9％);其次是"暴雨"(15.0％),39.1％的老人选择了这一选项;第三是"台风"(13.7％),35.9％的老人选择此项。

调查显示,老人们之所以担心这些天气条件,是因为在这些天气条件下发生过令她们担心的事情。这些灾害性天气带给老人的共性问题主要有如下五个方面:

1. 灾害性天气导致老人不出门或不敢出门

暴雨、台风、雷电、酷热、酷寒、梅雨天气时,老人就不出门或不敢出门,给日常生活造成很大困扰,如影响看病,无法购物,甚至吃饭成问题。同时,灾害性天气,老人出行特别容易摔倒、摔伤等。

2. 灾害性天气导致老人居住质量下降

老人普遍反映,暴雨、台风、雷电导致房屋质量问题层出不穷。一是房屋受损,如

台风将门窗刮掉;房屋漏水。二是霉变,如居住环境潮湿,老房子发霉、衣物发霉等。三是社区环境受灾,如所居住的社区下暴雨时,下水道堵塞,弄里积水,不方便出行。

3. 灾害性天气导致老人家里的电器出现损毁,带来危险

雷雨天气,一是容易突然断电,造成电路损坏。二是发生雷电时,本已老化的家电,被雷电打坏或造成漏电。

4. 灾害性天气导致老年人身心不适

这方面老人的担忧有三。一是身体不适,如酷暑、梅雨等天气会感到心慌、胸口闷、头痛,食欲减退,心血管疾病(如心脏病、高血压等)发作;酷寒会引起关节疼痛无法行走;浓雾天眼睛看不清。二是担心突发疾病(如中暑或心脏病时)身边没有人,造成危险。三是感到恐惧害怕。如不少老人在灾害性天气条件下,担心一个人在家会有突发状况,所以感到恐惧害怕。

5. 灾害性天气增加老人生活负担

如老人反映,雷电损毁的电器维修费用很高,老人生活费很低,导致生活困难。酷暑酷寒需要开空调,但电费高承担不起,所以一直不舍得开空调。还有的老人居住的私房房屋结构差,不能装空调,极端天气难以忍受,有的老人居住在没有煤卫、要倒马桶的房子里,极端天气下生活更加不易。

(三) 受访群体独居(空巢)时最担心发生的意外

独自一人时,老妈妈们最担心的事情居第一位的是"突发疾病"(28.2%),有85.0%的老人选择了此项;其次是"意外摔伤、扭伤"(22.3%),67.1%的老人选择此项;第三就是"被骗"(9.2%)、"煤气中毒"(8.1%)和"火灾"(7.0%),超过20%的老人选择了这三项。

调查显示,老人们遭遇过的独自一人时最担心的事情是被骗和突发疾病。

被骗主要集中在电信诈骗和上门推销,如有人冒充街道工作人员上门,以慰问、关心进行行骗。也确实有不少老人上过当受过骗。如被药品推销人员骗过购买保健药品,被骗掉过金戒指;也有被骗掉钱财,结果朋友帮忙追回。

老人突发疾病时有两种情况,一种是身边有人,能迅速妥善处理。如一老妈妈吃错过药,子女发现后,及时处理了。另一种是身边无人,独自一人时,的确非常危险。一老妈妈反映,当年老伴突发急病,子女不在身边,请钟点工打电话,但钟点工搞不清楚,耽误时间,老伴因此去世。这是非常令人遗憾和唏嘘的。

(四)受访群体遇到生命安全方面困难时最期待帮助的组织和个人

当问及"如果遇到有关生命安全方面的困难或问题,最希望哪些组织来帮助您"时,老人们选择占第一位的组织是"居委会"(41.9%),72.1%的老人选择了此项;第二位的组织是"街道或政府相关部门"(31.9%),54.9%的老人选择了此项;第三位的组织是"所在单位"(13.6%),23.5%的老人选择了此项。

当问及"如果遇到有关生命安全方面的困难或问题,最希望谁来照顾您"时,老人们选择占第一位的照顾者是"子女"(48.7%),88.8%的老人选择了此项;第二位的是"居委会干部"(13.9%),25.3%的老人选择了此项;第三位的是"老伴"(9.8%),17.9%的老人选择了此项。

(五)受访群体生命安全方面面临的最大困难和最希望得到的帮助

在问及"独自(或与老伴)居住时面临的有关生命安全方面的最大困难是什么?"这一开放式问题时,受访群体的最大困难主要集中在如下六方面。

一是半夜突发疾病时遭遇三"无"。即无人知道、无人救助、无能为力。夜半三更,突发疾病的老人已无法自救和拨打120,更不知道向谁求助,所以没有办法解决,只能听天由命。二是突发疾病担心得不到及时救治。如发生意外不能及时联系子女或救护车不能及时赶到。三是担心极端气候条件给日常生活带来困难。如恶劣天气时,老人出门、吃饭、家务、买菜、就医等均遇到困难;独自居住寂寞;外出则腿脚不灵便,怕跌倒等。四是居住条件急需得到改善。这方面的困难包括老房子房屋质量问题、居住条件简陋及设备老化引发的灾害性事故等。五是害怕陌生人上门和受骗上当。还有老人担心入室盗窃、路遇抢劫等治安问题,这使她们感到生命安全没有保障。六是看病困难。包括看不起病、看病难、配不到药及看病需要有人陪而现在无人陪伴等。

在问及"独自(或与老伴)居住时最希望得到的有关生命安全方面的帮助是什么?这一开放式问题时,受访群体最希望得到的帮助,主要集中在如下八方面。

一是希望有80岁以上老人的长效应急机制,让老人们安心、放心。二是希望免费安装、免费使用的紧急报警或呼叫器,以便发生危险时得到第一时间的救助。三是希望得到家人、邻居、社区干部的陪伴、关爱和帮助。四是希望改善居住环境、加强社区安保、定期上门检查水、煤、电及安装楼房电梯、看护设备和防滑扶手等。五是希望享受到居家养老服务。尤其是对孤老要有居家养老的关怀。六是希望少收到各种电信骚扰和上门推销。七是希望有便利的医疗服务。八是日常生活能得到照顾,精神慰藉有渠道。

五、提高高龄独居（空巢）老年女性群体生命安全的对策建议

不可否认,杨浦区现有关于老年人生命安全方面的制度安排已经不少,诸如提供社区居家养老服务、为老年人安装"安康通"援助服务、老伙伴计划项目等[1],然而众多制度安排普遍存在服务资源有限、服务对象有限、服务内容有限等缺陷,无法惠及更多城区内的老人,尤其是全覆盖杨浦区域内的高龄独居（空巢）女性老年群体。因此,笔者认为,尚需从五方面进一步完善。

（一）加强老年安全教育和宣传

各级政府部门、社会组织可以通过多种方式进行有关老年人意外紧急处置、防盗防骗、生命急救等安全方面的宣传、教育。宣传对象应针对全体社区成员,尤其是居委会干部、关爱员、老人子女、保姆、钟点工等。

（二）为所有高龄独居（空巢）女性老人免费安装免费使用紧急呼叫器

无论是突发疾病,还是各种因素造成的意外伤害,如果每一位高龄独居（空巢）老年女性都随身配有一种便捷快速的求助呼叫器,发生突发意外时,只要随手一摁,与机器相连的系统就能通知到老人看护人,那么诸多高龄独居（空巢）老年女性面临的突发意外就可以得到缓解。上海民政曾推出过"安康通"为老关怀服务援助系统,然而,这一为老产品运转11年用户仅8万,叫好不叫座[2]。访谈中得知,老人们没有安装安康通,主要是经济因素。所以,建议政府相关部门让所有高龄独居（空巢）老年女性都能拥有免费安装、免费使用的安康通设备,以便发生危险时得到第一时间的救助,全方位保障老年人的生命安全。

（三）政府制定为老优惠政策,鼓励并支持家庭照顾功能的发挥

这些政策包括:将所有80岁以上独居（空巢）老人全部纳入社区居家养老服务之

---

[1] 杨浦区"'老伙伴'计划"项目旨在通过社区老年志愿者中低龄人员与社区高龄老人结对,以电话问候、上门探访的方式让高龄老人获得关爱和陪伴服务。
[2] 东广新闻台,2012年10月22日08:08。

中;将与高龄老人同住的子女及其家庭纳入各种税费优惠政策之中。如税收(如个人所得税)减免、公用事业费(如家庭用水、用电、用气)按最低梯度收费的优惠政策,让关爱孝顺老人的子女们和家庭得到实惠,也让全社会重视为老服务。还有就是提高高龄独居(空巢)老年女性群体的退休金和养老金,让老人们的晚年生活更有保障。

(四)设立 80 岁以上高龄独居(空巢)老年女性的长效应急机制

即需要建立一个由子女(或亲友)、陪护人员、街坊邻里、社区居委、街道政府、家庭医生等共同组成的应急联动机制,在得到救助信息的第一时间内,这一应急机制即可发挥作用。

(五)呼吁加强邻里社区建设,动员社会力量关怀高龄独居(空巢)老年女性

高龄独居(空巢)老年女性群体渴望得到周围人的关爱和帮助,因此,应努力建设守望相助的邻里社区,营造有利于老年女性身心健康的社会氛围,倡导邻里、社区居委会、社区志愿者组织、社区社会组织及各种力量关注高龄独居(空巢)老年女性群体的身心健康,提高其生活质量,预防和减少意外伤害的发生。

总之,老年是我们每个人的必经阶段。关爱老人,就是关爱我们自己。构建高龄独居(空巢)老年女性群体生命安全保障体系,就是要真正实现联合国在 1999 国际老人年中所提出的"建立不分年龄人人共享的社会"。

H城区女性吸毒相关因素研究

虹口区妇联　同济大学妇女研究中心

历史上,吸毒人员绝大多数为男性,但近几十年来吸毒女性的数量正迅速增加。从我国历年登记在册的吸毒人员来看,男性吸毒者的人数虽仍占绝大多数,但是在增长速度上则可谓阴盛阳衰。1999～2009的十年间,我国登记在册的女性吸毒人员从11.8万上升到20.5万,增幅近1倍。2009年全国登记在册的女性吸毒人员占全国登记在册吸毒人员的15.4%,上海女性吸毒人数的比例达到近25%[1]。上海女性吸毒人数快速上升,给个人、家庭和社会带来严重危害。

毒品对于个体的危害极大,对女性的危害尤其严重。女性身心独特,免疫机能相对于男性更弱,更易受到毒品的损害,遭受更多的痛苦。如女性成瘾者一般都会出现月经异常、妊娠机能降低等不良后果,并且会导致大量快克婴儿、海洛因婴儿[2],甚至艾滋婴儿的出生。女性吸毒者中不少人以卖淫、贩毒养毒,性病、艾滋病、结核病等发生率比男性更高,给个人、家庭和社会带来更为长久的危害。且一旦染上毒瘾,戒断异常艰难,可谓"一朝吸毒,十年戒毒,终生想毒",戒毒后的复吸率极高。

自有统计以来,上海的H城区一直是上海在册女性吸毒人数最多的区域之一。目前H城区在册女性吸毒人员的现状如何,哪些因素导致H城区女性吸毒现象高发,H城区如何进一步防治女性吸毒是本文研究的重点和主题。

---

[1] 刘晖、刘霞:《女性吸毒特质诱因的社会学述评——以新型毒品为解释视角》,《学术界》2011年第6期。
[2] 快克婴儿、海洛因婴儿:由于在母体内受到毒品的影响,大脑发育受到严重影响,他们经常会从过度亢奋状态转变为呆滞,有的生下来便有毒瘾,大多数婴儿在长大后智力低下行为异常。

一、H城区女性吸毒人员现状

本文数据来源于H城区2013年在册吸毒人员登记汇总。全部数据运用SPSS19.0进行统计分析。

(一) H城区女性吸毒人员基本情况

H城区吸毒人群中,男女性别比为4∶1,女性占吸毒人员总数的24.1%。

截至2013年,H城区吸毒女性平均年龄为41.26岁,其中30～49岁中青年女性占吸毒女性群体的60%;学历主要集中在"初中"(占57.2%)、"高中"(占28.7%)和"中专、职校、技校"(占10.8%);近半劳动年龄的吸毒女性无业、失业(占49.2%);她们健康状况一般(占91.0%);单身居多(占58.4%,包括未婚和离异);普遍居住在"普通租赁房"中(占61.5%);没有享受低保(占77.9%);她们主要通过口服(占32.9%)、注射(占32.4%)、烫吸(占28.2%)方式吸食海洛因(占64.1%)和冰毒(占30.6%);她们因吸毒被处理的次数集中在"1次"(占44.7%)、"2次"(占26.7%)和"3次"(占15.0%)。她们中已经死亡的有14名,其中,从初次吸毒到吸毒致死的年数,最少的是1年,最大的是18年,平均9年。

(二) H城区女性吸毒人员的特点

1. 女性吸毒人数逐年趋多

虽然从1985～2013年,H城区女性吸毒人数呈波浪形发展,不同年份人数有多有少,但趋势线分析显示,女性吸毒人数呈现上扬走势,说明女性吸毒人数在逐年增多(见图1)。

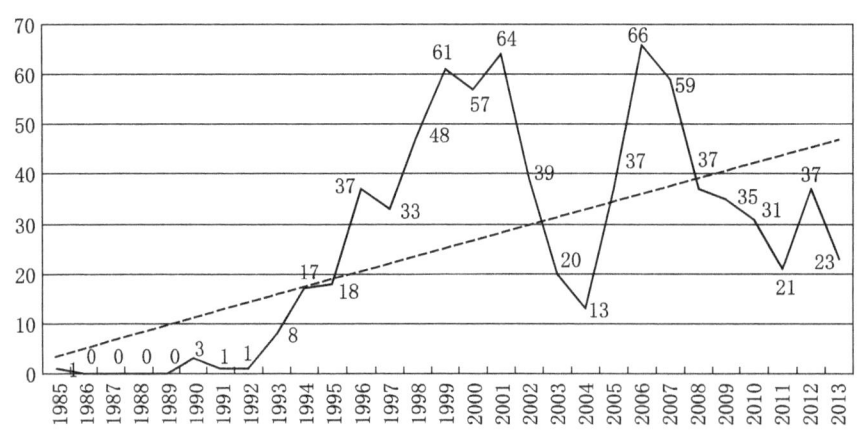

图1　H城区女性历年在册吸毒人数及发展趋势

2. 女性吸毒人员比男性吸毒人员更为年轻

截至2013年,H城区女性吸毒人员平均年龄(41岁)、女性初次吸毒的平均年龄(31岁),均比男性吸毒人员(46岁和36岁)小5岁,同时,初次吸毒年龄在18岁或以下的女性占6%,高于男性的2%,说明女性吸毒人员接触毒品的年纪更小。

3. 女性吸毒人员死亡年龄低于男性吸毒人员

女性因吸毒而亡的平均年龄为43岁,小于男性的46.6岁。而且,从初次吸毒到因吸毒致死的年数,女性(9年)平均要比男性(10年)早1年。

4. 女性吸毒人员比男性吸毒人员更少享受低保待遇

33.8%的男性吸毒人员享受低保待遇,只有20.3%的女性吸毒人员有低保。

5. 女性吸毒人员学历比男性略高

"大专、本科"、"小学"学历男女两性吸毒人员大体相当。但"高中"段和"中职"段女性人数普遍多于男性,"初中"段则是男性多于女性。

6. 女性吸毒人员戒断毒品的成效高于男性

女性戒断三年未复吸的比例(45.1%)要高于男性(33.2%)。

二、影响H城区女性吸毒的相关因素分析

为发现导致H城区中青年女性群体与毒品为伴的相关因素,笔者于2013年8月,在H城区在册347名处于社区戒毒和社区康复的女性吸毒人员中抽取110名,进行一对一问卷访谈。本次调研共发放问卷110份,回收107份,有效问卷107份。全部数据用SPSS19.0软件进行统计。

研究发现影响H城区女性吸毒人员吸毒的主要因素有如下六大点。

(一) 个体因素

1. 年轻、受教育程度低、失业是吸毒女性的一个明显特征

女性吸毒人员中,年龄在40岁或以下的青年女性占46%。其中,82%的女性初次吸毒年龄小于40岁,52%的女性初次吸毒年龄小于30岁,12%的女性初次吸毒年龄小于20岁。

随着我国九年制义务教育的普及,上海市民的文化程度普遍提高,其中大专及以上文化程度的市民占了22%,初中学历的只占36.5%。相比较而言,吸毒女性中,初中文化程度最多(56.7%),本科学历的只占1.0%。可见,女性吸毒人员接受教育的

年限偏少,这就意味着这些女性踏上社会早,但生存竞争能力弱。所以,吸毒女性普遍存在就业压力,并由此导致经济困难。

同时,由于文化知识欠缺,这部分女性普遍对毒品的危害及吸毒成瘾的常识知之甚少。91.5%的受访者初次吸食时,对所吸食毒品"完全不了解"或"不了解",69.2%的受访者初次吸食毒品时,"不知道"吸毒"会上瘾"。

2. 亚文化群体的"边缘主义"价值观是女性吸毒的一个重要内因

女性吸毒人员普遍存在享乐、追求感官刺激等价值取向。如,对"人活着就是要及时享乐"观点表示认同和模棱两可态度的女性吸毒人员占59.80%;对"凭感觉做事,没必要活得太认真"观点表示认同和模棱两可态度的女性吸毒人员占43.40%;对"只要会混,读书不好照样可以赚大钱"观点表示认同和模棱两可态度的女性吸毒人员占38.70%;对"我就是喜欢标新立异,探索新奇"观点表示认同和模棱两可态度的女性吸毒人员占35.50%;对"毒品偶尔尝一下没有什么关系,外国人都吃的,以后不想吃就不吃了"观点表示认同和模棱两可态度的女性吸毒人员占28.00%。

作为一个亚文化群体,吸毒女性的价值观具有两面性,一方面,这些共同的价值观有助于彼此之间互相关心,互相分享,抱团取暖;另一方面这些价值观必然带来亚文化群体独有的反叛性,包括叛逆、情绪化、反社会性等特性,极易形成一种社会不稳定的潜流。若任其放纵,必腐蚀理性智慧,导致陷入吸毒这一万劫不复的深渊。

(二) 情感因素

1. 交友不慎是女性吸毒的一个主要因素

朋友,包括男性朋友(男性恋人除外)和女性朋友。绝大部分吸毒者尤其是女性吸毒者,在吸毒前都或多或少交有吸毒的朋友,她们的"第一口"或"第一针"常常是在朋友的怂恿下开始的。分析发现,女性初次吸毒的同伴70.4%是朋友。个案选项发现,其中以"女性好友"最多(43.0%),"男性好友"次之(34.6%)。在回答"导致初次吸食毒品的原因"时,25.5%的受访者选择"朋友都吃,我就跟着吃",在回答"导致吸毒的因素"时,56.1%的受访者提到"朋友圈吸毒",64.5%的受访者初次吸毒的场合是"朋友家"。不少受访者在填写"假如有女儿,最想对女儿说的一句忠告"时,写下的是:"选择朋友需谨慎"。

2. 为情所困是女性误入毒瘾的一个重要原因

调查显示,在初次吸毒的同伴中,16.8%的女性吸毒者的同伴是恋人,这一比例居女性朋友和男性朋友之后,占初次吸毒同伴的第三位。10.3%的吸毒女性在回答初次吸毒的原因时选择的是"和所爱的人一起尝试"。在回答"吸食毒品与哪些因素有关"时,3.7%的女性选择"为了爱情"。

相对男性而言,女性吸毒人群表现出强烈的情感特征。

(三) 心理因素

1. 好奇心与过分自信相伴随是女性吸毒人员典型的心理特征

"好奇,想试一下"是57.5%的女性吸毒者初次吸毒的原因。同时,与强烈的好奇心相伴随的是过分自信,如在问到"初次吸食毒品时,您是否知道会上瘾",除了不知道毒品会上瘾(占69.2%)的女性外,其余的回答都是"知道,但我可以控制"(占30.8%)。交叉分析显示,曾经过分自信的她们,如今94%表示后悔当初的吸毒的行为。

2. 逆反、自卑、从众、空虚无聊是女性吸毒人员普遍的心理特征

女性吸毒人员普遍存在逆反、自卑、空虚无聊和从众等心理特质。如对"我就是喜欢标新立异,探索新奇"观点表示认同和模棱两可态度的女性吸毒人员占35.50%,半数以上(57.50%)女性吸毒人员存在"读书好高人一等,读书不好低人一等"的自卑心理。同时,女性吸毒相关因素调查发现,27.1%的女性吸毒人员表示与"生活无聊空虚苦闷、物质满足而精神空虚"等密切相关,29.3%的女性吸毒是因为"朋友都吃,我就跟着吃"等。

(四) 家庭因素

尽管绝大多数父母对女儿吸毒痛心难过,但还是有少数父母对女儿异常冷漠,对其吸毒持"无所谓"或不闻不问的"不知道"态度。所以,不少吸毒女性在填写开放式问题"您现在面临的最大困难是什么?"时,写的是"与母亲的关系"、"家人的信任",在回答"您现在最需要得到什么样的帮助?"的开放式问题时,写的是"家庭的关爱"、"家人的感情"、"家人的理解认同"。可见,原生家庭对女性是否关心与其沾染毒品有相关性。

(五) 社区环境因素

吸毒女性独特的心理特质,容易为吸毒人群所诱惑和利用。研究发现,女性吸毒的场合比较多,有娱乐总汇、舞厅、歌厅、自己家、朋友家、宾馆等,但将女性带上吸毒之路的第一口,主要在朋友家(64.5%)和自己家(13.1%),这两个地点恰恰是熟人环境。在问及"吸食毒品的相关因素"问题时,19.6%女性反映"居住环境有吸毒圈"。

在H城区,女性吸毒人员主要集聚在T、J和C三个街道。这三个街道都是老城厢社区,人口密集,居住条件差,流动人口多,多等待拆迁,因而容易形成不良社区环境。这样的传统社区居民结构比较复杂,社区里存在着诸如赌博、吵架斗殴、酗酒、卖淫嫖娼、吸毒等社会现象。在这种群体心理环境中,道德、法制的社会规范力普遍不会受到重视,意志脆弱、是非不清的女性相对容易沾染吸毒等恶习。

(六) 宣传教育因素

不可否认,近年来随着禁毒宣传力度的加大,越来越多的人群知道了毒品的危害。但令人遗憾的是,还是有相当多的人群对什么是毒品并不清楚,更不了解毒品的危害。统计显示,初次吸食时,91.5%的女性对所吸食的毒品不了解。对毒品的了解渠道主要来自朋友口耳相传(67.0%)、影视片(18.9%)、报纸杂志(9.4%),受过学校禁毒教育的只有2人(1.9%)。而且,初次吸食毒品时,69.2%的吸毒女性并不知道毒品"会上瘾",其余的女性虽然知道,但认为自己可以控制,同样显示了对毒品的无知。这一数据反映出我们的禁毒宣传无论是普及程度还是力度、深度,都存在很多不足。

三、H城区进一步防治女性吸毒的对策建议

(一) 对吸毒女性的帮助措施

1. 需求导向,为吸毒女性群体提供有针对性的帮助

针对吸毒女性面临的五大困难:就业和经济压力、健康保障需求、担心受到歧视的心理重负、渴望家庭关爱及得到教子帮助及户口问题、居住问题等其他问题,笔者认为,可以采取如下举措。

一是有针对性提供相关信息,包括就业、医疗救助、政府补助、社会保障的政策和信息等。二是有针对性提供援助,包括心理援助、法律援助、就业援助、健康援助等。三是有针对性提供培训和辅导,包括就业技能、心理健康、健康教育、家庭教育、亲子关系培训及学历教育、政策信息辅导等。

通过这些措施,帮助吸毒女性群体增加对政策信息的了解,疏导心理,提高吸毒

女性的劳动技能和生活能力,使她们逐渐过上健康正常的生活。

2. 搭建平台,为吸毒女性群体创造良好的戒毒环境

女性吸毒与社区环境和朋友圈有关,而且吸毒女性自卑、敏感,普通妇联工作人员甚至社工不容易走进她们的心灵,因此,要根据这些女性的特质,搭建适合她们的禁毒平台,帮助她们早日摆脱毒魔。其中,类似T街道社区(妇联)举办的"女子戒毒沙龙"的同伴互助服务项目值得借鉴推广。

3. 多方合作,为吸毒女性群体提供各项专业服务

帮助吸毒女性群体单纯依靠政府组织的力量是不够的,必须整合多方资源,包括政府各部门(如民政部门、司法部门、公安部门、劳动就业部门等)、各事业单位(包括医院、社区卫生中心、社区文化中心等)、企业(包括大中小型企业等)、人民团体(工青妇等)一起为她们提供实质性帮助。

(二) 对女性群体的禁毒举措

1. 加强和开展专门针对女性的法制、毒品知识的宣传和教育

目前开展的禁毒宣传和教育鲜有根据女性的生理、心理特点,专门针对女性而开展的。而女性吸毒是一种特殊的社会现象,危害极大。因此,加强针对女性的相关教育,尤其是针对处于不良社区环境中的、"初中、职高、中专"的年轻女性的禁毒教育迫在眉睫。

2. 加强人生观、世界观、价值观教育,培养和增强女性对毒品的自我抵御能力

这需要家庭、学校、社会和女性自身的共同努力,以不断提高女性道德、文化素质,塑造健康的人格,培养"自尊、自信、自立、自强"的精神,使她们能在美丑、苦乐、荣辱、义利、公私、生死等一系列观念上分清是非,自觉遵从社会道德规范,提高道德水平,摒弃贪图享乐的极端利己思想和迷恋一时快感不顾遗憾终身的错误观念,善待人生,把握人生正确的方向,帮助她们做有理想有道德的新女性,不断增强对毒品的自我抵御能力。

3. 建立健全家庭、集体、社会保护网络,创造保护女性的良好环境

为女性特别是女性青少年提供良好的保护环境,是预防女性吸毒的一项有效和必要的措施。为此,负有保护责任与义务的家庭、学校、单位、社会要共同形成一个有机联系的完整保护网络,父母、教师、单位领导、各级政府及有关部门、组织应采取切

实的措施,尽量减少和避免保护环境的缺损,确保女性在良好的环境中健康成长与生活。在大力开展社会主义精神文明建设的今天,作为精神文明建设基础性工程之一的家庭美德建设,是形成良好的家庭风貌、营造和谐的家庭氛围、建成良好的家庭保护环境的有效措施,应受到全社会的高度重视,并广泛开展起来,这对于预防女性吸毒具有重要的现实意义。

服务婚姻家庭多元需求

青年白领子女养育的行为、态度与压力
——来自上海的最新调查报告

刘汶蓉*

一、调研目的、方法和样本概况

子女养育问题是青年人面临的重要压力之一。这一压力一方面是由青年人所处人生阶段所决定的,另一方面也与宏观的社会经济发展阶段密切相关。对年轻父母的子女养育行为、态度和压力等方面的调查研究,对于理解当前青年人的生存状态和心理状态,以及预测未成年人的成长模式和路径有重要意义。

"上海青年子女养育状况的调查研究"力图通过搜集目前在上海工作的、有孩子的、21~40岁青年人在养育孩子问题上的态度和行为等方面的资料,系统和全面地分析当前上海青年人的子女养育行为和心态,以及在子女养育方面碰到的问题,在此基础上进行原因分析,并找出可能的公共支持途径。

2013年7月至8月,课题组共在全市60多家机关单位开展了问卷调查,共发放问卷800份,回收问卷654份,被访年龄符合21~40岁范围的有效问卷609份。从有效调查样本的基本特征看,本次调查的对象教育程度较高,77.1%的被访拥有本科及以上的学历;67.4%的被访从事"需要很高和较高专业技能"的工作;90.8%的被访拥有上海市户口;72.6%的被访就职于党政机关和国有企事业单位;79.8%的被访自述属于社会的中间阶层(包括中上层、中层和中下层)。从收入分布来看,被访平均年收入为8.8万元,其中有34%的人收入在10万元及以上(其中16.6%的人年收入是

---

* 刘汶蓉,上海社会科学院社会学研究所副研究员。

10万元整)。

调查样本详细的人口经济特征如表1所示:

表1 调查样本特征概况一览(除百分比之外是均值,N=609)

样本特征项目	百分比	样本特征项目	百分比
性别		**工作单位性质**	
男	36.9	党政机关	23.5
女	63.1	国有企业	26.1
平均年龄(岁)	32.3	国有事业	23.0
教育状况		集体企业/事业	5.5
高中及以下	4.2	民营(私营)企事业	11.1
大专	18.8	三资企事业	1.6
本科	58.1	个体经营	0.5
研究生及以上	19.0	社会团体及自治组织	4.2
政治面貌		其他	4.5
共青团员	14.2	**户口状况**	
中共党员	50.8	上海城市户口	75.8
民主党派	1.2	上海郊区户口	15.0
群众	33.8	外地城镇户口	6.4
自评社会阶层		外地农村户口	2.8
中上层	1.8	**婚姻状况**	
中层	41.3	初婚	98.3
中下层	36.7	离婚	1.7
下层	10.6	**平均子女数量(个)**	1.04
不好说	9.6	**平均个人收入(元/年)**	88 126

注:填写年收入的被访数量为296人,占总样本的48%,即超过一半的被访拒绝回答收入。

从被访的教育、职业和收入结构来看,本次调查结果基本反映的是上海中间阶层青年人对子女的养育行为、态度和面临的压力和问题。但同时,这部分青年人也是最普遍和大众化的上海青年,具有代表意义。

二、青年白领的子女养育行为和策略

总体来说,本次调查人群的生命周期阶段处于养育压力较大阶段。在回答了子女数量的被访中,95.7%的人只有一个孩子,4.3%的人有两个孩子。被访的子女当中,有21.6%处于哺乳期,48.6%处于幼托期,21.2%处于小学教育阶段,7.6%处于初中教育阶段,只有1.0%处于高中、大学阶段。

(一)子女养育高度依赖祖辈

首先,年轻夫妇与父母共同居住比例高。

据2008年对上海21~65岁人群的一项抽样调查显示,上海的核心家庭比例为58.4%,直系家庭比例约为39.7%,在直系家庭中随男方父母居住的比例是随女方父母居住的两倍。与之相比,本次调查的统计结果显示,没有与老人共同居住的核心家庭比例为40.4%,与自己/配偶父母共同居住的直系家庭占59.0%,直系家庭比例高平均水平约20%。而且,本次调查显示,在21~40岁的青年家庭中,与男方父母一起居住的比例占57.1%,与女方父母共同居住的比例为42.9%,二者仅相差14.2%。这些数据充分说明目前上海家庭在第三代的照料方面,对女方父母的依赖程度较高,祖父母和外祖父母的参与度旗鼓相当。这与中国传统的从男居的男系家庭文化相左,充分说明了上海家庭的双系化发展特征。

其次,子女3岁前的主要照料者近七成是祖辈。

从子女3岁前的主要照料者分布上看(见图1),69.0%的被访自述依赖外祖父母/祖父母,其中对外祖父母的依赖程度略高于祖父母。只有28.6%的被访自述是靠自己,其中靠母亲自己的占24%,而父亲是主要照料者的比例仅为4.6%。另一项指

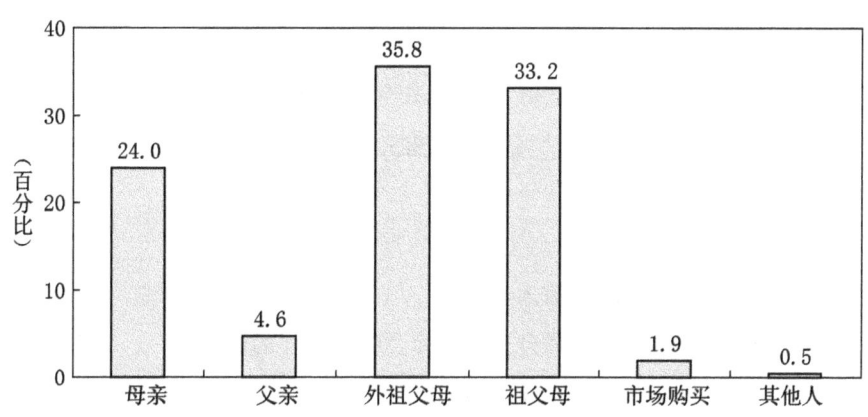

图1 被访子女3岁前的主要照料者分布(N=587)

标,"孩子上小学之前,是否有老人帮助你们照料孩子?"的回答分布显示,只有12.7%的被访表示"孩子基本上是自己带的,老人没帮什么忙"。在其他81.3%的被访家庭中,有43%的家庭有老人来和年轻夫妇长期一起居住;20.1%的家庭是祖父母和外祖父母轮流来家里居住和帮忙;10.0%的家庭是直接把孩子长期寄养在父母家中;7.4%的父母平时把孩子放在父母家中,周末把孩子接回家;还有6.9%的父母偶尔把孩子放在父母家。

再次,七成以上被访表示选择"隔代照料"是因为无法平衡工作。

统计结果显示,71.3%的被访"比较同意"和"非常同意""我知道隔代抚养对孩子不好,但不让老人帮忙的话我和妻子/丈夫没办法正常上班",还有16.9%的被访持"说不清"态度,只有11.8%的被访明确表示"不大同意"和"很不同意"。市场经济以后,特别是21世纪以后的信息化、全球化进程的加快,科技革命日新月异,青年白领的工作压力越来越大,工作中要应对的信息量以几何级速度膨胀,要面对和处理事物的复杂程度是前所未有的。加上消费主义文化的诱导和对未来的不确定,很多年轻人希望尽快积累财富和赢得更高更稳定的工作职位。在这样的背景下,超时工作、加班加点成为年轻人或主动或被动的普遍行为。本次调查显示,被访平均每周工作42.7个小时,即使是家庭照料责任更大的女性平均每周的工作时间也达到41.4个小时,超过国家规定的每天8小时工作制。以每周5个工作日来计算,有43.4%被访每天工作超过8小时,其中每天工作9小时以上(不包括9小时)的有23.9%。进一步数据分析显示,职位和收入与工作时间有一定的正相关关系,即工作岗位技术要求越高、收入越高的人工作时间越长。从事需要很高专业技能的工作的被访平均每周工作46个小时,管理者比非管理者平均每周多工作1.2个小时,而管理技术人员的管理者平均每周工作49个小时,比非管理者平均每周多工作6.5个小时。

因为人的精力和时间是有限的,所以工作与照料子女就构成了一对此消彼长竞争关系。从性别差异来看,本次调查显示,男性比女性平均每周多工作3.4个小时,在子女教养方面投入的时间平均每天少0.3个小时。

(二) 子女养育经济成本惊人

子女养育的经济成本不断攀升是当前社会各界关注的焦点之一。"孩奴"与"房奴"词汇的出现和热议表明,不断攀升的子女养育成本与房价一样成为青年人生活的重负,构成青年人恐婚、不育、不断推迟生育年龄的重要原因。据2004年对徐汇区的一项调查显示,0~16岁孩子的直接经济成本高达25万元,养育到30岁结婚前则需要花费49万元[①]。这个数字当时引起社会巨大反响,但在广泛争论之后,上海的中产阶层普遍接受该数字,而且随着近年来我国物价水平的上涨,孩子养育成本远远超过当时的水平。

因为调查对象年龄以及调查方法的限制,本次报告无法估算养育一个子女全部的经济成本。表2列出了本次调查子女养育成本中的十大类花费的最大值和平均值。我们看到,在有此项开支的家庭中,奶粉钱是生活花费中最贵的,月平均花费868元钱,2012年平均花费超过7 000元。在教育花费中,"早教/幼托费用"平均每月1376元,而"辅导班/兴趣班/补习/家教费"平均每月达1 659元。从2012年的花费中看,"购买服装/玩具/礼物"平均花费3 553元,"买电脑/手机/学习机"的平均花费5 151元,旅游费平均7 328元。

表2 被访最小子女上个月和上一年度的养育花费

花费项目		上个月的花销			上一年(2012年)的花销		
		回答频次	最大值(元)	平均值(元)	回答频次	最大值(元)	平均值(元)
生活花费	奶粉钱	238	10 000	867.80	178	40 000	7 323.18
	基本伙食费	292	7 000	708.21	226	80 000	7 423.85
	营养品费用	203	3 000	379.35	170	40 000	3 275.87
	零食/零花费用	235	1 500	295.40	190	24 000	2 736.29
	购买服装/玩具/礼物	307	3 000	491.14	244	30 000	3 552.54
教育花费	购买文具/课外阅读书	230	10 000	277.27	193	12 000	1 758.96
	早教/幼托费用	147	10 000	1 376.39	113	36 000	9 331.06
	辅导班/兴趣班/补习/家教费	108	10 980	1 658.61	103	50 000	10 628.16
	买电脑/手机/学习机	31	25 000	2 777.42	55	30 000	5 150.91
旅游费		72	32 000	3 080.28	124	50 000	7 328.23
其他费用		15	50 000	4 170.00	17	50 000	7 948.24

从表3的统计结果看,2012年上海青年父母的子女养育经济成本非常高,高出上海以往的抽样结果。比如,2010年的一项2 000份问卷抽样调查显示,上海家庭

---

① 徐安琪:《孩子的经济成本:转型期的结构变化和优化》,《青年研究》2004年第12期。

12岁以下子女的养育成本年均超过3万元[①]。但本次调查结果显示最少都在4万元以上。例如,哺乳阶段孩子的生活花费平均达2.2万元,教育花费达1.8万,两项合计4万元;幼托阶段孩子的生活花费平均达到2.7万元,教育花费达2.7万元,合计达5.4万元;小学阶段孩子的生活花费达到2.2万元,教育花费达3.5万元,合计达5.7万元。究其原因,不仅在于社会经济原因,如通货膨胀和物价上涨因素,也在于本次调查的被访集中在社会中间阶层,所以孩子养育成本高于平均水平,尤其是教育花费非常高。以幼托阶段的花费为例,本次调查的统计结果显示,46%的幼托阶段的孩子每个月的幼托费在1 000元以上,最高的甚至一个月要一万元。

表3 不同阶段孩子的平均生活花费和教育花费　　　单位:元

	生活花费		教育花费	
	上个月	上一年度(2012)	上个月	上一年度(2012)
哺乳阶段	2 605.00	22 194.62	230.00	17 515.00
幼托阶段	2 714.55	27 054.24	10 225.83	26 982.35
小学阶段	2 153.33	22 020.00	—	34 650.00
初中阶段	2 500.00		9 800.00	—

(三) 职业种类对男性照料子女的时间影响大于女性

本次调查的统计结果显示,被访群体中上一周平均每天用在照料/教育子女上的时间为4.3小时,其中在管理岗位上的被访比非管理岗位少0.2小时。但从性别群体看,职业对男性照料子女的时间投入影响更大。

表4 管理与非管理者对照料/教育孩子的时间投入差异

单位:小时/天

		总体用在照料/教育孩子上的时间	照料孩子吃饭/睡觉/穿衣/洗澡	辅导孩子功课	给孩子讲故事/游戏/出去玩
管理者	男	3.7	1.9	1.0	2.5
	女	4.6	2.1	2.1	2.7
	小计	4.2	2.0	1.6	2.6

---

① 《上海:育儿成本年均超三万元》,http://news.qq.com/a/20110802/000444.htm。

续表

		总体用在照料/教育孩子上的时间	照料孩子吃饭/睡觉/穿衣/洗澡	辅导孩子功课	给孩子讲故事/游戏/出去玩
非管理者	男	4.1	1.9	1.1	2.6
	女	4.6	2.0	1.1	2.6
	小计	4.4	1.9	1.1	2.6
总体平均		4.3	2.0	1.3	2.6

表 4 的统计结果还显示,女性管理者并不比非管理者在孩子教养方面投入的时间少,两者都是 4.6 个小时(4.64 vs. 4.65)。但男性管理者每天用来照料/教育子女的时间是 3.7 个小时,比非管理岗位的男性少 0.4 个小时(4.1 小时)。进一步的分析发现,在管理者当中,管理专业人员的男性管理者平均每天投入在孩子身上的时间仅为 1.7 个小时,但同等岗位的女性管理者平均每天花 3.4 个小时来照料/教育子女,是同等岗位男性的 2 倍。

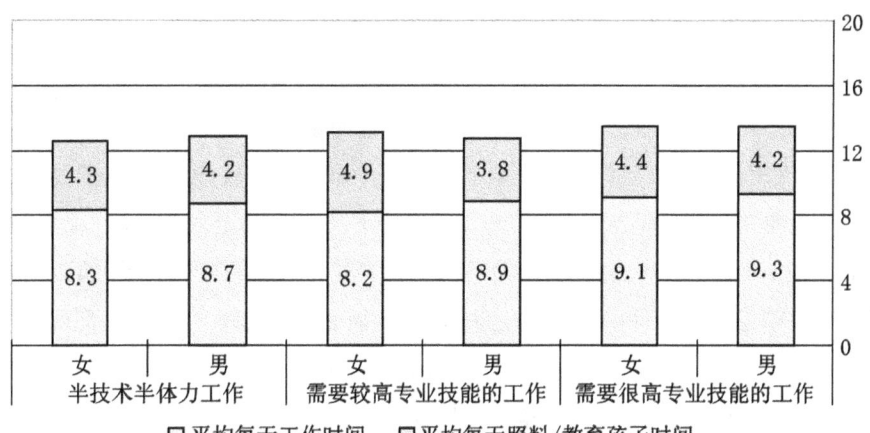

图 2 不同工作岗位男女的工作与子女照料时间分配(单位:小时/天)①

图 2 表示的是不同工作岗位上男性和女性的时间分配状况。整体看来,上海目前青年男女的时间分配差异不是很显著,虽然每种工作都是女性在照料/教育子女方面投入时间略多,男性在工作上投入的时间略多,但这种差异并没有显示出统计意

---

① 本图的数据没有包括自述在体力劳动工作岗位上的样本。因为统计发现男性体力工作劳动者的照料子女的时间异常值较多,故无法解释数据结果。

义。这些数据表明,虽然我国从1949年新中国成立起,就确立了男女平等就业的基本国策和制度,但在家庭照料尤其是子女养育方面,仍然是女性承担更多责任,女性在积极参与劳动力市场的同时仍承担更多的育儿责任。更为重要的是,在女性普遍就业的情况下,老年父母承担了绝大部分的婴幼儿照料责任。本调查的统计结果显示,对于最需要照顾的、处于哺乳期的孩子,其父母花在照料孩子上的时间平均每天只有4.7个小时,母亲平均也只有5.2个小时。70.2%的被访表示没有或仅有一点儿感到"因照料孩子加重了工作和家务压力"。由此可以看出,绝大部分照料孩子的时间是祖父母/外祖父母付出的。如果说,中国经济的高速发展离不开充裕的劳动力供应,那么老年人代替年轻夫妇照料孩子,解放青年劳动力尤其是女性劳动力功不可没。

(四)"祖辈带孙辈"能有效促进代际间的情感联结

虽然,目前我国的教育界和媒体,以及年轻父母都开始反思祖辈带孩子的弊端,但总体上我们一直没有出现西方国家曾经强烈主张"3岁前幼儿必须由母亲在家照料"的文化,父母帮助成年子女带孩子被视为理所当然,在文化上享有正当性。比如,本次调查结果显示,四成以上(42.1%)的被访表示明确赞同"在育儿方面,老人有经验,他们的意见还是要听的"的说法。与媒体热播的家庭影视作品不同,本次调查并未发现家人因子女日常照料而矛盾重重的局面。如表5所示,无论是孩子哪方面的问题,无论是与配偶还是与父母辈,天天争吵的不及1%,加上回答争吵"很多"的比例,总共在1.8%~7.1%之间,依然是不及一成。五到六成的被访表示"偶尔"和"较少"发生争吵,其中争吵相对较多的是夫妻之间,而非代际之间。另外,与配偶父母发生争吵的概率在任何一组问题中都是最低的,还有五到六成的被访表示"从未"与配偶父母关于子女养育问题发生过争吵,且没有统计上的性别差异。说明婆媳矛盾并不似与影视剧和媒体上宣扬的那样普遍和不可调和。

表5　在孩子照料和教育问题上家人争吵程度　　　　　　单位:%

争吵事项	争吵对象	从无	偶尔	较少	很多	几乎每天	合计
关于孩子吃饭/穿衣/睡觉	与配偶	32.4	48.2	13.9	4.5	0.9	100.0
	与自己父母	34.6	45.4	15.0	4.3	0.5	100.0
	与配偶父母	51.3	34.8	10.7	2.5	0.7	100.0

续表

争吵事项	争吵对象	从无	偶尔	较少	很多	几乎每天	合　计
关于孩子的行为管教	与配偶	27.4	46.7	18.8	6.4	0.7	100.0
	与自己父母	32.5	44.1	18.5	4.2	0.5	100.0
	与配偶父母	49.4	35.8	12.5	1.8	0.5	100.0
关于孩子的学习教育	与配偶	32.9	41.1	19.8	5.6	0.7	100.0
	与自己父母	42.7	38.6	15.3	2.6	0.5	100.0
	与配偶父母	57.5	30.3	10.5	1.3	0.5	100.0

当然,从数据的另一面看,还有四到五成的被访与配偶的父母发生过争吵,而且数据结果也表明,女性对与配偶父母的关系满意度低于男性,且具有统计意义上的显著性。这说明婆媳关系难以相处在上海仍然是事实,这也与其他很多全国性调查结果一致。婆媳关系素来是中国家庭关系、家庭矛盾的焦点,被称为"千年难题"。女性主义者认为,在中国传统的家庭制度中,性别、辈分和年龄是一个等级森严的秩序,婆婆权威是父权和夫权的延伸,而媳妇则是年轻女性受压迫的集中表现[1]。而在现代中国,特别是大城市的家庭中,婆婆则为了成全丈夫和儿子的利益,将权力让渡给媳妇,成为家庭中地位最低的人,婆媳关系仍体现的是男权社会不平等的性别秩序[2]。无论是在"多年的媳妇熬成婆"的传统中国,还是在"媳妇熬成婆又碰到一个太婆"的现代中国,婆媳关系都被描绘成充满矛盾和冲突,鲜有和睦、温情的一对关系。但是我们应该看到,在当下中国城市的日常家庭生活中,大量的婆媳纷争都源于观念和行为不一致而产生的口舌之争、意气之争,并非有意识地对家庭资源和管理权力的争夺。因此,增进沟通和交流的动机和意识,加强沟通技巧,是改善婆媳关系的重要途径。

事实上,很多中国家庭代际关系的研究显示,老年人帮助成年子女带孩子不仅仅是出于为人父母的责任感,或对子女纯粹的感情依附,也是一种确保自己年老力衰后获得更好的子女赡养的策略[3]。虽然中国传统孝道文化一直宣扬父母的养育之恩大于天,强调后代回报的无条件性,但现实社会中的孝道伦理规范却是在代际间的日常交往和互动中通过情感联结才能实现的。许多实证案例都显示,年轻一代能孝顺父

---

[1] 笑冬:《最后一代传统婆婆?》,《社会学研究》2002年第3期,第79~91页。
[2] 沈奕斐:《"后父权制时代"的中国——城市家庭内部权力关系变迁与社会》,《广西民族大学学报(哲学社会科学版)》2009年第6期,第43—50页。
[3] 参见陈皆明:《投资与赡养——关于城市居民代际交换的因果分析》,《中国社会科学》1998年第6期。

母并不仅仅是基于父母的生养之恩,子女成年后父母对他们的帮助和支持,两代人在互惠中产生的情感联结和人情亏欠,是促进子女孝顺、对父母"报之以情"更直接的动力。而子女成年后与父母之间情感纽带的培养/维系失败则可能造成"有养无孝"的冷漠关系。本次调查的结果显示,82.3%的被访非常赞同和比较赞同"多亏父母/配偶父母帮忙照顾孩子,我非常感激他们"的说法;83.1%的被访非常赞同和比较赞同"父母/配偶父母帮我们很多忙,以后我们要更多回报他们"的说法。这些数据在一定意义上反映了祖辈带孙辈对代际关系具有正向的促进功能。

三、青年白领的子女养育态度和理念

如前所述,本次调查的中产阶层育儿经济成本相当高,这与该群体的"精英育儿"理念密切相关。从世界各国的发展现状来看,中产阶层的父母都是精英育儿理念最忠实的拥护者。他们因此也是最焦虑的父母,他们既没有上层社会的父母那样的从容,也无下层社会的父母那样的无奈和漠然。他们深知教育的重要性,懂得努力和不松懈对人生的意义,因为他们自己就是通过 20 年左右的努力读书和奋斗才获得了目前尚可的社会和经济地位,他们时刻都在为成为和保持精英身份而奋斗。因此,我国近几年虽然在不断地呼吁为中小学生减负,批驳"不要让孩子输在起跑线上"的观念,但潜在的对精英教育和竞争教育的需求仍趋之若鹜。本次调查显示,仍有 42.2%的被访明确表示赞同"不要让孩子输在起跑线上"的观点。另一方面,中国计划生育政策的 30 多年执行,导致孩子迅速成为家庭最重要和宝贵的财富,育儿高度精细化和对子女接受精英式教育的追求成为不仅是中产阶层家庭,乃至成为全社会的风气。

(一) 注重教育投资和筹谋

首先,教育成本在子女各个阶段比重都很高。

2003 年对上海徐汇区的调查显示,抚养 0~30 岁未婚子女的总成本需要 49 万元(以当时的物价水平计算)。其中,教育成本自幼托班起占子女所有花费中的比重在 22%~41%之间[1]。而本次调查中,哺乳阶段就有教育成本,且占了养育成本的 45%,幼托阶段的教育成本占 50%,到了小学阶段则达到 61.4%。"教育要趁早"是当前上海早教市场红火发展的重要推手。本次调查显示,26.4%被访认为 3 岁前是子女教育最重要的阶段,其中有 0.8%的被访认为胎教阶段最重要。当然,更多的父

---

[1] 徐安琪:《孩子的经济成本:转型期的结构变化和优化》,《青年研究》2004 年第 12 期。

母(44.1%)认为从怀孕开始到高中阶段"每个阶段都重要",当前上海青年父母重视子女教育的程度和焦虑程度可见一斑。

其次,五成以上父母为子女选择私立幼儿园。

目前上海公立幼儿园虽然收费较低,但因为不大教授汉字、数学、英语等竞争和应试知识,这让许多重视培养孩子竞争力的中产阶层父母不满意。一些父母认为上公立幼儿园还得花大量的金钱和父母的时间送孩子去上各种补习班,所以宁愿花更多的钱直接送私立幼儿园。本次调查的家庭中有55%的被访表示子女的幼托费用高于800元,有9.9%的家庭的孩子的幼托费超过2 500元/月,说明目前上海青年父母多数为子女选择私立幼儿园[①]。

再次,四成以上被访赞同和践行为子女择校。

从为孩子择校的行为上看,在被访群体中,除了17.4%的被访表示"子女太小、没考虑过这个问题"之外,只有约四成(39.3%)的被访表示"打算/已经让孩子就近上学,不论学校如何",另有合计43.4%的被访选择各种择校方式,其中22.6%表示"打算/已经为孩子买好了学校的学区房",18.0%的被访表示"打算/已经让孩子考私立学校",还有2.8%的被访表示"打算/已经送孩子出国读书"。在择校的态度方面,46.6%的被访明确表示"比较赞同"和"完全赞同",只有20.6%的被访表示"不大赞同"和"完全不赞同"。另外,32.8%的被访表示"说不清楚"。相似地,在对待孩子上各种兴趣班的问题上,36.7%的被访表示"比较赞同"和"完全赞同",38.7%的被访表示"不大赞同"和"完全不赞同",还有34.6%的被访表示"说不清楚"。很高的"说不清"比例反映出中间阶层的青年父母对现行教育体制的矛盾心态,一方面知道目前这样不利于孩子的身心健康,自己本身也是现行体制的受害者,感受到生活压力太大,不想让孩子太苦太累,希望他们能有一个"自然成长"的童年,但另一方面,又恐怕自己的子女在未来的社会中成为失败者。他们徘徊在"屈就现实"和"用行动挑战不良体制"之间,但如前所述,中产阶层父母又往往是最懂得"输不起"的意义的群体,因此,这个阶层的父母为子女择校和上兴趣班的现象是非常普遍的。

另一项调查指标显示,有37.1%的被访"比较同意"和"非常同意""中国现行教育制度不合理,最好是送孩子出国读书"的观点。"出国读书"在一定意义上反映目前上

---

① 根据《关于本市公办幼儿园保育教育费收费标准的通知》,市级示范幼儿园的寄宿制收费标准800元/每人每月,是四个级别幼儿园中的最高标准。

海中产青年父母对子女养育的矛盾心态,他们既希望子女不要像自己那样"苦读",但同时又希望子女受到好的、有竞争力的教育。

(二) 注重培养子女的道德素质和社会适应能力

首先,传统的遵循/一致价值不受推崇。

子女教养的"社会阶级价值理论(class-value theory)"认为,相比于社会等级中地位较低者,社会等级中地位越高的人,对于子女教育的价值取向越是自主。具体来说,西方学者的研究认为中产阶级,即白领职业,所从事的工作本身比较复杂,也较具挑战性,此类工作者有较多自主的空间,由于工作的需要,较强调独立自主、负责等价值观念。而工人阶级即蓝领职业的工作,多半是被指定且设计好的,因受到严密监督,必须时常听从指示,没有多少个人自由发挥的空间,因此,工人阶级较倾向于重视服从的价值。但中国的学者提出,当代中国家庭代际关系趋于平等化和民主化、代际互动更注重精神交流和独立自主,这是独生子女政策推行30余年以来的一个重要后果[1]。同时,独生子女家庭的父母对子女的养育价值观也更少强调遵从/一致,而是更强调自主/独立[2]。但无论是从子女教养的社会阶级理论还是从独生子女效应理论出发,都能推出本课题调研的群体的子女教养的价值观更倾向于培养子女的独立和自主。

调查数据结果也证实,中国传统文化中宣扬的与忍让、合和等价值相关的"孝顺父母"、"知恩图报"和"吃苦耐劳"不再被认为是最重要的品德。但是,58.2%的被访认同"善良正直"是培养孩子最重要的品德,说明这种无论中西、古今都被强调的品德更受重视,还有20.4%的被访认为"坚强勇敢"是最重要的品德,反映青年父母对子女将来"打拼社会"的预期。

其次,良好的社会适应力是教养方向的首选。

图3的数据显示,当前上海青年父母最希望培养孩子的社会适应能力,其中母亲的期望更高一些;第二大期望是培养孩子良好的品德,也是母亲对此的期望更高;第三个重要期望是让孩子感到快乐,父亲对此的希望显著高于母亲。其他三个方面的重要性评价都显著很低,从高到低分别是"让孩子受最好的教育"(7.7%)、"努力提高

---

[1] 参见关颖:《家庭代际关系:抚养与赡养》;风笑天:《独生子女家庭:优育与宠爱》,徐春莲主编:《屋檐下的宁静变革——中国家庭30年》,广东高等教育出版社2008年版,第79～95、172～185页。
[2] 刘爱玉:《自主与遵行:社会化过程中子女教养价值分析》,《中共南京市委党校学报》2009年第6期。

孩子的智能和体能"(7.2%)、"让孩子发挥潜能"(4.1%)。

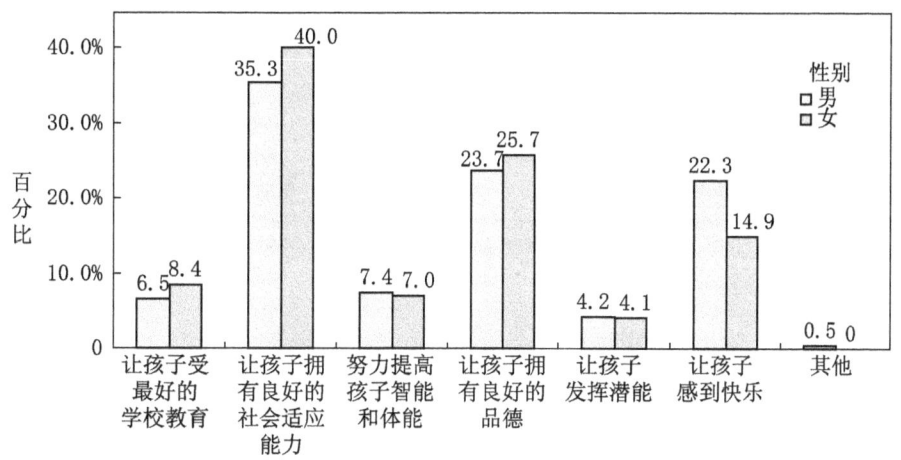

图3 对子女教养各方面重要性认识的男女比较

与此相适应,在孩子能力方面,44.8%的父母认为培养沟通能力最重要,23.0%的父母认为培养应变能力最重要,17.4%的父母认为抗压能力最重要,而13.0%的父母认为创造能力最重要。结合前面的分析可以看出,在上海大城市的奋斗经验让年轻父母非常重视子女的生存能力和竞争能力。从自我投射视角来看,无论是直接地对"适应社会能力"的首肯,还是对沟通能力、应变能力和抗压能力的重视,其实都表明了青年父母自己的社会适应困境和压力。

再次,对子女生活快乐幸福的期望高于事业成功。

如表6所示,在所有的期望中,生活类的期望值普遍高于事业期望值,更高于赤裸裸对金钱、权力和名利的期望值。以首肯率85%以上为界的话,我们可以勾勒出当前上海青年父母对子女的期望图景是:生活幸福快乐,发挥个人才能。既不盲目追求名利,也不普通平凡。这是一种人生理想状态,在快乐幸福的前提下人尽其能。从投射视角看,当前青年人的人生价值观是非常理性,对社会负有适度责任,对自己的挑战也适度,关键是快乐幸福的感受。进一步分析发现,这些期望值大小没有因子女性别而有统计意义上的差异。父母的期望差异仅仅体现在对孩子成名的期望上,即父亲更希望子女出名。这可能体现的是男性对个人价值的理解比女性更强调社会的认可度。

表6 被访对子女未来的期望状况

		均值	认同比例	样本数
生活期望	希望他/她能快快乐乐	4.63	90.2	588
	希望他/她家庭生活幸福美满	4.49	90.3	589
	希望他/她能懂得享受生活	4.15	81.7	587
	希望他/她普普通通、平平安安过一生	3.99	74.5	587
事业期望	希望他/她能充分发挥自己的才能	4.39	87.5	588
	希望他/她能奋力追求自己的事业	4.13	81.3	588
	希望他/她努力为社会做出的贡献	4.02	73.9	587
	希望他/她为实现共产主义目标而奋斗	3.04	47.4	587
名利期望	希望他/她成为一个有钱的人	2.83	28.0	587
	希望他/她做官,并争取做更大的官	2.39	10.1	587
	希望他/她出名,并争取越来越有名	2.37	11.2	588

注:1~5分表示从"很不符合"到"很符合";认同比例指"比较符合"与"很符合"之和。

与本次调查结果相似,2008年的一项上海和兰州的调查也显示,被访总体上认可家庭价值高于工作的价值,有五成以上的人明确表示不赞同"工作比家庭重要"的观念,赞同的比例仅为30.5%,还有16.0%的人表示"讲不清/无所谓"。而且,在不同的人群当中,人们对工作与家庭价值对个人幸福的重要性评价还存在较大差异。总体来说,受教育程度越高的人越认同家庭价值,年纪越轻的人越认同家庭价值,城市被访比农村被访更认同家庭价值。这种结果多少有点令人吃惊,我们发现,与人们的直觉不同,并不是现代化程度越高的个体越赞同工作价值,相反,个体本位取向越强的人越赞同家庭价值。事实上,在现代青年人当中,对幸福家庭的追求已经被多数人认同为满足自我需求、自我实现的来源。现实中很多人工作是为了家庭幸福,体会到工作价值、为自我实现而工作,甚至为工作而工作的人只是少部分。对工作价值观的研究显示,那些在工作上取得成就越多的人更容易体会到工作的价值,更能认同本职工作,包括工作的社会声望、成就取向。相对于年轻职工而言,年长职工获得的成功经验更多,因此年龄与工作价值观呈正相关关系。对工作的认同感从职业适应期、发展期、成熟期到维持期,随着年龄的增长和工作经历的延伸而不断增强[①]。以此推论

---

① 李万县、李淑卿、李丹:《工作价值观现代际差异实证研究》,《河北农业大学学报(农林教育版)》2008年第1期。

开来,我们可以认为,随着年轻人从业经历的增长,在工作职位上获得的成就感也会越多,而这也可能会改变他们在子女教养上的期望,会对工作和事业有更多的期望。

四、青年白领的子女养育压力

(一) 四成以上青年人感到育儿压力较大

对于"生养孩子对我来说压力很大"的观点,仍总体上有30.6%的被访表示"比较符合"自己的情况,12.0%的被访表示"很符合"自己的状况,两者合计42.6%。如前分析,这种压力并不主要来自生养孩子带来的与工作的冲突,而主要来自希望为子女提供更好的物质生活条件,在教育上让子女成为未来社会中的"快乐精英"的心理压力。相关分析结果也显示,表示生养孩子压力越大的人,对子女的事业期望和名利期望,也包括快乐期望都更高。也就是说,焦虑父母与他们对子女的前途和期望太多有关。

从各种亚健康症状的表现来看,青年人的心理压力还处于可控状态,不至于导致严重亚健康状况。只有"劳累/体力不支"一项处于"有时"、"经常"之间,其他症状都还未达到"有时"的程度。但从百分比看,有16.7%的被访表示"经常"和"总是"感到紧张/焦虑;28.1%"经常"和"总是"感到劳累/体力不支;18.1%"经常"和"总是"感到烦躁易怒。总体可以说有两成左右的年轻父母感到压力较大导致有亚健康病状。

(二) 生养孩子的非经济成本影响子女养育的压力感

从社会学角度看,生育孩子的成本还包括对夫妻关系和个体自由发展的负效应,如夫妻独处和互动时间减少、因孩子而产生夫妻冲突、外出缺乏灵活性和自由、事业发展的地域和时间受限等。以往的研究表明,被访对生养孩子的经济保障的效用的期望很低,而生养孩子的效用主要来自非经济因素。虽然,非经济成本增添了父母的心理压力和负担,个别的还影响了身体健康或发展机会,但抚育孩子的过程不仅给父母带来了喜悦、希望、成就感和创造的乐趣,还弥补了自己的人生缺憾,使家庭更完整、生活更充实、夫妻关系更稳定,个人也得到成长,因此,非经济成本和效用相抵,满足和积极效用更大,成本也相对下降或较低[1]。

相关分析结果显示,表达更大的养育压力的被访也倾向于表达更大的生养孩子的负面影响。回答感到生养孩子压力很大的被访在各项非经济成本都显著高于那些

---

[1] 刘汶蓉、徐安琪:《生养孩子的非经济成本研究——以上海为例》,《青年研究》2004年第10期。

感到生养压力不大的被访。比如,比较回答压力大和压力不大的两个群体,前者自述"因孕育/哺乳/照料孩子影响了身体健康"、"因照料孩子加重工作和家庭压力"、"制约了业余兴趣爱好"、"减少了夫妻共同相处/沟通的时间"很严重和较严重的比例比压力不大的群体分别高出21.1%、30.4%、17.0%和22.3%。但是分析结果还显示,生养压力与非经济效应并不成负相关关系,两者没有相关关系,即对生养子女的正向效应的首肯并不能降低生养压力。从生养子女的正效应来看,57.3%的被访明确表示"有了孩子以后,我和丈夫/妻子的关系更好了",82.6%明确表示"有了孩子以后,我觉着生活变得更充实了",88.8%明确表示"孩子让我对生命和人生的理解更加深刻了";84.9%的被访表示"我从来没有后悔生育孩子";77.1%的被访认同"生儿育女,人生才完整"的观点。

通过这些数据表明,总体上绝大部分被访首肯生养孩子的正向意义,非经济成本的回报率则相对较高。但是生养孩子的压力主要还是来自非经济成本,包括生理、心理、个体自由和发展机会、夫妻关系成本等多个侧面。特别是个体自由和发展机会的成本越高,焦虑和压力就越大。

(三)男性表达的压力强度更大

如表7所示,男性表达的来自各方面的压力都显著大于女性。其中,住房和赡养父母的压力指数与女性差异最大,其次有明显差异的压力源分别为子女养育费用高、工作太忙和家庭成员有矛盾。从百分比分布来看,男性表达子女管教压力"很大"的比例也高于女性。由此可知,年轻爸爸的压力指数全面超出年轻妈妈。

表7 表示生活压力"很大"的性别差异　　　　单位:%

性　别	没钱改善住房条件	赡养老人经济和精力负担过重	子女养育费用高,难以承受	工作太忙,压力太大	子女管教困难,十分累心	家庭成员有矛盾,烦心得很
男	27.2	14.7	15.2	18.5	12.6	9.3
女	15.2	7.3	9.5	12.2	8.1	3.8
显著性检验(F)	17.878***	20.898***	9.148**	7.407**	0.638	7.351**
压力指数	1.36	0.93	1.13	1.30	1.16	0.73

注:压力指数指均值(mean),从0~3表示"没有压力"到"压力很大"。*** $p<0.001$; ** $p<0.005$。

男性感受到的压力更大与男性感受到的责任更重大有关。许多调查都证实,在承担家庭成员的生活责任方面,男性表示的责任重大高于女性。男性责任更重大的观念表明了家庭责任具有社会建构性,源自社会性别分工的定型,男性总是被看做是家庭经济来源的主要承担者,是家庭的顶梁柱。在"男养家"的性别分工和角色定型的影响下,男性不论自身条件怎样,但普遍对自己施加更大的竞争性压力。相比而言,女性在职场上则更容易轻装上阵,由此也可能导致男女心理压力上的差异。另一方面,男主外、女主内的模式导致男性和女性总是采用不同的方式来理解他们的家庭责任。既有研究显示,"家庭优先"对丈夫和妻子常常含义不同,丈夫们为了能够得到一个给家庭未来更多经济收入的提升机会,也许会决定去做一个对他来说完全不同而且不那么称心的工作,但对于妻子来说,她们则更希望有机会获得一份较好的工作,避免因工作时间过长而使她们照顾孩子的时间太少①。这种工作选择也可能会影响工作者对工作的满意度和愉悦程度,进而影响男女压力指数的差异。

另一项指标显示,男性比女性更赞同"生养孩子对我来说压力很大"这个观点。合计有51.3%的男性被访表示"比较符合"、"很符合"该叙述,而女性被访中的相应比例为37.1%,低于男性14.2个百分点。调查结果还显示,年轻爸爸比年轻妈妈更不自信,对育儿过程中的许多问题表达了更多的担忧。针对"担心孩子学坏/出现行为品德方面的问题"、"担心不能给孩子提供最好的条件"、"孩子不听话,和他/她沟通交流很困难"、"担心爷爷奶奶/外公外婆把他/她宠坏了"、"担心别人说我不是一个好妈妈/爸爸"的叙述,男性表示担忧程度"很大"的比例分别为13.8%、13.7%、5.5%、16%、4.6%,分别高出女性被访的5.2%、7.2%、3.1%、5.7%和1.1%,均值比较都显示出统计意义上的显著差异。这与以往女性比男性更多担忧子女的前途、安全和健康等结果有所出入,其原因不仅在于调查指标、调查人群的差异,也还需要探讨上海总体性别文化的影响。男性显示出更多的与育儿相关的压力是否与男性更多参与家庭事务有关,还是上海的文化对父亲角色的期待比母亲更多、更复杂,或者只是男性工作压力和生活整体压力更大的一个投射,还有待进一步搜集资料进行深入分析。

五、结 语

综上所述,本次调查的结果显示,目前上海青年父母对子女养育呈现精细化和精

---

① Jordan, B., M.Redley & S.James, *Putting the Family First*, London: UCL Press, 1994,转引自[加]大卫·切尔著,彭铟旎译:《家庭生活的社会学》,中华书局2005年版,第47页。

英化的趋势,虽然育儿的照顾压力并不大,但为如何为子女提供更好的前途,如何让子女既获得竞争能力又能幸福快乐的成长目标而备感焦虑。特别是男性表达的各种压力都远远大于女性,这与母亲更多参与亲职和照料形成反差。这从一个侧面反映当前独生子女一代,青年男性在面临日益高涨的房价、日趋激烈的劳动力市场竞争和独自赡养父母的压力面前的焦虑,而这种对自身生存状态的焦虑又投射在对子女的发展前途和未来生活状态的期望和焦虑上。

从养育子女的非经济成本分析看,以担忧丧失进修和工作机会为主的焦虑严重影响了生养孩子的压力感。从个体心理行为层面看,青年人应该理性看待工作和家庭的意义,把握界限。在现代社会,工作对于个人的意义主要有两个方面:一是获得金钱报偿,满足生活中的物质需求;二是得以自我实现,满足社交和自尊的精神需求。与工作不同,家庭成员虽然为家庭这个社会组织作出了贡献,但其目的不是为了换取商品和服务,而是为了维系家庭关系的稳定和提高家庭幸福的水平[①]。工作与家庭是既相互依赖又相互矛盾的两个领域。一方面,家庭需要其成员外出工作以获得生活的经济来源,这是家庭生活的基础;另一方面,工作所需的时间和精力会影响家庭成员用于家庭生活的时间和精力,当个人的时间和精力不足以同时满足工作和家庭两方面角色的要求时,工作——家庭冲突就出现了。按照冲突的影响方向来划分,工作——家庭冲突可以分为两类:因工作的时间、压力等对家庭相关责任的干扰,叫做工作→家庭冲突,而因家庭方面的需求而产生的对工作责任的干扰,叫做家庭→工作冲突。国内外研究都表明,人们体验到的工作→家庭冲突往往高于家庭→工作冲突[②]。这说明,与工作相比,被访感受到的家庭对个人的日常生活更重要,人们希望有更多的时间给家庭生活。现在世界各国都在积极行动构建家庭友好型政策环境,帮助人们更好地生活,只有家庭稳定、幸福了,人的本体性安全感才能有保障,而这才是人类福祉的归宿。

从宏观政策层面看,当前青年的养育压力还与国家对家庭养育行为给予的支持不够有关。因为在单位制时期,公共幼托和育儿系统相对发达,家庭育儿和养育困难相对较小。同时,当时是多子女养育时代,子女养育的精细化要求没有现在高。也就是说,相对便捷的单位幼托系统的解体、独生子女政策下孩子价值的提高,以及养育

[①] 李永鑫、赵娜:《由冲突走向平衡:工作——家庭关系研究的新趋向》,《河南大学学报(社会科学版)》2009年第1期。
[②] Frone, M.R., Russell, M., & Cooper, M.L.(1992), Antecedents and Outcomes of Work-family Conflict: Testing a Model of the Work-family Interface, *Journal of Applied Psychology*, 77:65—78;陆佳芳、时勘、John J. Lawler:"工作家庭冲突的初步研究",《应用心理学》2002年第2期。

期望和要求的提高导致了子女养育难度加大,挑战年轻父母的工作——家庭平衡能力。目前青年父母之所以还能维持普遍双职工状态,关键在于祖辈提供了很强大的帮助和支持。长期以来,我们将亲属网络作为中国社会发展和政策制定的巨大资源背景,以此来拒绝对育儿照料、老年服务的公共财政投入。但我们应该看到,市场经济改革以来,婴幼儿的祖辈照料现象越来越普及,这既是中国家族主义文化的产物,也是中国人口结构还处于人口红利期的结果。但无论从追求独立自主和自我实现的个体主义文化发展的趋向上看,还是人口结构的快速老龄化发展趋势上看,"祖辈照料"的可持续性都是值得打问号的。

从西方福利国家的发展经验来看,建构一套"家庭友好型"的社会政策体系,将是应对人口再生产的"三低"(低生育率、低死亡率、低自然增长)和社会治理"三高一低"(高福利、高开支、高税收、低经济增长)难题的重要出路[1]。我国的社会政策研究者也普遍认为,紧密的代际互助传统是中国宝贵的社会资源,我们不能重复西方世界在处理家庭问题上走过的弯路。当前中国的社会政策仍基于单位制和集体经济时期以个人为对象的基础[2],未来政策调整的重心和方向是建立以家庭整体作为福利对象的体制,建立发展型的家庭政策来支持家庭自身能力的建设,帮助家庭履行抚幼和养老的功能[3]。究竟如何把家庭整体作为福利对象,如何鼓励和支持家庭照料子女和赡养老人,而不是让承担生育责任和养老责任的家庭客观上利益受损,还需要进一步探索可行的操作化方案。

---

[1] 欧树军:《重归家庭——福利国家的困境与社会治理新出路》,《文化纵横》2011年第12期,第64~69页。
[2] 陈卫民:《我国家庭政策的发展路径与目标选择》,《人口研究》2012年第4期,第29~36页。
[3] 张秀兰、徐月宾:《建构中国的发展型家庭政策》,《中国社会科学》2003年第6期,第84~96页;胡湛、彭希哲:《家庭变迁背景下的中国家庭政策》,《人口研究》2012年第2期,第3~10页。

杨浦区家政服务供求主体行为调查研究

杨浦区妇联 复旦大学社会性别与发展研究中心

一、引　言

古语云,"修身、齐家、治国、平天下"。齐家,在现代语中就是家政,即在一定时间、精力及经济基础上安排家庭生活,管理家庭事务。伴随社会发展与进步,家政不仅涉及家务活动安排,而且关系家庭观念转变、家庭关系调适、家庭文化建设和家庭管理技术提高。2013年,上海市把建立80个示范性家政服务站列为政府实事项目。在市妇联带领下,杨浦区妇联积极组织区内11家企业参与。杨浦区家政服务市场供求状况如何?供求双方呈现什么样的主体行为特征?行业工资指导标准对家政服务供求信息匹配起到了多大作用?到底应该如何建设示范性家政服务站?为此,杨浦区妇联和复旦大学社会性别与发展研究中心共同合作,以女性发展为研究出发点,通过对家庭、家政工、家政企业三方调研,力求为示范性家政服务站建设提供参考意见和解决方案。

二、调查设计与样本描述

本次调查分为问卷调查和小组座谈。共设计A(含A0、A1、A2)、B、C三类五套问卷,分入户调查卷和网络辅助调查卷。A卷调查对象为杨浦区的家庭户,采用结构式设计,调查内容包括个人与家庭基本信息、对家政服务的需求及满意度、对家政行业的评价和对政府实事项目的建议三个部分。B卷调查对象为在杨浦区从事家政服务的家政工,调查内容包括个人基本信息、家政服务提供情况、对家政行业的评价和对政府实事项目的建议。C卷调查对象为注册在杨浦的家政服务企业,封闭式题目与开放方式问答相互结合。关于小组座谈,一是采用全面调查方式与11家申报示范性家政服务站建设的企业经营者进行交流,就建立家政服务信息平台、开展家政服务技能和管理能力培训、家政服务从业人员灵活就业登记、家政服务企业监管等问题了解企业想法。二是邀请市家庭服务行业协会负责人、区政协女委员代表、家政企业及家政工代表参加座谈会,听取对杨浦区家政服务业现状、瓶颈、今后发展方向及示范性家政服务站创建工作的意见和建议。

按照问卷调查设计方案,各类调查问卷发放回收及有效率情况如表1。

表1 调查问卷回收及有效率

问卷种类		问卷编码	发放方式	实际回收	有效份数	有效率(%)
家庭卷	网络辅助调查	A0卷	2 400份＝200份/街道×12街道	1 991	1 991	100
	已聘家政工卷	A1卷	600份＝50份/街道×12街道	600	496	82.7
	未聘家政工卷	A2卷	600份＝50份/街道×12街道	600	498	83.0
家政工卷		B卷	600份＝20-30份/企业×(申报企业＋未申报企业)	547	402	73.5
家政企业卷		C卷	20份＝申报企业＋未申报企业	20	20	100.0

在994份入户调查家庭有效问卷中:男性受访者占比27.8%,女性占比72.2%;本市户籍占比96.6%,外省市占比3.4%。从受教育程度看:初中及以下占比18.2%,高中/中专占比48.7%,大专占比21.3%,本科占比11.1%,硕士及以上占比0.7%。从家庭月收入水平看,1万元以下的占比71.6%,1万～3万元的占比23.8%,3万～5万元的占比2.6%,5万～10万元的占比1.5%,10万元以上的占比0.3%。在402份家政工有效问卷中:男性占比7.2%,女性占比92.8%;本市户籍占比11.2%,外省市占比88.8%。从年龄看,以40～50岁最多,占比53.0%。从受教育程度看,初中及以下最多,占比73.1%。从个人月收入水平看,1 620元～3 500元和3 500元～5 000元占主导,分别占比50.2%和36.6%,5 000元～8 000元的占比7.5%,8 000元以上占比0.7%。

表2 994份家庭样本与402份家政工样本描述

家庭样本				家政工样本			
变量		频数	频率(%)	变量		频数	频率(%)
性别	男	276	27.77	性别	男	29	7.21
	女	718	72.23		女	373	92.79
年龄	20岁以下	6	0.60	年龄	20岁以下	0	0.00
	20~30岁	28	2.82		20~30岁	12	2.99
	30~40岁	118	11.87		30~40岁	86	21.39
	40~50岁	211	21.23		40~50岁	213	52.99
	50~60岁	308	30.99		50~60岁	85	21.14
	60岁及以上	323	32.49		60岁及以上	6	1.49
户籍	本市	960	96.58	户籍	本市	45	11.19
	外省市	34	3.42		外省市	357	88.81
婚姻	未婚	27	2.72	婚姻	未婚	8	1.99
	初婚	825	83.00		初婚	341	84.83
	再婚	24	2.41		再婚	27	6.72
	离婚或丧偶	118	11.87		离婚或丧偶	26	6.47
生育	未生育	45	4.53	生育	未生育	17	4.23
	一个孩子	737	74.14		一个孩子	199	49.50
	两个及以上	212	21.33		两个及以上	186	46.27
受教育程度	初中及以下	181	18.21	受教育程度	初中及以下	294	73.13
	高中/中专	484	48.69		高中/中专	95	23.63
	大专	212	21.33		大专	12	2.99
	本科	110	11.07		本科	1	0.25
	硕士及以上	7	0.70		硕士及以上	0	0.00
家庭月收入	1万元以下	653	71.6	个人月收入	1 620元以下	20	4.98
	1~3万元	217	18.6		1 620~3 500元	202	50.25
	3~5万元	24	5.2		3 500~5 000元	147	36.57
	5~8万元	8	1.6		5 000~8 000元	30	7.46
	8万以上	9	0.97		8 000元以上	3	0.75
	均值(万元)	1.252 0	—		均值(万元)	0.343 7	

参与此次企业重点调查的家政服务公司共有20家,平均经营场地面积56.73平方米,平均在册家政工99.85人;采用中介制用工方式的8家,混合制用工方式的11家,员工制用工方式的1家,即:上海海阳老年事业发展中心。20家企业中有9家申报示范站建设,其中,上海佰仕利家庭服务有限公司在示范站创建过程中被评为十佳示范站,上海家事佳家庭服务有限公司和上海皎盟家庭服务经营部被评为优秀经营管理者。

三、杨浦区家政服务供求态势及主体行为特征

作为有着60平方公里土地和132万常住人口的大区,一方面,杨浦区的产业结构调整要求家政服务业同步发展。发展以现代设计、科技金融为主导的知识型现代服务业,以软件和信息服务业为主导的高新技术产业和战略性新兴产业,以及以烟草和设备为主导的都市型工业和以商贸服务业为主导的商旅文体服务业,都需要家政服务业的支撑。三区联动模式与知识创新区的开发建设,推动着市场繁荣和购买力提升,钟点式、全日式或住家式的保洁、烹饪等常规家政需求总量扩张。另一方面,杨浦区的人口结构变化也要求家政服务业与时俱进。2012年末,杨浦区60岁以上人口已达到26.77万,占户籍总人口的24.51%,为老服务需求非常强烈;年末婴儿出生率达到6.33‰,"双独两孩"和即将出台的"单独两孩"政策使育婴服务需求不断增加。同时,132.07万常住人口中有外来常住人口26.56万人,家政服务劳动相对供给充足。是否已经或者能够形成有效的劳动供求匹配呢?似乎还是一个难题。现阶段,杨浦区家政服务供求主体行为特征表现如下:

(一)从家庭角度看,简单劳务需求仍占主导,知识技能需求蓄势待发

调查数据显示:从支出水平看:被访家庭的家政消费月支出为500元以下的占比34.1%,500元~1 000元的占比22.9%,1 000元~2 000元的占比10.0%,2 000元~3 000元的占比8.0%,3 000元~5 000元的占比3.7%,还有0.6%的家庭月支出超过5 000元。对家政支出开销程度,男女两性表现出明显的性别差异。女性认为开销属正常范围或很少的比例高于男性,认为很多或有点多的比例明显少于男性。从需求工种划分,位列前三的是钟点工(83.3%)、住家保姆(12.4%)和家教(6.9%),接下来的排序是月嫂(3.9%)、全日制家政工(3.5%)、老人陪护(2.9%),简单劳务需求占据主导。对于未来是否会加大家政服务消费,有45.4%的家庭表示会适当增加开支或大幅增加开支,对家教(8.0%)、高级管家(4.3%)、住家育儿嫂(1.7%)、家庭司

机(0.6%)等知识技能型的潜在服务需求意愿较强。

(二) 从家政工角度看,工作时间和从业年限决定收入水平,但服务能力良莠不齐

调查数据显示:女性家政工人数(92.8%)远超过男性(7.2%);外省市来沪家政工人数(88.8%)远超过上海本地人数(11.2%),其中安徽、江苏两省人数最多,分别占比29.9%和27.6%。本地工供给不足是供求结构性差异的一个明显表征。表示绝对不会找不到活干的占比10.3%,通常不会找不到活干的占比38.0%,偶尔找不到活干的占比39.3%,合计占比超过95%。42.6%的家政工两年内没有更换过雇主,10.0%的家政工五年内没有更换过雇主。供大于求的基本态势使得优质家政工的工作稳定性增强,从事家政工作的年限越长,更换频率越低,两者相关系数为0.423,且在1%水平下显著。通常情况下,劳动时间、年龄、受教育背景是影响劳动收入的主要因子。调查数据显示:家政工年龄、每天家政工作时间和从事家政工作的年限对家政工月收入水平影响显著,但受教育背景与家政工月收入水平不相关。文化素质不高、工作技能较差、日常习惯不佳是家政工存在的主要问题。

表3 家政工月收入水平的影响因子

模型		非标准化系数		标准系数	T	Sig.
		B	标准误差			
1	(常量)	1.917	0.337		5.689	0.000
	年龄	−0.181	0.052	−0.198	−3.485	0.001
	婚姻状况	−0.130	0.069	−0.095	−1.875	0.062
	生育状况	−0.005	0.066	−0.004	−0.074	0.941
	从事家政工作的年限	0.193	0.037	0.312	5.144	0.000
	日均家政工作时间	0.085	0.013	0.333	6.362	0.000
	受教育程度	0.092	0.072	0.066	1.274	0.204
	是否持有上岗证书	0.033	0.086	0.020	0.378	0.705
	更换雇主的频率	0.009	0.032	0.016	0.289	0.773

a. 因变量:家政工月收入水平

(三) 从家政企业角度看,经营态势总体良好,用工形式混杂不清

20家被访企业,今年平均月营业收入增加15%以上的2家,增加0—15%的4

家,基本持平的 12 家,三者累计占比 90%;减少 15% 的有 2 家,占比 10%。企业自我判断,今年上半年经营势头良好的 4 家,正常平稳的 12 家,呈现亏损的 4 家。经营态势总体良好。对于员工制建设,企业认为障碍主要集中在社保负担太重(70.0%)、经营风险太大(65.0%)、管理起来太难(占比 35.0%)、员工难以监管(10.0%),认为"一旦出了大事故赔偿,不是一个家政企业所能担当的"。

(四) 从市场运行角度看,行业诚信度较低,家政工劳动权益保障需进一步完善

家务劳动社会化的前提是安全与信任。调查数据显示:家庭、家政工、家政企业三方都希望讲求信用、买卖公平,但三方的不信任普遍存在。36.3% 的被访家庭认为家政企业缺乏信誉,因家政工缺乏诚信不可靠予以辞退的占比 14.8%;家政工遭遇过家庭不讲诚信随意辞退的占比 57.2%,认为企业不讲诚信克扣工资的占比 14.7%;企业认为家政工存在诚信问题的占比 45.0%。构建家政工劳动权益保障指标(劳动权益、劳动休息权益、劳动报酬权益、技能学习权益和社会保障权益)研究发现:日工作时间 10 小时以上,节假日不休息且难以按法定标准获得工资待遇等问题普遍存在。此外,不少企业或家庭已为家政工购买家庭服务综合保险,但家政工和家政企业对按员工制方式参与社会保险都有顾虑。家政企业尤为担心运行成本。

表 4 家政工劳动权益保障评价

指标名称	指标表现	赋值	频率	有效百分比
劳动权益	工作时间	1 = 12 小时以上	40	10.3
		2 = 10~12 小时	52	13.3
		3 = 8~10 小时	159	40.8
		4 = 6~8 小时	96	24.6
		5 = 6 小时以下	43	11.0
劳动休息权益	节假日休息	1 = 基本没休息	93	24.2
		2 = 雇主有事才休息	45	11.7
		3 = 一般春节休息	95	24.7
		4 = 能休几个节假日	32	8.3
		5 = 都正常休息	119	31.0

续表

指标名称	指标表现	赋值	频率	有效百分比
劳动报酬权益	法定假日工资	1＝正常工资	124	35.7
		2＝有些实物礼品	27	7.8
		3＝有时会高一些	101	29.1
		4＝高但低于三倍	35	10.1
		5＝高三倍	60	17.3
		5＝都正常休息	119	31.0
技能培训权益	劳动技能培训	1＝听也没有听说过	11	3.0
		2＝听说,但没有参加	90	22
		3＝参加过初级	187	48.6
		4＝参加过中级	90	23.6
		5＝参加过高级	15	2.7
社会保障权益	购买家政服务综合保险	1＝不知道	35	8.9
		2＝知道,但没有买	110	28.1
		3＝家政工自己买	48	12.2
		4＝家庭购买	93	23.7
		5＝家政企业购买	106	27.0

四、关于大力发展杨浦区家政服务产业的几点思考

2010年,国务院办公厅发布《关于发展家庭服务业的指导意见(国办发[2010]43号)》,提出:要到2015年,建立完善发展家庭服务业的政策体系和监管措施,形成多层次、多形式共同发展的家庭服务市场和经营机构,家庭服务供给与需求基本平衡;从业人员数量显著增加,职业技能水平不断提高;劳动权益得到维护。杨浦区的家政服务业该如何依托这一宏观背景实现快速发展呢?可考虑从"加、减、乘、除"四个方面加以推进。

(一) 加:依托社区布点,强化市场细分,增加有效供求

家政服务业涉及20个种类,200多个服务项目。家庭服务的需求是多元的,既然助老服务需求、育婴服务需求呈膨胀态势,中高端知识技能型服务蓄势待发,家政

公司就有理由朝着市场细分的方向发展,并以提供最便捷、最放心的服务为目标。示范性家政服务站要依托社区进行布点,让家庭放心购买服务。

(二)减:优化经营环境,拓展起步扶持,减少运营负担

要实现示范性家政服务站建设的社区布点,原则上就是通过社区帮助小微家政企业发展壮大。在初期,应动员社区解决和落实经营场地;全面落实扶持小微家政企业发展的税收优惠政策,考虑给予符合条件的员工制家庭服务企业3年或更长时期的免征营业税的优惠。对于能够实现100%家政工身份确认,100%签订服务合同,100%为家政工购买社会保险,100%对家政工进行培训,家政工100%持有健康证的准员工制管理企业,给予税收优惠。对于能够聘用上海本地就业困难人员的家政企业给予补贴或税收优惠。

(三)乘:引入规模企业,建设特色品牌,扩展连锁经营

目前,各省市都在摸索家政服务业发展的道路,不少省份都有了知名家政品牌,并广泛运用客户关系管理系统。杨浦区目前的家政工大多来源于安徽、江苏、山东,可考虑为区内现有企业牵线搭桥,与外省市规模企业合作,或上海其他区县企业合作,尝试引进"百强"、"千户"企业落户,提升杨浦家政行业水准。

(四)除:发挥妇联优势,消除诚信缺乏,促进社会和谐发

家政服务的本质是将家务劳动社会化,它一方面能让女性有机会通过购买家政服务获得闲暇,一方面又能让女性有机会通过提供家政服务获得收入。所以妇联要进一步发挥好联系协调优势,从关心妇女、消除行业诚信危机入手,积极关心、支持、服务家政服务行业。可以考虑联手商委、行业协会等委办,从不同角度承担更多的家政企业经营者和家政企业员工的免费培训;联手安徽、江苏、山东等地的妇联组织,共同关心来沪务工的家政女工;同时,借助新媒体,宣传行业新风,为家政行业的发展创造更加良好的条件和环境。

女大学生情感认知教育的实践探索
——基于对"90后"女大学生恋爱观的调查

陈志霞　冯慧春[*]

人是有理智的动物,也是有情感的动物。大学生的情感反映了大学生的社会适应性。"90后"女大学生的情感教育引起我们的重视,一方面"90后"是我们目前高校的学生主体,另一方面我们认为女生的情感较为丰富,对职业、家庭及未来的发展和幸福感都非常重要,同时女性在未来又承担着主要的社会教育功能和家庭教育功能,对社会发展起着重要的影响作用。

一、关于"90后"女大学生恋爱观的调查与分析

2013年我们对上海东北片四所高校"90后"女大学生进行了恋爱观的调研。发放问卷600份,回收有效问卷432份,随机抽取了150份问卷进行分析。同时对15名女生进行了访谈。

(一)"90"后女大学生渴望爱情,大一到大三谈恋爱有明显上升的趋势

调查显示大多数女生曾经或现在都有谈恋爱的经历,在恋爱状态的选项中选择恋爱中的占41.2%,正在观望阶段的占37.1%,曾有恋爱经历的占15.5%,不准备在大学阶段谈恋爱占6.2%。其中谈恋爱女生的年级分别为:大一占15.1%,大二占23.5%,大三32.6%、大四28.8%,可看出大一处于观望期,大二开始迅速发展,大三

---

[*] 陈志霞,上海理工大学、校宣传部、讲师;冯慧春,上海理工大学、校妇女工作委员会、副教授。

确立恋爱关系,大四失恋比例开始有所增加。在恋爱次数上,有一半以上的女生选择了两次或者两次以上。

(二)"90后"女大学生恋爱方式多元化、个性化

大多数的"90后"女大学生都愿意选择主动或采用暗示的方法追求心仪的男生,并在恋爱开销中接受 AA 制,体现了"90后"女大学生敢于追求自己的幸福和独立平等的意识。在恋爱初衷调查中,有 17.3% 是出于排遣寂寞、从众心理和显示个人魅力,15.2% 是出于对异性的好奇,大多数是凭着感觉走的。女生们对"网恋"反对意见较多,对于"异地恋"则是可以考虑,而对于"姐弟恋"和"裸婚",赞同与反对的票数相当,显示了"90后"女大学生爱情的多元化和个性化。

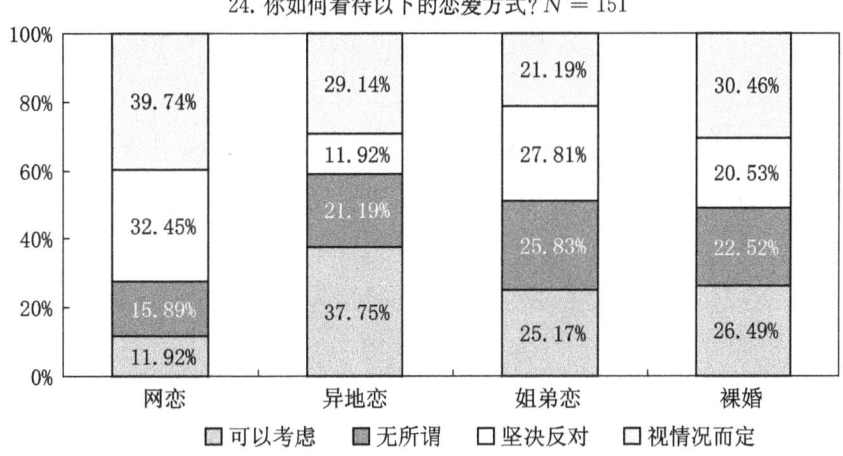

(三)"90后"女大学生恋爱更趋向于开放

调查显示正在恋爱中的"90后"女大学生中,比例最高的选择是认为恋爱能够到达同居的程度,占 42.62%,选择性爱的占 16.39%。而曾经有过恋爱经历的选择同居占 18.18%,选择性爱的占 9%。同时对于"婚外情"大多数女生普遍认为不道德应给予谴责,但对于"一夜情"则认为属于个人自由的比例明显增加,对于同性恋,大部分女生认为这是个人自由不应干涉。

调查总体显示"90后"女大学生恋爱次数明显增加,谈恋爱的比例也呈现上升,尺度上也更加开放,但存在诸多不理智的因素,比如找男朋友凭着感觉走,不愿意和家长沟通,当工作和爱情发生冲突时不知如何应对等。同时我们也发现很少有高校

6. 你现在的恋爱状态是（　　）

		A 正在恋爱中		B 曾经有过恋爱的经历		C 正在观望阶段，一旦有合适的也可以考虑		D 不准备在大学阶段谈恋爱		总　计	
		计数	N%	计数	N%	计数	N%	计数	N%	计数	N%
25.你觉得恋爱可以进行到哪个程度？（　）	A 约会	3	4.92%	1	4.55%	4	7.27%	1	9.09%	9	6.04%
	B 牵手	0	0.0%	0	0.0%	3	5.45%	1	9.09%	4	2.68%
	C 拥抱	1	1.64%	1	4.55%	6	10.91%	0	0.0%	8	5.37%
	D 接吻	21	34.43%	14	63.64%	36	65.45%	7	63.64%	78	52.35%
	E 性爱	10	16.39%	2	9.09%	3	5.45%	0	0.0%	15	10.07%
	F 同居	26	42.62%	4	18.18%	3	5.45%	2	18.18%	35	23.49%
	总　计	61	100%	22	100%	55	100%	11	100%	149	100%

针对女大学生谈恋爱开设专门的情感课程，家庭对子女情感的关注也远远不及对他们的学业、就业的关注。在访谈的过程中我们也发现"90后"女大学生存在过分夸大感情或无视感情的极端化表现，有的人愿意为情自我伤害，而有的人却不想和任何人交往。如果作为今天的教育者无视这种现象，缺乏正确情感认知的她们不仅不能很好地适应社会，而且将可能对社会产生负面影响。我们必须正视现在的女大学生的情感需求，做好正确的引导。恋爱的过程中应该注意什么，以及如何面对失恋，如何发展感情，如何理解男女性别差异带来的思维方式不同，这都是有待于学习的。

该调查只是从爱情一个侧面来反映女大学生情感状况，除此之外，我们也发现在亲情、友情、师生情等其他情感方面存在不同的问题，反映在寝室关系紧张、与父母关系冷漠、人际关系困难等各方面，为引导好"90"后女大学生的情感发展，我们进行了有益的尝试并取得一定成效。

二、"90后"女大学生情感认知教育的探索与实践

情感认知教育就是关于情感知识的教育，即专门以情感为本体的教育，情感既是教育的内容，又是教育的最终归宿。对"90后"女大学生进行的情感教育不是简单的性别教育和单纯的性教育，而是以"90后"女性的生理、心理特点和需求为基础，促使她们的认知与情感统一协调，提高女大学生对自身情感需求及情感实现和主观判断

能力,有效地进行自我情感调适,促进情感健康发展。主要包括两个层面:一是自我情感认知层面,主要是对自我女性身份的认同,悦纳自我,积极树立正面、健康的女性形象,同时学会面对挫折和情绪调控,树立自信。二是社会情感认知层面,主要是与他人交往的情感,如亲情、友情、师生情,此外还包括对职业的热爱、对社会的责任感和爱国之情等,培养女大学生正确的情感认知,进而促进其良好的自我形象塑造、人际交往、情感表达和社会适应能力。

(一)自我情感认知层面

1. 开设《女性学》课程,提升女大学生的情感悦纳能力

从理论的角度系统为学生讲述女性自我认知与成长、女性与法律、女性的政治参与、女性的经济参与、女性与健康审美、女性的职业发展、中外影视作品女性形象鉴赏等。为女大学生提供一个认识自我和认识社会的女性视角,帮助其树立积极、健康的女性形象。

2. 举办成功女性讲座,提升女大学生的情感调控能力

情感适应能力,即是指面对挫折,能不断自我激励,勇敢面对现实,促进问题解决。个人面对挫折的态度不同,意志坚强者能从容面对,而意志薄弱者则一蹶不振。因此,在女大学生情感教育中,通过成功女性讲座加强女大学生坚强意志的培养,以积极的情感克服消极的情感,做到"胜不骄,败不馁",不断自我激励,促进情感升华。

3. 进行团队辅导,提升女大学生的情感辨认能力

帮助其能运用语言或非语言手段正确合理、恰当地表达自己的情绪和情感。不同性格的人,其情绪、情感的表达方式也不尽相同。所以,对女大学生先进行性格测试、职业倾向测试,注意到她们的性格特征,区别对待。对外向的学生来说,应指导她们"三思而后行",注意情绪宣泄的合理性,避免情绪冲动;对性格内向的学生来说,要指导他们学会排除不良情绪、情感,遇有不快情绪,应及时寻找适当的方式宣泄和表达出来,而不能郁积于心。

(二)社会性情感认知层面

1. 策划女生情感沙龙,提升女大学生情感理解能力

主要围绕爱情、亲情、友情、师生情、两性关系等学生关注的话题组织沙龙,通过情景模拟进行直接或间接的情感体验,触发其思考,然后引入情感知识,从而达到认

知教育的目的。让学生扮演不同的角色体验人生不同阶段对女性角色的变化,学习如何做个好子女、好妻子、好母亲。如何建立和睦的家庭关系,在家庭中提升自己的幸福感。通过两性关系的学习让男生和女生进行情感思想的碰撞,最终让他们了解男性与女性思维的特点、差异和不同的情感需求,达到彼此互相尊重和理解。通过情景模拟和交流体会进行移情能力的训练,学会换位思考。

2. 组织女子职业训练营,提升女大学生的情感移情能力

参加女大学生职业训练营,让她们发现自己的职业兴趣倾向,学习职场规则、为人处世之道和与人沟通的能力,找准自身的发展方向。参加高雅艺术欣赏,感受民族文化魅力。学习社情、国情,了解女性参与爱心公益和政治活动的历史和现状。组织"美丽前程,携手共进"的师生结对,参加公益活动,一对一帮助其树立自尊、自信、自立、自强精神,促进她们的健康成长,提高女大学生的自身素质,使她们更好地步入社会、服务社会、奉献社会;参加女性职业飞翔计划团队辅导,使她们树立职业精神,规划职业生涯,对促进其早日成功成才起到助推作用。

三、"90 后"女大学生情感认知教育的成效与特点

为了便于研究,我们随机选取了《女性学》课堂上的 30 名女生,分别进行了参加项目前后的对比,以及和从未涉及情感教育的女生群体进行了对比性研究。结果发现参加学习的 30 名女生在情感认知能力、道德素质、良好人际关系、生活质量水平、审美能力都有所提高,特别是情感认知能力很多女生认为自己以前较欠缺,通过学习修正了自己原有的情感误区观念,在学习过程中有了较好的提高。同时我们也注意到情感认知能力提升,使大学生正确认识周围的事物,明辨是非、真伪,明辨真善美与假恶丑,产生积极情感体验,形成了趋向真善美的情操,有助于他们建立良好的社会关系。充分证明了情感、认知、行为之间的相互促进、相互作用。

女大学生情感认知教育的特点主要有:第一,关注内心情感需求,归属、爱、友情是"90 后"女大学生最强烈和最基本的情感需要,很多"90 后"女大学生把恋爱当作上大学中的"必修课",她们对爱情、友情都有着美好的憧憬,却又缺乏相应的情感知识,初尝爱情的甜蜜后却又发出"其实你不懂我的心"的感慨。我们开设了专门的恋爱课堂,还组织了有关爱情主题的沙龙,分享爱情影片,邀请师长、男生共同探讨爱情的话题,丰富了女生对爱情的理解,并请专门的心理学家讲解了什么是真正的爱情以及男女爱情思维的差异,帮助她们理性地步入爱情的殿堂。第二,加强情感、认知与行为

训练相结合,情感是通过认知活动的"折射"而产生的。情感认知教育既是对情感本体积极向上的教育,同时也注重在认知教育过程中营造良好的情感氛围,促进其对认知的接受程度。在情感认知教育过程中,我们有意识地加入团队辅导、讲座、结对、沙龙的形式,进行行为训练,促进学生较为丰富的情感体验,以达到"知行合一"的目的。第三,采用了情景体验式的教学模式,如生活展现、实物演示、图画再现、音乐渲染、表演体会、语言描述等。我们在课堂教学、沙龙加入了许多情景模拟的短剧,如"婚外恋"、"异国恋"等情景剧,让学生现场自编自导自演,借助"90后"女大学生自身的想象和联想引发学生的情感活动,表达对情感的自我理解,表演的过程中体验情感的交流,同时注重营造快乐温馨的氛围,强调学生的主动性、探索性、合作性,让学生在活动中促进不同情感的体验,学会情感的恰当表达和接受,使在场的学生都有所感悟。

上海出版业适龄青年编辑婚恋情况调研报告

上海市新闻出版局妇女工作委员会

新闻出版业是宣传党的方针政策、弘扬先进文化的重要舆论阵地。在当前文化大繁荣大发展的新的历史进程中,上海出版业广大青年编辑充分发挥自己的聪明才智,策划、编辑、出版精品力作,以满足人民群众日益增长的精神文化需求,为上海新闻出版事业可持续发展,发挥了积极作用。

关注适龄青年编辑的婚恋问题,引导他们树立正确的婚恋观,既是稳定职工队伍、提升青年编辑自身发展的内在需要,也是推动上海出版业繁荣发展的需要。基于这样的认识,2013年5月,上海市新闻出版局妇工委对本市29家出版社、261名在岗适龄青年编辑进行抽样调研。本次调研共发放个人调查问卷261份,其中男卷99份,女卷162份,收回有效问卷261份,回收率100%。我们还通过召开座谈会、个别访谈和资料收集等形式,较为全面地掌握了上海出版业适龄青年编辑在恋爱方式、择偶标准、婚姻观点等方面的婚恋状况。现将有关调研情况报告如下。

一、上海出版业适龄青年编辑群体的基本特征

(一) 青年编辑群体拥有高学历的特点

上海现有出版社40家,由上海世纪出版集团有限公司所属单位、社会及大学出版社三个部分组成。在被调查的99名青年男编辑中,拥有专科学历的占31.3%,本科学历的占44.4%,硕士学历的占22.3%,博士学历的占2%。在被调查的162名青年女编辑中,拥有专科学历的占11%,本科学历的占60%,硕士学历的占27%,博士

学历的占2%。调查数据反映,本市出版单位青年编辑的文化程度总体较高,拥有本科及以上学历的青年男编辑占68.7%,青年女编辑占89%。

(二)近半数青年编辑月收入接近全市平均工资

在受访的青年编辑中,月收入在3 000元以下的男女编辑分别占31.3%和27%;3 001~5 000元的分别占46.5%和58%;5 001~8 000元的分别占19.2%和12%;8 001元以上的各占3%。以2012年全市月平均工资4 692元来衡量,近五成青年编辑在受访中表示自己月收入接近全市平均工资。统计数据反映,青年编辑月收入的高低,与其学历、职称、工作年限和业绩密切相关。

(三)三成青年编辑来自外省市

统计数据反映,在162名受访青年女编辑中,来自外省市的48名,占受访人数的29.6%;其中单身的20名,占来自外省市总人数的41.6%。在99名受访的青年男编辑中,来自外省市的33名,占受访人数的33.3%;其中单身的14名,占来自外省市总人数的42.4%。与本市户籍的青年编辑相比,这些来自外省市的青年编辑特别是单身青年编辑,将面临在工作、住房等方面更大的压力。

(四)许多青年女编辑走进"剩女"行列

据调查资料统计,在受访的青年编辑群体中,目前单身(未婚且无恋情)的青年男编辑占总人数57.6%,青年女编辑占总人数的50%。对于城市青年男女来说,如果广义上把"剩男"的门槛设定为30岁,"剩女"的界线划分为27岁,有近三成的青年男编辑和近六成青年女编辑,已走进了"剩男"和"剩女"行列。面对处于别人眼中的"剩女"年龄,当被问及"你还没有找到合适对象,是否降低标准"时,48.2%的未婚女编辑选择了"不能凑合,婚姻是人生大事",这表明出版单位"剩女"现象短期内不会缓解。

二、上海出版业适龄青年编辑婚恋状况

(一)八成青年编辑曾有过恋爱经历

当被问及"你的恋爱经历"时,青年男编辑选择"没有"的为16.2%,青年女编辑为15.8%;选择"恋爱经历1~3次",青年男编辑为66.7%,青年女编辑为68%;而对于"恋爱经历3次以上"的选择,青年男编辑为17.1%,青年女编辑为16.2%。统计数据

表明,有近二成的青年编辑"没有恋爱经历"和"恋爱经历在3次以上",这既说明一些青年编辑忙于事业发展,无暇顾及自己的感情生活,同时也反映出他们复杂多变的婚恋情感。

(二)单身的主要原因是"交友圈子狭窄"

调查数据显示,针对"你认为自己至今单身的原因"的10个选项,51.4%的单身青年编辑选择了"交友圈子太小",选择"没遇到合适的"占30%,"享受单身生活"的占18.6%。一些受访的青年男编辑表示,由于自身交际能力不强,怕被拒绝伤及自尊心,他们不敢向心仪的女性表白。另外,一些青年男编辑由于自身经济能力不足,买不起房子、车子,面对恋爱结婚成本带来的巨大压力,迫不得已选择享受单身生活。

(三)相亲仍是交友的主要途径

面对"你是否有相亲经历"的提问,48.5%的青年男编辑和56%的青年女编辑共同回答了"有"。而对于"哪种交友方式最靠谱"的选项,近50%的人选择了"亲友介绍"。另外如网络交友、婚介机构征婚、电视相亲等交友渠道响应者寥寥。从中可以看到在相亲这条"大众化"传统模式的择偶道路上,许多未婚青年编辑仍在努力寻找生命中的另一半。

(四)对婚恋感到家庭压力大于自己焦虑

在未婚青年编辑中,当被问及"你是否已经开始为婚姻问题焦虑"时,选择"很着急"的青年男女编辑分别为12%和18.3%;选择"可以慢慢找"的分别为65.8%和42.4%;选择"我还年轻"的分别为22.2%和39.3%。统计数据表明,对婚姻问题感到焦虑的只是少部分青年编辑,其中青年女编辑比例高于青年男编辑。但不焦虑不代表没有压力,许多未婚青年女编辑在受访中表示,"父母催促"使她们倍感压力。

(五)传统的婚恋观依然占主导地位

统计数据反映,在恋爱观问题上,52.5%的青年编辑选择"婚姻对象要慎之又慎",29.3%的青年编辑选择"一切不以结婚为目的的恋爱都是耍流氓"。而对"你的婚姻观"提问,61.6%的青年编辑选择"一旦牵手,决不放手",33.3%的青年编辑选择"实在合不来就离"。从中折射出青年编辑的婚恋观,与我国传统婚恋观比较接近,即婚恋仍然是自己的终身大事,恋爱的目的是结婚;结婚强调终身伴侣,实在不行才劳燕分飞。

(六)择偶标准以"人品为第一要素"

在"你最注重三个择偶标准"的14个选项中,青年男编辑的回答比例高低依次是:"人品性格"(30.7%),"价值观"(15.5%),外貌长相(11.5%);青年女编辑的回答比例高低依次是:"人品性格"(28.1%),"价值观"(14%),经济收入(13.3%)。这组统计数据反映,青年男女编辑在"人品性格"和"价值观"的彼此认同下,男性注重追求女性的外貌,而女性主要追求男性的经济实力。这种现象,与当今社会经济体制和中国传统观念有关,基本反映了当前上海出版业青年男女的择偶取向。

(七)公务员职业受到青睐

在回答"你理想伴侣职业是什么"这一问题的19个选项中,青年男编辑选项的得票数依次为:"中小学教师"(36.2%)、"公务员"(34.5%)、"文化艺术工作者"(29.3%);青年女编辑选项的得票数依次为:"公务员"(35.4%)、"医生"(34.6%)、"高校教师"(30%)。从青年编辑对伴侣职业的选择中,公务员职业以其"工作稳定、职业体面、收入有保障"受到青年编辑的追捧。同时中小学教师、文化艺术工作者等职业,也受青年编辑的青睐。

(八)超九成的青年女编辑希望伴侣的收入比自己高

调查数据显示,对"你是否期望伴侣的收入比自己高"的提问,92%的青年女编辑选择了"是"。而对于"高多少"的回答,按得票数比例的多少依次为"比我高就行"(40.3%),"没有上限"(32.9%),"翻我的工资2倍以上"(16.1%),"是我的工资1.5倍"(10.7%)。相对青年女编辑对男性高收入的要求,51.2%的青年男编辑认为男女收入多少无所谓。这说明青年女编辑对伴侣的期望值,高于青年男编辑对自己的收入要求。

(九)青年女编辑在择偶时更愿意听取父母建议

当被问及"父母反对你选择的对象,你会怎么做"时,选择"完全遵从父母意见"和"参考父母建议"的青年女编辑分别为12%和72.8%。而青年男编辑在遭遇父母反对时,却表现得更为坚定,认同"坚持自己的选择"和"我的婚姻我做主"分别为40.4％和10.3％。这组数据说明,许多青年女编辑在择偶时更愿意听取父母意见,这并不代表她们没有主见,而恰恰反映了她们在婚恋观上的冷静理智。毕竟婚姻是人生的一件大事,处理得好与坏,将与自己未来生活有千丝万缕的联系。

(十) 过半数的青年编辑希望妇工委关心自己的交友问题

在受访的261名青年男女编辑中,针对"你是否希望妇工委关心自己的交友问题"的选项,19.8％的人表示"不需要",28.4％的人认为"自己可以解决";而51.8％的人希望妇工委能为他们牵线搭桥,即通过开展各种丰富多彩的交友活动,为他们寻找知音搭建交流沟通平台。

三、几点建议

综合以上汇总数据分析,从总体来看,当前本市出版单位适龄青年编辑群体具有积极的恋爱动机,这在较大程度上体现了婚姻以爱情为基础的观念深入人心。恋爱方式既受传统观念影响,又凸显时代特征。其择偶标准积极而务实,不仅关注伴侣的学历、社会地位、物质财富等这些外在条件,而且还重视关注个人品质、价值观等内在因素,形成了在婚恋观上多样化的发展态势。针对适龄青年编辑群体在婚恋方面的多元化需求,我们各级妇工委组织要认真倾听他们的呼声、想法和要求,最大程度地帮助他们解决一些实际问题。这不仅有利于稳定职工队伍,对加快青年编辑自身发展有着重要意义;同时对构建和谐企业、和谐社会也具有积极的推动作用。基于对做好青年编辑婚恋工作重要性的认识,现提出如下几点建议。

(一) 各方齐抓共管,营造关心未婚青年良好氛围

当今社会的"剩男"和"剩女"现象,已成为社会广泛讨论的热点问题。重视和解决"剩男"和"剩女"问题,是一项社会系统工程,需要多个环节有效衔接,形成政府、企业、妇工委、个人多方参与运行,明确各方职责,协调配合的工作环境。政府职能部门在当下购买住房成本较高、未婚青年仅凭一己之力难以承担的情况下,应大力推进公租房、廉租房建设,为未婚青年"居者有其屋"提供条件,使他们早日步入婚姻殿堂。各级妇工委对未婚青年编辑特别是来自外省市的大龄未婚编辑,要在生活上多关心,感情上多交流,消除他们的急躁情绪,并充分发挥妇工委指导协调、宣传组织的重要

作用,积极创造条件,努力为未婚青年解决一些实际困难。各级党政领导要把关心未婚青年婚恋问题,与稳定职工队伍和提升青年职工健康人格素质相结合,积极支持妇工委开展各项活动。通过各方团结协作,努力构建妇工委内外,社会上下齐心协力、齐抓共管未婚青年婚恋问题的良好氛围。

(二)运用宣传载体,大力弘扬文明健康的婚恋观

为切实解决本市出版单位未婚青年编辑的婚恋问题,新闻出版局妇工委要以提升青年编辑婚恋交友成功率为着眼点,以扩大未婚青年交友范围为手段,以发挥妇工委组织桥梁纽带作用为途径,以网络化信息体系为平台,积极为青年编辑寻找伴侣创造条件。新闻出版局妇工委要充分利用资源优势,大力宣传文明健康的婚恋观和社会主义核心价值观,加强对青年编辑价值判断和行为选择的引导,帮助青年编辑树立正确的恋爱观、婚姻观、家庭观,用文明健康的婚恋观指导婚姻家庭的生活实践。要丰富教育形式,加大对《婚姻法》和《妇女权益保障法》等法律法规的宣传力度,以宣传舆论导向作用,引领青年编辑提升婚恋质量,促进家庭和谐,真正做到以健康的婚恋,促进家庭文明,推动社会和谐发展。

(三)综合资源优势,积极搭建相识交友沟通平台

各级妇工委组织要充分利用资源优势,主动为单身青年编辑婚恋牵线搭桥,切实关心他们的婚恋大事。新闻出版局妇工委要充分发挥网络信息枢纽作用,通过建立单身青年编辑信息资料库、网络爱情 QQ 群组、网上婚恋论坛等方式,为单身青年编辑网上交流搭建平台。同时新闻出版妇工委要以女编辑协会为载体,加强与兄弟单位妇工委组织的沟通与联系,联合举办各种丰富多彩的联谊活动,扩大单身青年编辑的交友范围,发挥妇工委的桥梁作用,体现对他们的人文关怀。单身青年编辑要正确认识自己,正视个人现实条件,主动积极参加妇工委组织的各项活动,在实践中不断学习恋爱技巧,用心寻找真爱。

(四)正视双重压力,组织开展婚恋心理咨询服务

针对近二成的青年编辑"没有恋爱经历"和"有过 3 次以上的恋爱经历",以及一些青年编辑"感情受过伤害"的情况,一方面反映出面对当下婚恋成本居高不下的现状,一些青年编辑产生了婚恋恐惧症;另一方面也凸显出面对物质与情感的选择,使一些青年编辑承受更多的心理压力和情感困惑。为缓解青年编辑在婚恋方面存在的双重压力,新闻出版局妇工委要整合资源优势,邀请心理学家、医务工作者等开展婚恋咨询服务,有针对性地帮助青年编辑纠正错误偏见,端正择偶动机,明确择偶标准,从而健全个人心理调节,促进恋爱心理健康。同时通过举办各种形式的咨询活动,帮助未婚青年编辑学会在择偶中把握主动,勇于面对以前的感情伤害和周围人的不幸婚恋,提高自身化解婚恋矛盾和自我承受能力,树立阳光自信的择偶心态,增强对异性的亲和力和吸引力,实现"心灵匹配",最终找到属于自己的幸福。

构建学校、家庭、社会"三位一体"大教育格局 促进未成年人健康快乐成长
——徐汇区家长学校建设的实践、探索与思考

徐汇区教育局 徐汇区妇联

德国教育家福禄贝尔说过:"国家的命运,与其说掌握在当权者手中,不如说掌握在父母手中。"家庭是社会的细胞,家庭教育是基础教育,又是终身教育,它对一个人的启蒙、成长、成才有着不可估量的作用。家长是家庭教育的实施者,决定着家庭教育的培养目标、教育内容和教育方式,在家庭教育中起着决定性作用,因此通过办好家长学校帮助家长学习现代家庭教育理念,提升家庭教育指导水平具有十分重要的意义。

为提升徐汇区家长学校办学水平,切实服务家庭教育多元需求,促进未成年人健康快乐成长。2013年3月徐汇区妇联与区教育局、区社区学院联合成立调研工作组,组织开展徐汇区家长学校工作的专项调研。调研选取了教育资源相对密集的徐家汇街道、天平街道、康健街道、田林街道、长桥街道和枫林街道6个街道以及各街道辖区内的80所中学、小学和幼儿园家长学校(其中幼儿园36所,占45%;小学23所,占28.8%;中学21所,占26.2%)作为调研对象,开展调研。

一、调研方法

整个调查研究过程采取定性与定量相结合的方法,主要应用的方法包括问卷调查法、访谈调查法和资料分析法。

(一) 问卷调查

采取抽样调查和定点全覆盖调查相结合的方式,主要针对所选 6 个社区内的中学、小学和幼儿园家长学校,发放问卷 80 份,全部回收。问卷内容共涵盖了教学管理、师资队伍、办学模式、授课形式、办学需求和教学内容六大方面,分开放式和封闭式两种问答形式。为确保问卷的科学性,客观真实地反映当前家长学校的工作实际,在正式调研之前,调研小组还随机选取部分家长学校作为样本开展预调研,在此基础上不断修正完善问卷。

(二) 访谈调查

采用个别访谈和集中座谈相结合的形式。个别访谈主要对象是社区家长学校,采用一对一有针对性的了解,侧重于管理协调和平台搭建方面;集中座谈的主要对象是社区内的中学、小学和幼儿园家长学校和部分家长代表,通过座谈的形式了解学校和家庭对于家长学校工作的需求和建议,也借此机会促进各分校之间的交流与对话、扩大经验分享。

(三) 资料分析

在调研过程中,我们还收集了各家长学校 2012 年度工作总结、2013 年度工作计划,以及最近一年的家长学校活动安排表,这些资料都为我们更深入地了解家长学校工作提供依据。

二、目前徐汇区家长学校工作现状

2010 年 11 月,徐汇区未成年人思想道德教育工作委员会办公室、区教育局、区妇联联合召开了徐汇区家长学校工作推进会,印发并实施《关于进一步加强和改进徐汇区家长学校工作的意见》(徐未委办〔2010〕5 号),三年多以来区文明办、区教育局和区妇联等多部门协力、条块结合努力推进家长学校工作,着力构建学校、家庭、社会"三位一体"的大教育格局。

(一) 构建三级家长学校工作网络

区层面,成立徐汇区家长学校工作领导小组,由区教育局、区妇联主要领导担任组长,区教育局、区妇联、区文明办、区卫计委等相关部门同志担任委员。

街道(镇)层面,以社区为单位,成立社区家长学校领导小组。

学校层面,社区内各中学、小学、幼儿园、社区科学育儿指导中心(社区宝宝乐分中心)、社区卫生服务中心等作为社区家长学校的分校,设专兼职工作人员。目前,全区共建立三级家长学校239所,其中全区184所中学、小学、幼儿园全部成立家长学校。

(二) 健全三级家长学校教学网络

区社区学院作为区级层面的家长学校,由学习办负责具体工作,指导各社区家长学校工作,并依托区未成年人心理健康辅导中心,开展全区层面家庭教育讲座、咨询会。各街镇社区家长学校负责统筹管理辖区内各家长学校分校,通过社区平台,组织家长沙龙、各类大型亲子活动等。各家长学校分校作为具体教学点,其中各中学、小学、幼儿园家长学校的教育培训对象为该校就读学生的家长及监护人,据不完全统计,接受培训的家长数已达到在校生人数的98%。社区科学育儿指导中心(社区宝宝乐分中心)等主要以0～3岁婴幼儿家庭为主要对象开展各类家教活动。

(三) 规范家长学校运作

一是统一制作、发放"家长学校"铜牌,全区各家长学校标牌统一上墙;二是建立家长学校师资、课程信息库。目前已收集了210位专业教师信息、梳理了820项指导内容要点,基本涵盖了新婚期及孕期、0～3岁及中小幼各个阶段的家长学校课程,构建起较为系统的课程体系;三是确立了40所中学、小学、幼儿园为徐汇区家长学校工作试点学校,根据各校不同情况开展不同主题的试点项目,实现以点带面辐射效应。

三、实践与探索

徐汇区在推动家长学校工作中,注重部门间条块结合,整合社区资源,创新工作载体,强化工作措施,构建了"三位一体"的工作格局,形成指导和推动的合力,有效服务家庭需求。

(一) 多部门联手协作、齐抓共管,形成合力

区教育局、区妇联等部门密切配合,共同研究工作计划和实施措施,统一安排,统一部署,加强对家庭教育工作的指导,使家长学校成为联结学校教育、家庭教育和社会教育的纽带。每年召开家长学校工作务虚会、总结会,凝聚各方力量,谋划家长学

校工作;定期召开家长学校工作研讨会,听取试点学校家长学校工作情况介绍,学习试点学校的先进经验和成功做法,为进一步促进家长学校工作提供良好启示;制作徐汇区家长学校工作展板,并在13个社区巡展,加强对家长学校工作的指导。2012年4月召开徐汇区家庭文明建设工作表彰会暨徐汇区家长学校2012年工作推进会,会议表彰了我区荣获"十一五"期间上海市家庭文明建设先进工作者15名、学习型家庭创建先进集体6个、学习型家庭示范户6户、优秀家长学校6个、好家长6名;2013年9月召开2010~2012年度徐汇区家庭教育工作先进表彰会,表彰我区示范家长学校20个、家庭教育先进工作者25名、好家长20名,发挥示范引领、典型引路作用。

(二) 各部门立足本职、各司其职,推进工作

教育:作为家长学校工作业务指导部门,与区社区学院联动,对全区新婚期及孕期、0~3岁年龄段以及各级各类中小幼学校的家庭教育指导行为进行初步统计,并在此基础上建立了徐汇区家长学校课程及师资信息库;定期召开社区家长学校校长会议,指导各社区家长学校开展工作;编写《徐汇区家长学校简报》,对各社区家长学校工作进行常规、亮点、特色宣传,扩大区域内的影响效应;每年在中高考前夕,开展大型基础教育咨询进社区活动,为社区家庭提供报考指导。

妇联:区妇联组织社区(街道)镇妇联主席,召开徐汇区社区家长学校工作交流展示会,交流社区家长学校工作,展示社区家长学校工作成果,推进社区家长学校的规范有序开展;利用简报、网络等宣传媒体进行家庭教育指导知识的宣传,为社区居民、教师、学生创设共同受教育平台;每年依托区域资源,开展大型科学育儿进社区、亲子运动会等活动,促进亲子沟通和互动;将家庭教育指导与学习型家庭创建工作相结合,引导家庭成员学习、掌握科学的家庭教育方法,提高家庭教育水平,共建"学习之家"。

各街镇:各社区学校定期召开家长学校工作会议、联席会议等,通过社区平台,加强了沟通交流,促进共同发展。如长桥社区学校指导上海幼儿园借助学校、家庭、社区之间的共建、共享、共赢的密切合作关系,做好"早教指导进社区"的服务工作,宣传早教理念和方法,积极践行三方互动的大教育观;康健社区学校积极整合社区教育资源,携手吉的堡新汇幼儿园、上师大一附小、世外小学组织开展"幼小衔接工作"系列活动,让幼儿和家长走进小学校园,了解小学教学环境、教学要求、作息习惯、行为规范等方面的要求,让幼儿进入小学后能尽快适应小学生活。

各家长学校分校:各中小幼家长学校分校作为具体的教学点,定期开展讲座、积极开展家访活动、坚持家长开放日、亲子活动、举办经验交流会、座谈会,为家校互动搭建平台。如紫薇实验幼儿园积极探索现代教育理念,与社区建立共享共建机制,实现"家园和谐";上师大一附小通过开设家长学校频道、设立各类信箱、建立飞信服务等架通家校联系的桥梁;市二初级中学注重家庭教育指导者队伍建设,形成外聘专家、内培教师、依托社工"三位一体"的家庭教育指导模式。

(三)开展课题调研,理论指导实践工作

在家长学校规范化、常态化建设的基础上,徐汇区部分家长学校借助科研力量,就办学中出现的问题、遇到的难题、困惑进行研讨、分析、总结,形成了对具体工作具有指导意义的论文、课题报告等,从而进一步提升了办学品质。乌南幼儿园的论文《让我们荡起双桨——现代学校制度下家长参与幼儿园管理的实践研究》荣获长三角首届学前家庭教育论文一等奖,并作了大会交流。通过前期调研、课题概括、成果展示和感悟思考,乌南幼儿园在家庭教育的指引与研究工作中有了进一步的提升。楼园幼儿园的《幼小衔接主题单元家教指导》、紫阳中学的《新形势下提升青年教师家庭教育指导素养的实践研究》、徐浦小学的《社区教育活动中培养学习型家庭的方法》、《学习型家庭创建活动对家庭中在校学生的影响》、市四中学的《家庭中生命教育问题现状及其指导研究》等课题研究,为指导家庭教育工作提供了理论支持和决策依据。通过课题研究,深入探索家庭教育的方法和指导的规律,切实帮助提高家长家庭教育水平,从而也促使学校注重内涵建设,向着示范引领的方向发展。

四、问题和分析

(一)体制上存在制约因素,限制实效发挥

目前我区虽然已建立起了三级家长学校工作机制,但实践中仍然发现区、社区、学校三个层面都不同程度存在多头管理、交叉管理或管理缺位等现象。对于家长学校这一工作也都只有一些原则性的规定,缺少具体的工作实施细则和科学的考核体系。各相关部门对家长学校工作重要性在认识上存在一定差异,个别甚至认为家长学校仅是教育管理部门或者学校的事情,与社区无关。调查显示在中小幼家长学校分校层面,有家长学校领导班子的占97.5%,有家长委员会的占100%,正确理解徐汇区家长学校三级领导机构的占71.3%,说明中小幼家长学校的组织架构已比较完善,基本达到全覆盖,但也反映出受制约因素影响,徐汇区家长学校三级工作网络没有更好地发挥对分校指导支持和监督作用,这些问题的存在都在一定程度上影响了家长学校工作的实效。

(二)"人、财、物"存有困扰,影响规范发展

各学校也就是各社区家长学校分校的负责老师普遍反映,在办学中,"师资匮乏"占56.3%,"活动缺乏新意"占41.3%;"缺少资金支持"占37.5%。缺少专业教师队伍,组成单一:比如中小幼家长学校方面,师资来源主要是本校老师,虽然本校教师较了解学生、家长的实际,更能实行针对性的指导,但不可避免的问题是,容易将家长学校演变成"如何提高学业成绩的家长会";就聘请专家的来源途径,"听别人介绍"占46.3%,此外"领导推荐"、"亲身感受后觉得不错"、"上级组织提供名单可自由选择"三种渠道所占比例相当,均为38.8%。说明目前家长学校在聘请校外师资时还没有正规的途径,选择的面比较窄。缺少统一教材,随意性大:调查反映90%以上的家长学校没有稳定、有效的教材,33.3%的学校没有教材,由任课老师自己确定,自编教材占29.4%,统一发放教材只占5.9%。众所周知,教材是开展一切教学组织活动的核心,缺乏这项基础性和纲领性的前提,我们的家长学校只会沦为"巧妇难为无米之炊"的尴尬境地,缺乏对家长的有效指导。

(三) 各家长学校发展不平衡,依赖分校自身

社区家长学校领导小组作为区、社区、学校三级机构中的中坚力量,对家长学校全局工作起着至关重要的作用。目前由于社区家长学校领导小组内部存在制约因素,从而导致部分社区家长学校虽挂有家长学校的牌子,却没有系统性开展工作,对中小幼家长学校的指导服务欠缺。各社区家长学校分校的家长学校工作较依赖分校自身,各校之间从师资、教材到开展具体家长学校活动存在明显差异。仅以活动次数和时间为例,根据调查:各中学、小学和幼儿园家长学校中82.5%的学校每学期举办家长学校活动的次数是有固定的;其中每学期举办两次活动最多,占38.8%,举办3次的占17.5%,举办4次的占13.8%,仅举办一次的比例也不可小觑,占到了11.3%。根据规定,家长学校每学年活动至少4次,每学期平均2次,亦即说明还有11.3%的学校没有达到规定的要求。

(四)宣传、展示渠道不畅,局限沟通交流

目前,在我区家长学校运作中,宣传手段相对较为单一,尤其是随着信息化的快速发展,微博、微信等工具还没有在我区家长学校工作中得到有效应用,目前实际运作的只有《徐汇区家长学校简报》。但调研组对《徐汇区家长学校简报》宣传情况进行专门了解,结果不容乐观,各中学、小学和幼儿园家长学校有超过一半(占51.3%)的学校对这份简报表示不知晓。《徐汇区家长学校简报》自2010颁布徐未委办(2010)5号《关于进一步加强和改进徐汇区家长学校工作的意见》起开始编印,由区社区学院社教部负责组稿,主要是收集各家长学校的办学经验和亮点,面向全区发放,促进优质家长学校经验的相互借鉴和交流。目前《简报》知晓率如此之低,反映出在《简报》的宣传、发放、投送等环节还不到位,渠道还不够畅通,说明各学校间关门办学的现象还普遍存在,导致实践中好的家长学校经验没有及时反映出来。

(五)办学模式较传统,缺乏"家长主体"观念

调查反映,在家长学校工作中,主管部门缺乏有效手段了解家庭需求和满意度,更多地是从管理等主观角度设计活动和课程。调研显示,目前各中小幼家长学校所采用的办学模式共有如下10种,即:①成立家委会;②成立家长督学团;③建立网上论坛;④组织各类沙龙活动;⑤组织亲子活动;⑥举办讲座;⑦发放调查问卷;⑧举办咨询会;⑨印发简报;⑩进行家访。其中,最常用的办学模式为"成立家委会",其次为"家访"和"亲子活动",充分说明传统办学模式仍然是当前家长学校活动的主流,家长学校工作中"家长主体"作用还没有很好发挥。家长学校工作应确立为家长服务的观念,了解不同类型家庭家长的需求,尊重家长愿望,调动家长参与的积极性,指导家长确立责任意识,提高自身修养,为子女树立榜样。

五、建议与对策

(一)注重规范建设,构建家长学校工作格局

1. 健全和完善三级领导机构

针对此次调查研究发现的一些问题,三级领导机构都将家长学校工作纳入各部门整体工作之中,制定相应的家长学校工作计划,及时总结经验,定期开会研究,协商解决工作中遇到的困难和问题,为家长学校健康发展提供了有力的组织保障。区家长学校工作领导小组应定期召集13个街道(镇)社区家长学校领导小组主要负责人召开会议,明确阶段重点,促进信息互通;各街镇健全社区家长学校工作联席会议制度,由街镇社发科、妇联和社区家长学校等部门牵头,其他部门积极配合,共同推进。

针对各社区家长学校的分校面临多头管理、交叉管理等现象,建议在简化领导部门、统一管理方面下功夫。区、社区、学校三级家长学校工作网络,继续部门协力,条块结合,整合社区资源,创新工作载体,强化工作措施,着力推动学校、家庭、社会三位一体的大教育格局的形成。

2. 加强家长学校管理

一是编制区级家长学校指导手册。为规范家长学校教学内容,改善当前各家长学校教学内容缺乏系统、连贯的现状,今年由教育局牵头,召集区教师进修学院德育室、区教育局中教、小教、幼教科、区社区学院、区学习办,启动徐汇区家长学校指导手册编制工作。指导手册针对徐汇区家长学校工作的区域特点,梳理提炼目前家长学校工作中需要重点关注的难点、热点,并邀请相关专家建言献策、问诊把脉。工作启动以来,区教育局分别邀请相关学校的家长学校负责人,召开座谈会,为更系统科学地编撰家长学校指导手册提供第一手资料。二是将各社区家长学校、各家长学校分校工作纳入考核。考核结果作为每3年一次表彰和命名一批"区级示范家长学校"、"区家庭教育先进工作者"、"好家长"和其他评优依据,搭建平台开展示范交流活动,实现示范引领、典型引路。三是继续推进家长学校试点校建设。在目前40所中小幼家长学校参与试点的基础上,适当扩大试点校数量,为各社区家长学校分校办学提供办学经验。

3. 重视科学化研究指导实际工作

首先家庭教育机制蕴含着家庭教育发展的必然性、规律性,能产生"自动的动作"的作用。重视调研工作,使家长学校工作中的管理和资源配置能够立足需求、激活机制、解决实际运行中的问题。其次家长是家庭教育的主体,他们的教育需要呈层次结构,家长学校的课程实施方式应该以促进家长的主体性发展为目的。继续开展科学化研究工作,特别重视将研究结果运用于实际办学工作,使得家长学校的课程实施坚持在活动、实践基础上通过互动和交往促进家长的主体性发展。

(二) 注重资源整合,突破"人、财、物"瓶颈

1. 整合教育资源,为各分校提供支持

各级家长学校充分发挥主体作用,着力开展家庭教育工作。区社区学院作为区级层面的家长学校,依托区未成年人心理健康辅导中心,打造精品讲座免费配送到各社区分校或基层学校,特别关注薄弱学校或外来务工人员家长较多的学校,提高讲座的吸引力,为家长提供优质的服务,为各分校提供支持。各社区家长学校通过社区平台,召开家长学校工作会议、联席会议、各类亲子活动等,加强沟通交流,促进共同发展,不断丰富活动的形式与内容。

2. 整合人才资源,突破师资瓶颈

在发挥现有师资力量的基础上,加强专业培训和指导。通过专业培训和教育心理科学的专业引领,建立一支家庭教育专业队伍,切实从师资源头上提高和保障家长学校的教学效果和质量。壮大家庭教育志愿者队伍。从实际出发发挥社区党员、青年、法律工作者、医务人员等各类人才优势,使家庭教育志愿者队伍不断壮大,为家庭教育提供切实帮助。区家长学校负责梳理更新志愿者教师信息,提供给各社区家长学校,各中学、小学、幼儿园家长学校可以通过各社区家长学校获得师资支持,突破师资瓶颈。

(三) 注重多元互补,丰富家长学校活动载体

在推进家长学校工作中,坚持分层推进、分类指导、各司其职。各级各类家长学校精心安排和设计活动内容,突出思想内涵,强化道德要求,活化形式载体,以学校、家庭、社区多阵地、多元化的互补,使家长每参加一次活动,都能有所体验、有所感悟、有所收获。

1. 以家庭为阵地

一是明确家庭教育责任,增强家长重视度。要扭转部分家长以养代教、忽视亲子间代际沟通的家庭教育现状,树立重视家庭教育的理念,激发主动参与学习、多途径学习家庭教育知识的积极性。二是丰富活动参与形式,扩大家长参与率。要充分利用区妇女儿童工作专刊、妇女儿童工作简报、家庭驿站网页、社区小报等宣传媒体,明确家庭教育责任、帮助更新家庭教育观念、掌握孩子的科学成长规律,因材施教;要把家庭教育工作与学习型家庭创建相结合,促进家庭与家庭间互相学习,提高家庭教育质量;要依托区域资源,继续以"家长教子"为主题,开展大手牵小手、老少结对学习、科学育儿进社区活动、家庭邻里节乒乓、飞镖比赛,特别重视0~3岁社区散居儿童家庭教育需求,宣传科学育儿亲子教育理念。

2. 以学校为阵地

一是立足自身、社区共建。各家长学校分校一方面要利用社区资源,为办学提供便利,另一方面立足自身,借鉴试点校经验,通过定期开展问卷调研、讲座、家访、家长开放日、亲子活动及举办经验交流会、座谈会等,探索办学特色,实现家校互动,提升家长家庭教育水平。二是用好平台、重视差异。以家长学校为家校联系的温馨平台,在开展普适性家庭教育指导的基础上,特别重视不同家庭的不同需求。大力促进外来家长对家庭教育的重视;开展满足外来家长家庭教育需求的活动,大力提升和改善外来家长的家庭教育观念和方法。

3. 以社区为阵地

一是依托教育资源、做强常规项目。区级总校要多打造精品讲座免费配送到各社区分校或基层学校,特别关注薄弱学校或外来务工人员家长较多的学校,提高讲座的吸引力,为家长提供优质的服务;结合教育优势,抓住热点问题,继续做好"服务社区 惠及民众——基础教育咨询进社区"大型活动;区妇联以节载道,充分利用每年举行的家庭教育宣传周,开展家庭教育系列活动。二是联动校外场所、开展主题活动。开展"文教结合"亲子体验活动、借鉴"文教结合(社区)"活动集锦,鼓励各家庭以亲子互动的"游学"形式,走访徐汇具有人文历史底蕴的场所、领略徐汇时代发展的新气象,增进亲子之间的情感交流,将家庭教育化于无形;开展"全民阅读"亲子活动,如"走进钱学森博物馆,共读科普书籍"活动,互相交流读后感、发表微博、参加征文等,营造家庭的学习氛围,提升市民的文化素养,促进亲子的沟通交流。

4. 以网络为阵地

为解决平时工作繁忙,无法参加家长学校面授课程的家长的后顾之忧,弥补学校办班的局限性,充分利用"徐汇终身学习网"和各街镇门户网站上开展各类网上家教展演、展播与展评活动。一是试点推行"家有考生"网络资源。该网络资源从2012年4月起开始策划,经历了家长学校系列讲座、网络教学资源开发和建设,目前已经完成试用,将配送给试点校家长学校使用。二是尝试以微博、微信和QQ群等渠道,向社区家庭推送区域内活动资讯、家庭教育小故事等家庭教育信息,倡导家长利用碎片化时间进行学习,为更多家庭参与提供可能,提高家庭教育水平。除此之外,在"徐汇终身学习网"上设立《简报》专栏,各社区进行常规、亮点、特色工作的宣传,扩大了区域内的影响效应,也为社区家长学校工作的推进搭建了沟通、交流、展示的平台。

徐汇区家长学校在学校、家庭、社会"三位一体"的工作格局中,已初步凸显了一定的成效,在2012年8月28日召开的全国家庭教育工作会议上,徐汇区荣获全国家庭教育工作示范区称号。站在新的起点上,我们将以此次调查研究为契机,继续部门协作、上下联动,扎实推进未成年人思想道德建设,为营造更加有利于未成年人健康快乐成长的环境而不懈努力。

功能缺失型家庭的亲职压力现状调查与反思

嘉定区妇女联合会　上海市科学育儿基地

一、背　景

在当今全球化、现代化和城市急剧发展的背景下，儿童、青少年和家庭这一学术界和社会共同关注的主题也出现了很多新的特点和挑战，特别是家庭功能的变化为儿童、青少年和家庭问题的认识，对儿童、青少年和家庭福祉的发展潜在风险的预防提出了新的要求。

嘉定区地处上海近郊，在儿童生存与发展现状调查中发现，功能缺失型家庭不在少数，诸如单亲、准孤儿等。对于这些功能缺失型家庭的父母而言，他们总体福利水平和家庭境况明显低于双亲家庭，但其弱势除了体现在生活质量的低满意度外，还在于亲职压力和心理挫折感。

本研究立足于"家庭教育与儿童福利"功能定位，以功能缺失型家庭普遍存在的亲职压力为切入点，开展现状调查和行动研究，探索专业有效的方法和途径，帮助此类父母缓解亲职压力，帮助孩子适应生活。

二、调研情况

（一）测量工具

在本研究中，分别针对儿童和家长制定了相应的问卷，运用不同的测量工具来分别测量被试家庭中孩子和父母在亲职问题以及亲子关系质量上的特点及差异。

儿童卷的测量工具包括问卷及量表,问卷主要调查被试家庭的基本信息及情况,量表工具从四个方面测量:①父母亲控制评估,有包括亲职知识、管教、父母心理控制等三个量表,共22个条目;②父母亲职信念评估,主要运用父母亲职信念量表,共4个条目;③亲子关系质量评估,包括子女对父母控制的满意度、子女与父母沟通的倾向及子女与父母互相信任的情况等四个量表,共15个条目;④心理健康评估,主要包括中文自控感量表、中文生命满足感量表以及中文自尊量表,共17个条目。

家长卷的工具同样包括问卷和量表,问卷主要调查被试家庭的基本信息及情况,量表采用子女教育心理控制源量表(The Parenting Locus of Control Scale),从心理控制源角度出发,评定了父母对教育子女成功与失败的看法,评定内容涉及责任感、成效及对控制的看法。包含47个条目,以5级评分,包括5个因子:教育成效、父母的责任、子女对父母的控制、运气或机遇,以及父母对子女行为的控制。

(二) 被试

本研究以上海市嘉定区450个家庭为调查对象。家庭类型包括普通家庭、单亲家庭、再婚家庭以及由长辈抚养儿童的家庭。其中普通家庭占29.4%,单亲家庭占55.8%(离异44.8%,丧偶11.0%),再婚家庭占12.5%,而完全由长辈担任监护人的家庭则占8.0%。单亲家庭、再婚家庭以及长辈抚养家庭在本文中统称为功能缺失型家庭。这些家庭的普遍问题是亲职的一方或两方缺失,其中父亲缺失的原因以离婚(61.3%)和去世(25.8%)为主,而母亲缺失的主要原因是离婚(82.8%)、放弃家庭(8.2%)和去世(7.4%)。

(三) 基本情况

儿童卷共发放449份,回收有效问卷337份,有效率为75.1%。填写者中男生为141人,占41.8%,女生196人,占58.2%。普通家庭的男生占39.4%,女生占60.6%;功能缺失型家庭中男生占42.9%,女生占57.1%。

家长卷共发放449份,回收有效问卷337份,有效率为75.1%。被调查者中男性160人(47.5%),女性177人(52.5%);普通家庭的男性占41.4%,女性占58.6%;功能缺失型家庭中男性与女性各占50%。

表 1　家长卷填表人角色　　　　　　　　　　　单位:％

	普通	单亲	再婚	继父母	其他监护人
父亲	11.9	27.9	5.0	0.6	3.0
母亲	17.5	27.3	5.9	0.9	

普通家庭中,承担教育和照顾的男性和女性角色均为亲生父母亲。而功能缺失型家庭中,承担家庭教养的男性监护人是亲身父亲的占47.9％,没有男性监护人的占37.0％;女性监护人48.7％为亲生母亲,没有女性监护人的占29.0％(见图1)。

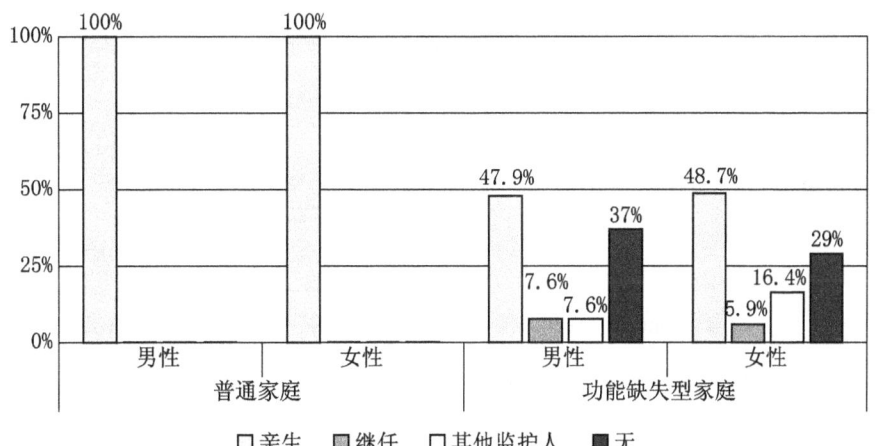

图 1　家庭监护人分类情况

所有家庭中承担照顾和教育责任的男性和女性的年龄都集中在31～40岁(男占53.0％,女占63.0％)和41～50岁(男占34.4％,女占18.9％)。功能缺失型家庭中承担教育教养的男性和女性的年龄跨度相对比较大,原因在于部分教养人为祖辈。

就业情况调查显示,普通家庭中96.9％的男性和90.9％的女性教养人拥有正式工作,而功能缺失型家庭的比率相对较低,男性为74.8％,女性为62.8％。功能缺失型家庭中,从事临时工(男7.1％、女7.6％)或退休(男11.6％、女22.1％)的人数比例要高于普通家庭(临时工,男8.1％、女2.0％;退休,男0％、女0％)。

功能缺失型家庭中教养人受教育程度为初中及以下的比例较高于普通家庭,而接受过高等教育的监护人比例则远少于普通家庭。

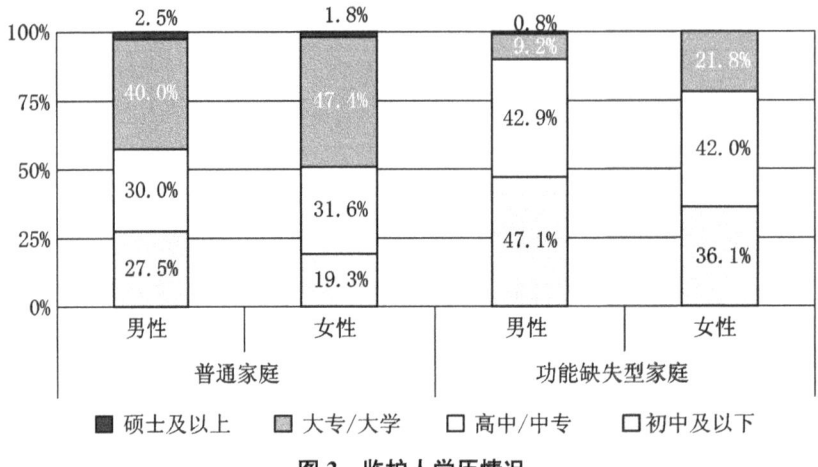

图 2 监护人学历情况

三、调研结果

（一）家庭结构完整、亲生父母的亲职教育有利于儿童健康成长

此次调查数据显示，再婚家庭与普通家庭中，监护人的控制水平、亲职信念、亲子质量水平以及儿童心理健康水平等没有出现显著差异。而单亲家庭、祖辈家庭则或多或少在各方面与普通家庭存在差异，尤其是单亲家庭和普通家庭在多方面表现出显著差异。再婚父母对子女的支持力度和主动关注度也不像单亲家庭那样明显。此次调查中，普通家庭和重组家庭家长目前婚姻关系大都和睦（普通家庭很好69.7%，好22.2%；重组家庭很好31.0%，好47.6%），而单亲家庭和重组家庭家长与前任配偶多不联系，两者的关系给孩子的印象不尽理想。家庭结构的缺失和关系的恶化，都会导致诸多教育问题。

其次，亲生父母的亲职作用在子女教育过程中最为有效。分析原因有：首先，在教育过程中，亲生父母的教育倾向与监管力度会明显高于非亲生父母。因此在监控水平、积极主动性方面高于非亲生父母。其次，子女对亲生父母的信任度和服从性更高。具体表现为子女对亲生父母的传统亲职信念更容易认同和接受，亲子关系质量水平更为密切。

但现实也呈现出，在婚姻关系破裂之后，不少父母没有有效承担起亲职责任，婚姻关系的变化影响到了亲子教育关系。调查显示，子女与未生活在一起的亲生父母的互动频次并不多，每星期能见一次以上的仅占14.7%；每月能见到一次或几次的占32.1%；每两个月或半年能见面的占23.2%；一年或一年以上能见面的占14.8%；从不见面的占15.3%。这与中国家庭在婚姻破裂后,许多父母选择与对方撇清一切关系的普遍做法有关。撇清关系中也包括孩子与对方的关系与联系,有的甚至会将孩子交给祖辈,父母各自独立生活。

(二)监护人受教育程度影响家庭教育水平

监护人受教育水平的高低直接影响监护人的亲职知识水平,女性监护人的受教育水平更影响到其亲职信念、与子女的关系质量以及子女的生命满足感水平。受教育水平高的监护人,其监控水平、亲职信念、亲子质量关系等也相应表现更高、更好。

其次,监护人的受教育水平也影响着其对子女教育帮助的有效性。表2中可以看出,存有显著差异的情境中,更高比例的大专/本科及以上监护人家庭中子女认同监护人有教育自己的能力以及关心自己的主动性。监护人受教育程度越高,对子女教育与生活的关注与关心则越好。

表2 监护人受教育程度对家庭教育有效性及主动性的影响

无论我做什么都鼓励我做到最好					
	小学及以下	初 中	高中/中专	大专/本科	
男性监护人	70.0%	87.2%	77.8%	96.0%	.005
如果我在功课上有不明白的地方会帮我					
男性监护人	30.0%	53.2%	58.7%	80.0%	.006
女性监护人	33.3%	56.3%	69.0%	82.4%	.000
时常鼓励我独立地思考					
男性监护人	60.0%	87.2%	78.1%	96.0%	.015
会主动关心我在学校的情况					
男性监护人	60.0%	78.7%	74.6%	90.0%	.036
主动了解"放学后,你通常会去什么地方"					
男性监护人	60.0%	36.2%	39.7%	65.3%	.039

此外,监护人的受教育水平也影响着其家庭教育的积极性,其中女性监护人的积极性更明显。具体表现为受教育程度越高的女性监护人,更积极主动了解子女闲暇时间和放学后与同伴交往的情况。监护人的受教育程度影响着亲子沟通的频次,具

体表现为受教育程度越高的监护人,越重视与孩子的亲子沟通,与孩子及家人的互动游戏越多。

表3 监护人受教育程度对亲子沟通频次的影响

受教育程度	初中及以下	高中/中专	大学/大专	卡方值
每 天	33.1%	31.5%	55.0%	22.9(.006)
一星期几次	42.1%	45.4%	33.8%	
一个月几次	23.1%	21.5%	10.0%	
完全没有	1.7%	1.5%	1.2%	

表4 监护人受教育程度对家庭闲暇互动的影响

受教育程度	初中及以下	高中/中专	大学/大专	卡方值
每 天	20.7%	23.8%	41.2%	19.2(.024)
一星期几次	30.6%	27.7%	32.5%	
一个月几次	39.7%	45.4%	22.5%	
完全没有	9.1%	3.1%	3.8%	

(三)女性监护人的影响力显著

在监护人的监控水平、亲职信念水平、亲子质量关系以及儿童心理健康水平的调查分析中发现,女性监护人的影响尤为显著,这与女性承担着照料子女以及子女社会化的任务有关。

在具体的家庭教育现状调查(见表5)中,女性监护人对子女教育的关注度和主动性也显著高于男性。具体表现为女性监护人对子女各方面的支持和关注度显著高于男性监护人。在单亲家庭中,单亲母亲对子女的支持和关注度显著高于单亲父亲。女性监护人在主动关心儿童闲暇和交友方面的主动性显著高于男性监护人。

(四)功能缺失型家庭在教育过程中面临更多挑战

不同类型的家庭面临着不同的家庭问题,除了普遍关注的子女教育问题外,单亲和祖辈家庭更关注经济压力,而再婚家庭则关注父母间的问题。此外,单亲家庭还存在再婚以及社会舆论方面存在的压力。

表 5 不同性别监护人在家庭教育中的情况

家庭类型	总体			普通			单亲			再婚		
性别	男性	女性	卡方值	男性	女性	卡方值	男性	女性	卡方值	男性	女性	卡方值
1	81.3%	86.6%	2.3(.311)	76.8%	79.8%	0.8(.687)	86.2%	93.5%	2.7(.100)	78.8%	89.7%	2.2(.326)
2	84.4%	90.5%	4.8(.091)	84.8%	88.9%	0.7(.697)	83.0%	91.3%	2.9(.090)	84.8%	94.9%	2.1(.153)
3	85.3%	90.0%	5.7(.059)	84.8%	90.9%	3.0(.225)	81.9%	93.5%	5.7(.017)	93.9%	82.1%	2.3(.129)
4	58.7%	67.5%	5.1(.080)	68.7%	73.7%	0.7(.710)	50.0%	62.6%	3.0(.083)	51.5%	66.7%	1.7(.192)
5	78.2%	82.7%	5.2(.073)	80.8%	80.8%	0.2(.891)	74.5%	87.9%	5.4(.020)	78.8%	79.5%	0.005(.942)
6	78.7%	90.9%	16.8(.000)	76.8%	92.9%	10.7(.005)	77.7%	90.1%	5.3(.022)	84.8%	92.3%	1.0(.316)
7	64.4%	79.7%	15.3(.002)	63.6%	86.9%	14.8(.002)	61.7%	77.8%	6.6(.037)	72.7%	71.8%	2.0(.563)
8	36.0%	60.2%	28.6(.000)	36.4%	65.7%	18.9(.000)	37.2%	57.1%	10.6(.005)	30.3%	56.4%	6.4(.095)
9	52.0%	65.8%	12.6(.006)	49.5%	72.7%	12.4(.006)	58.5%	64.8%	2.9(.231)	39.4%	53.8%	2.9(.401)
10	24.4%	42.9%	28.0(.000)	28.3%	51.5%	14.1(.003)	26.0%	53.1%	16.8(.000)	24.2%	35.9%	2.7(.446)

注：1.如果我遇到困难，可以依赖，并会帮我解决问题。2.无论我做什么，都鼓励我做到最好。3.时常鼓励我独立地思考。4.如果我在功课上有不明白的地方会帮我。5.想要我做一件事的时候，会解释有关的原因。6.会主动关心我在学校的情况。7.主动尝试了解"晚上外出时，你会去什么地方"。8.主动尝试了解"空闲时，你会做些什么"。9.主动尝试了解"放学后，你会去什么地方"。10.主动了解你的朋友或同学"。

单亲家庭和祖辈家庭存在许多生活压力。儿童对于家庭中什么问题需要寻求专业人士帮助，居于首位的是子女的教育问题(40.5%)，其次是经济压力(29.6%)，再次是家人的情绪问题(15.5%)和父母间的关系问题(14.8%)。其中可以看出儿童能够敏锐地发现家庭中的变化和问题。

表6 不同类型家庭面临的家庭问题　　　　　　　　　　单位:%

	普通家庭	再婚家庭	单亲家庭	祖辈家庭
父母间的问题	10.1	19.0	12.8	0
家人的情绪	13.1	19.0	12.8%	0
婆媳不和	2.0	.0	1.6%	0
子女问题	38.4	33.3	33.5%	37.5
家人关系欠佳	7.1	19.0	8.5%	12.5
经济困难	12.1	11.9	34.0%	50.0
父母与子女关系问题	6.1%	11.9%	8.5%	0%

无论普通家庭还是功能缺失家庭，家长教育类型自评上大多集中在教育无力型、寄予厚望型和民主关爱型，反映了大部分家长虽然对孩子期望非常大，但在教育问题上还是存在很多问题。

功能缺失型家庭中，监护人对前任配偶的教育类型评价中，以推卸责任型、无暇顾及型和放任不管型居多，说明在亲职教育过程中，单亲家庭和再婚家庭中许多监护人(父/母)需要独自承担教育责任，再婚家庭中现任配偶能给予监护人部分支持，但单亲家庭监护人却没有其他有效支持。

表7 不同家庭监护人的教育类型自评　　　　　　　　　单位:%

	普通监护人	单亲监护人	再婚监护人	祖辈监护人
教育无力型	26.5	31.4	39.5	25.0
粗暴严厉型	2.0	0.5	5.3	0
溺爱型	2.0	2.7	2.6	0
寄予厚望型	44.9	40.0	26.3	37.5
民主关爱型	25.5	23.8	26.3	12.5

表8 功能缺失型家庭监护人对前任配偶的教育类型评价　　单位：%

	单亲监护人前任配偶	再婚监护人前任配偶
推卸责任型	20.3	21.4
无暇顾及型	15.9	21.4
溺爱型	5.8	0
放任不管型	36.2	50.0
寄予厚望型	14.5	7.1

单亲监护人在教育过程中遭遇更多沟通问题。如57.5%的单亲家庭大致认同"孩子从不听我的，我也很无奈"，比例显著高于普通家庭监护人的42.4%。其中，子女对单亲父亲的沟通倾向显著高于单亲母亲，这就意味着单亲母亲在教育子女过程中，处于劣势，需要单亲母亲特别关注亲子沟通。

表9 对"孩子从不听我的，我也很无奈"的认同度　　单位：%

特殊家庭类型	普通	单亲	再婚	祖辈
完全认同	1.0	3.2	.0	12.5
大体上认同	9.1	17.2	9.5	.0
部分认同	32.3	37.1	40.5	25.0
完全不认同	57.6	42.5	50.0	62.5

表10 单亲父母的沟通倾向水平　　单位：%

	我会主动与爸爸(妈妈)分享我的感受		我主动地把在我身上发生的事情告诉爸爸(妈妈)	
	单亲父亲	单亲母亲	单亲父亲	单亲母亲
缺　省	2.1	1.1	2.1	1.1
十分不同意	10.5	12.9	11.6	15.1
不同意	46.3	67.7	55.8	64.5
同　意	38.9	16.1	27.4	18.3
十分同意	2.1	2.2	3.2	1.1

单亲家庭监护人与家庭成员，尤其是子女的闲暇互动相对较少。关于"和孩子、

家人一起玩"的问题上,普通父母与孩子一起游玩的频率最高,其次是再婚家庭,而单亲父母频率最低,有6.4%的单亲父亲和6.6%的单亲母亲表示完全没有与"孩子、家人一起玩"。

表 11 不同家庭监护人家庭闲暇互动情况

		普通	单亲	再婚	F值
总体	每天都有	37.4%	20.0%	27.0%	6.508 (.002)
	一星期几次	32.3%	27.6%	37.8%	
	一个月几次	27.3%	45.9%	29.7%	
	完全没有	3.0%	6.5%	5.4%	
父亲	每天都有	37.5%	14.9%	17.6%	4.234 (.016)
	一星期几次	30.0%	24.5%	29.4%	
	一个月几次	25.0%	54.3%	47.1%	
	完全没有	7.5%	6.4%	5.9%	
母亲	每天都有	37.3%	25.3%	35.0%	6.335 (0.002)
	一星期几次	33.9%	30.8%	45.0%	
	一个月几次	28.8%	37.4%	15.0%	
	完全没有	.0%	6.6%	5.0%	

功能缺失型家庭家长(45.0%)对孩子(缺失父爱或母爱)的歉疚的比例显著高于普通家庭(5.1%),其中单亲监护人(47.9%)和再婚监护人(38.1%)的歉疚感最多,长辈监护人略好(12.5%)。

功能缺失型家庭亲职教育的缺失,影响到了子女性格、人际交往等方面的发展。功能缺失型家长在孩子与同伴交往及自信心等方面的评价显著低于普通儿童家长,如功能缺失型家庭中,23.5%的儿童被认为是"自信"的,普通家庭的比率为49.5%;38.2%的儿童被家长认为是"开朗乐观",而普通家庭中比率显著更高(59.6%);在懂事方面两类家长的评价无显著差异;但在独立性和接受新事物方面确实功能缺失型家庭的孩子比率高于普通家庭孩子。在集体访谈中,不少功能缺失型的家庭监护人表示,现在遇到子女的主要问题是脾气不好、叛逆、内向、烦躁,并且不爱与监护人沟通(包括亲生父母)。在缺乏父亲角色的家庭中,男孩子比较柔弱;而缺乏双亲亲职教育的儿童比较叛逆,不愿听祖辈的话等。

表12 不同家庭类型中儿童的优点评价

	普通家庭	功能缺失型家庭	卡方值
自　信	49.5%	23.5%	21.977(.000)
大方勇敢	32.3%	23.1%	3.099(.054)
懂事善良	73.7%	64.7%	2.594(.068)
开朗乐观	59.6%	38.2%	12.916(.000)
学习主动认真	51.5%	39.9%	3.831(.033)
独立性强	21.2%	33.2%	4.809(.018)
朋友多	30.3%	17.6%	6.666(.008)
关心他人	36.4%	21.8%	7.635(.005)
接受新事物	37.1%	62.9%	3.929(.033)
待人礼貌	58.6%	38.7%	11.245(.001)

(五) 经济因素制约家庭教育

调研显示:经济因素与监护人的控制水平、亲职信念水平、亲子质量等存在着显著的相关关系,即家庭经济水平高的家庭,其监护人控制水平、亲职信念水平、亲子质量等均呈现显著略高。这与监护人的受教育水平、工作状况、婚姻状况等多个因素有关。

功能缺失型家庭的监护人表示首要生活压力是经济,功能缺失型家庭的经济收入偏低,近六成的月收入不足3 000元,5 000元以上的家庭仅占10.9%。

表13 家庭类型与经济收入对比表

	3 000元以下	3 000～5 000元	5 000元以上
普通家庭	33.3%	34.3%	32.3%
功能缺失型家庭	58.4%	30.7%	10.9%

其中,以单亲家庭(3 000元以下占63.3%)的经济压力最大。

表14 生活压力情况比较

	普通家庭	功能缺失型家庭	卡方值	单亲	再婚	祖辈照料
就业困难	9.1%	13.4%	1.241(.265)			
经济拮据	39.4%	57.1%	8.823(.003)	62.2%	38.1%	37.5%
住房困难	19.2%	14.3%	1.270(.260)			
子女教育困难	63.6%	51.7%	4.041(.044)	47.9%	64.3%	75.0%
再婚困难	0%	25.2%	30.364(.000)	31.9%	.0%	0%
社会舆论压力	6.1%	7.6%	.239(.625)			
亲朋疏远	3.0%	5.9%	1.187(.276)			

经济压力会影响到监护人的亲职理念,经济问题迫使监护人以赚钱为主。因经济压力所迫,单亲监护人更倾向认同"我的主要责任就是赚钱,给孩子提供好的条件"。其中单亲母亲的认同度显著高于普通母亲和再婚母亲,这与其需要独自肩负照料与教育孩子的责任有关。

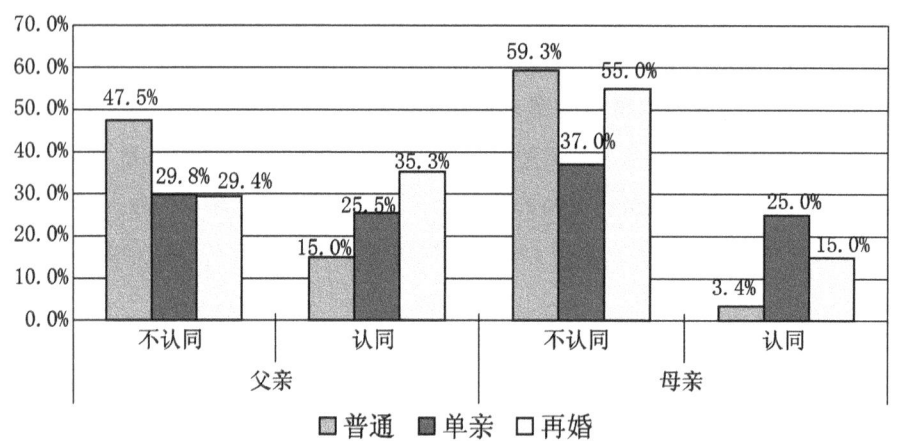

图3 对"我的主要任务就是赚钱,给孩子提供好的条件"的认同度

儿童能明显地感觉到家庭经济压力的存在。表15中可以看出,功能缺失型家庭儿童在经济上的主观体验要明显低于普通家庭的儿童。而特殊家庭中,再婚家庭和长辈抚养家庭的主观体验明显优于单亲家庭,说明由父亲或母亲单独一方抚养的家庭经济情况相比其他家庭略差。39%的单亲家庭儿童明显感觉到家庭经济问题是目前监护人遭遇的主要问题。

表 15　经济收入情况主观体验　　　　　单位：%

	好	一般	差
普通家庭	16.2	77.8	6.1
特殊家庭	4.2	58.9	36.9
单亲家庭	4.2	56.8	39.0
再婚家庭	10.3	74.4	15.4
长辈家庭	16.7	66.7	16.7

四、干预研究

根据实际情况与调研数据，课题组在嘉定区内选择 60 户功能缺失型家庭，针对家庭中普遍存在的亲子沟通、育儿压力等问题，引进在香港和上海推行已久的青少年正向成长计划，让家长和孩子一起对自我和家庭的意义进行探索，在活动中促进参加者对自身角色的认知、提高家长和孩子的情绪认知能力、交际沟通能力和自我效能感；试图用专业的方法与途径，帮助功能缺失型父母（或监护人）缓解亲职压力，帮助孩子适应生活。

在干预培训过程中，监护人与孩子都普遍认识到家庭教育过程中有待提高的地方。子女与监护人在态度和意识上都表现出正向积极的变化（见图4）。家长们认识到自己在教育方法和技巧上存在的问题，在观念上发生了改变；了解到"对孩子的教

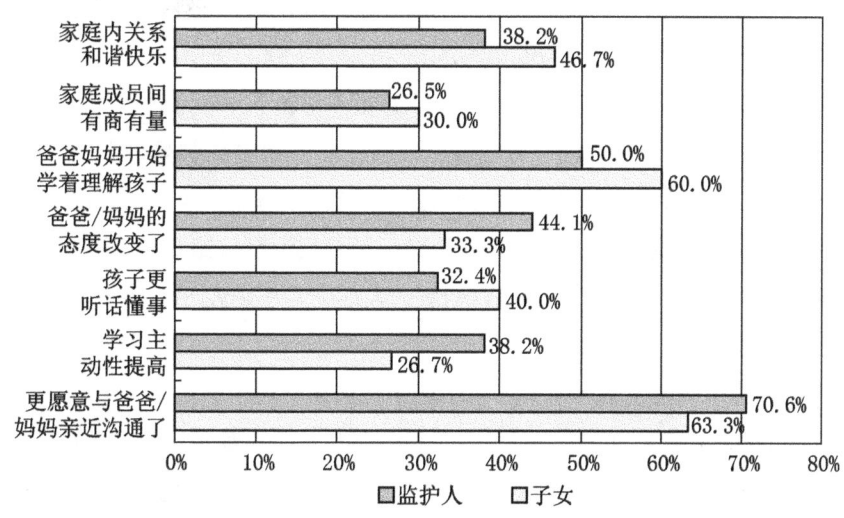

图 4　干预初步效果

育应该采用多鼓励、多引导、主动关怀和放下架子交朋友"。而孩子学会了如何与父母以及同辈之间进行交流,增加了自信,一位参加本次培训的孩子表示,他最大的收获是懂得了"要多和爸爸妈妈相处"和"知道了友谊的重要"。以上态度与意识上的改变是干预培训后即时、立竿见影的效果,但真正的改变和提高还需要儿童及监护人更好地理解和运用所学的知识和技能。

80%的儿童和97%的家长表示此次培训内容对改善亲子沟通方面非常有帮助;80.2%的儿童表示此次培训对家长教育态度的改变上非常有用;近80%的儿童和94.5%的家长对此次活动感到满意或非常满意。

五、建 议

本研究对监护人、社区服务和相关政策的关注点和建设性意见如下。

(一)家庭成员及监护人改变消极、负面的态度,积极面对家庭教育

1. 监护人应重视自身的学习提高,增长育儿知识水平

不少功能缺失型家庭的监护人受教育程度较低,从主观上放弃了子女的教育责任,将子女的教育问题推托到学校教师。监护人应转变观念,家长的学习不仅是文化知识的学习,更重要的是教育理念和技能的更新,包括与孩子沟通的技巧、关注孩子心理成长和道德素养提高等非知识性内容。

2. 监护人应妥善处理家庭变故后的家庭教育问题,用积极正向的心态引导子女适应生活的变化

目前国内家庭婚姻失败、孩子判给一方后,很多情况下另一方就不再介入或者分担教育的责任,这就导致了监护一方感觉压力重大。因此建议离婚的双方妥善处理婚姻问题,共同讨论和解决儿童的教育问题,给予孩子安全感。若一方不愿承担教育责任,监护一方则应调整心态,不将婚姻失败的消极态度转嫁给孩子,采取积极正向的态度关心和教育孩子。丧偶的家庭中,监护人则应调整好悲伤情绪,关心孩子的情绪变化。

3. 积极寻求外界支持和帮助,弥补缺失的家庭功能

随着近年来离婚率的上升,单亲家庭数量猛增,加上丧偶等形成的单亲家庭、祖辈家庭等,功能缺失型家庭基数不小。作为单亲家庭或祖辈家庭的监护人,在接受现实的前提下,应思考如何弥补家庭功能的缺失。针对亲职缺失的家庭,监护人可以充

分调动亲戚、朋友的资源,为孩子寻找适当的父亲(或母亲)的成人榜样,鼓励孩子多交知心朋友。

(二) 社区应加大社会舆论宣传,强化家长责任意识和儿童权利保护意识

1. 加大对适婚适育青年的宣传,强化家庭和育儿责任意识

现在农村等欠发达地区,不少青年盲目结婚导致婚姻破裂,将年幼的子女交给祖辈,各自又成立新的家庭,这让进入暮年的祖辈辛苦不堪。加大舆论宣传,让适婚适育青年了解家庭的意义、生儿育女后需要承担的责任,通过宣传引导,避免或减少盲目结婚、离婚、生育的现象,从源头上减少单亲家庭、祖辈家庭的发生。

2. 加强《婚姻法》、《教育法》、《未保法》等法律法规的宣传,切实维护和保障妇女及儿童的权利权益

妇联、公安局、检察院、法院、司法局等部门应多方合作,建立健全维护妇女合法权益的工作机制,并加强宣传,深化普法教育,切实保证离婚后妇女或儿童的合法权益得到较好维护。

3. 提高家庭育儿知识的普及与宣传,提高儿童监护人家庭教育知识、科学育儿知识的知晓率

通过社区宣传栏、海报张贴、育儿小册子的发放等形式普及宣传育儿知识,增强监护人家庭教育的责任意识,提高家庭教育的能力和水平。

(三) 丰富困境家庭的社区支持性服务内容,给予功能缺失型家庭有力依靠

1. 政府或相关部门应加大实施再就业计划或再就业技能培训力度

这样可帮助失业监护人重新寻找就业机会,改善生存状态。在功能缺失型家庭中,处于失业或不固定就业状态的监护人显著高于普通家庭,这与监护人自身的受教育程度、能力等有关,也与社会就业竞争激烈有关。政府或相关部门应重视这些弱势群体的再就业问题,帮助功能缺失型家庭走出困境。

2. 充分发挥家庭教育指导服务中心的功能作用,定期开设或举办家庭教育指导培训或咨询服务

此举可让备感教育无力的监护人增长知识,改变教养态度,从而改变"低素质人口=失职父母"的发展趋势;开设公益性、适合不同年龄层儿童的活动服务内容,向功能缺失型家庭儿童开放,让他们享受到与普通儿童相等的生活和教育福利。

3. 重视并改善功能缺失型家庭的家庭教育，改变贫困的代际传递现象

针对功能缺失型家庭的家庭困难以及父母受教育水平低等现象，社区或社会更应鼓励和帮助这些家庭的孩子完成适当的教育，从而改变这些家庭的命运，降低贫困代际传递。

4. 建立家庭联谊会等群众团体，利用集体智慧解决问题

相关部门应关心社区中的单亲家庭、祖辈家庭，采取互助方式或者依托社会专业机构等方式给予这些监护人支持和帮助，建立类似家庭联谊会、沙龙等群众团体，让具有相同家庭问题、教育问题的监护人能结交更多同伴，相互激励、互帮互助，利用集体的智慧解决共同面对的问题。

（四）健全生活保障和经济援助制度，完善未成年子女权益保护的相关法律

1. 完善相关法律，确保父母离婚子女的生活和教育费用的合理有效保障

完善未成年人子女权益保护的相关法律如《婚姻法》等，确保父母离婚后子女的生活和教育费用能得到合理、有效的保障；在离婚财产分割中应贯彻"照顾子女和女方权益的原则"，确保离婚女性在财产分割时考虑照顾子女、承担家务等劳动付出的补偿，保障单亲母亲及子女的生活水平；针对双亲不顾、将孩子交予祖辈的家庭，可在法律条文中给予明确说明，保障祖辈从子女处获得抚养孙辈的生活或教育费用。

2. 健全经济援助制度，在救助标准上对特困单亲家庭、祖辈家庭等给予相应弹性制度

如根据家庭现实情况对部分困境家庭给予高于标准的援助；为促进救助对象自食其力，可采用保留部分保障金而不是撤销补助，从而减少一些失业监护人宁愿拿"低保"也不愿意从事低工资职业等。

闵行区失独家庭基本情况的调研报告

闵行区妇联

近年来,失独家庭作为新的社会弱势群体,在媒体的关注下,正逐渐进入公众视野,为人们所熟悉。所谓失独家庭,概括地说,就是独生子女因意外、疾病等原因死亡或严重伤残,其父母不再生育和收养子女的家庭。目前,全国没有直接关于失独家庭数量的统计数据,但是根据卫生部《2010中国卫生统计年鉴》公布的15~30岁人口死亡率计算,全国每年新增失独家庭7.6万个,保守估计,目前失独家庭已超百万,已成为一个日益庞大的特殊弱势群体,亟需社会的广泛关注和政府的有效救助。为了更好地从妇联角度服务于失独家庭,近日,闵行区妇联通过问卷调查和座谈会等形式,对全区失独家庭进行了一次调研,并形成以下报告。

一、基本情况

据统计,截至2012年12月底,闵行区共有失独家庭(不包含伤残家庭)641户,人数众多,分布较广。从年龄结构来看,失独父母年龄普遍较大,49岁以上822人,占总人数的98.2%,其中,又以55~59岁最多,占总人数的27%,这些人正好处在已经退休或即将退休的阶段,他们的养老、医疗以及精神方面的问题是政府和社会所要关注的重中之重。在问卷调查中,认为失独群体面临的最大问题或者困难是"等到年老体弱时没有人进行日常照顾"、"没有监护人就医有困难"以及"精神压抑"的人最多,分别占到92.3%、51.9%和40.4%。

表1　失独家庭父母年龄结构　　　　　　　　　　单位：人数

年龄段	男	女
合计	409	428
48周岁以下	9	6
49~54周岁	73	98
55~59周岁	98	128
60~64周岁	100	112
65~69周岁	81	47
70~74周岁	27	24
75~79周岁	15	9
80~84周岁	6	4

表2　"您认为失独群体面临的最大问题或者困难是什么"

选项	回答人数	百分比例（%）
没有经济来源	8	5.1
等到年老体弱时没有人进行日常照顾	144	92.3
没有监护人就医有困难	81	51.9
没有担保人，很难进入养老院养老	47	30.1
精神压抑	63	40.4
其他	9	5.8
本次有效填写人数	156	

总体来看，这些失独家庭的生活状况可以归纳为四类：第一类是能较好地融入社会，生活比较和谐乐观的家庭。他们的特点是性格开朗，本人精明能干，有较强的劳动能力，有稳定的收入，年龄在60~70岁之间，子女在多年前就意外死亡，随着时间的消磨，已抚平了丧子之疼，重拾了生活信心。第二类是丧失劳动能力，养老堪忧的家庭。他们的特点是年龄在70岁以上，基本没有劳动能力，要么住敬老院，要么住精神病院，极个别不愿住敬老院的独自在家艰难生活。第三类是中、晚年丧子，一直没有走出伤痛阴影的家庭。他们的特点是年龄在45~60岁之间，基本都是子女成年后意外死亡，一直没有走出丧子之痛的阴影，他们认为"失去父母的孩子可以长大，但失去孩子的父母是怎么都过不去的"。第四类是自暴自弃，对社会心怀不满的家庭。这

类家庭较为个别,但已成为所在社区乃至一个地区的不稳定因素。

二、特色工作

应该讲,失独家庭这个群体是特殊历史时期、特定条件下产生的,时至今日,我们必须客观面对并研究解决由它引发的一系列家庭和社会问题。近年来,闵行区相继出台了一系列惠及计划生育家庭,包括失独家庭的利益导向政策,其中,免费助餐和家政服务深受失独家庭(包括独生子女伤残或死亡的家庭)的欢迎和认可,自2008年实施以来,全区共有931户,1870人享受免费助餐服务;共有128户享受免费家政服务。

除了区层面出台相关政策,打造"暖心工程"之外,各基层单位也根据自身实际,在联系服务失独家庭的过程中做成了一些反响良好的特色工作。江川路街道在2011年6月成立了"馨逸缘"交友沙龙,并在合生城邦二居委内设置了"馨逸缘"交友工作室,每周二、四下午邀请专业心理咨询师为失独父母进行心理辅导,鼓励他们走出阴影,放弃偏执,融入社会。在此基础上,"馨逸缘"还利用节假日把失独家庭聚集起来举办中秋联欢会、新春联谊、江浙一日游等活动,有效促进了失独家庭相互之间的互动以及他们与外界的沟通交流,收到了丰富生活,愉悦心情,抚平伤痛的良好效果。两年多来,"馨逸缘"作为江川失独家庭的心灵港湾,让他们在"抱团取暖"中重获力量,重拾信心。目前,由13人组成的"馨逸缘"失独家庭志愿者团队已正式成立,他们将以帮助他人以及结对互助的方式积极参与各类志愿活动,把这种"正能量"传递给更多的人。同样,古美路街道的"爱之屋"沙龙也是一个让失独家庭结对互助、自我服务、自我管理的组织,他们的谈心交流茶话会、节庆日联谊会、特殊家庭"回家过年"年夜饭等活动办得有声有色,深受失独家庭欢迎。另一方面,沙龙成员太极拳班及摄影班也很好地填补了失独家庭生活的空虚,帮助他们重新找到了生活的寄托,看到了人生的希望。

三、存在问题

通过问卷调查,我们发现,养老问题不仅是失独家庭最关心、最担心的一个问题,也是公众最希望政府为失独家庭去解决的一件事情。我国目前仍以居家养老为主,失去子女的生活照顾与精神慰藉,失独父母缺乏养老保障,即便选择集中养老方式,没有监护人,失独父母也难以进入养老院等养老机构。

表3 "您认为政府和社会应该为失独群体做些什么"

选项	回答人数	百分比例(%)
适当增加失独群体养老金的补贴	86	55.1
酌情放宽计划生育政策	42	26.9
建立专门服务于失独者的养老院	82	52.6
成立失独群体专项公益基金组织	67	42.9
为失独群体提供特制的养老保险	75	48.1
加强对失独者就医的补助	74	47.4
开展以政府或社会公益组织为主导的针对失独群体的志愿服务	68	43.6
制定、完善与失独者权益保护、养老等相关的政策、制度	85	54.5
其他	3	1.9
本次有效填写人数	156	

正如表3所示,排名前三的选项分别为"适当增加失独群体养老金补贴"、"制定完善与失独者权益保护、养老等相关的政策制度",以及"建立专门服务于失独者的养老院",而这三项无一不在围绕养老问题展开。

除了面临养老难题之外,失独家庭往往还会遭遇经济困难和出现心理疾病,在这些方面,政府还缺乏有效的救助,主要表现为物质帮扶有限和精神帮扶稀缺,特别是后者。目前,失独家庭的精神关怀,主要还是由民间自发的互助团体来承担,但这些团体的发起和延续,都有一定的随机性与不稳定性。专门针对失独家庭的心理救助机制尚未建立,现行的政策和做法还远远不够。

四、思考建议

从失独家庭的现状来看,各级政府虽然都在持续推进对这个群体的关注,但很多都还停留在对具体的经济政策作一些细枝末节的修改。站在妇联的角度,我们呼吁有关部门进一步加强失独家庭的养老、医疗保障力度,这是他们诉求的焦点,也是政府工作的重点。比如,对失独家庭养老实施优先和补贴政策,在目前机构养老床位供不应求的情况下,养老机构实行失独家庭养老优先入住,并给予一定的住院养老费用补贴,以解决这些家庭的养老问题。又如,适时调整和完善收养政策,设立失独家庭抚养孤儿津贴,建立失独家庭服务管理部门与儿童福利院的信息互通机制等,通过政策倾斜,鼓励失独家庭优先收养孤儿,帮助其重建家庭,开始新的生活。再如,医疗卫生系统提供免费的家庭医生、定期体检、临终关怀等多元化服务等。除了积极呼吁，发出妇联的声音之外，我们也将充分发挥自身优势，组织、开展各项关爱、救助失独家庭的工作。

一是实施心理救助。对于失独者的心理治疗是一个长期的心理支持和修复行为，并不仅仅是失独群体简单"扎堆"所能解决。妇联在这方面拥有不少优质的资源，可以通过一批专业的心理咨询师从服务细节上给予这个群体更加细致的人性化帮扶，对其进行心理干预和哀伤辅导，帮助他们尽早走出心理阴影。

二是培育志愿团队。失独家庭在生活中往往会面临诸多正常家庭无法想象的困难，尤其是一些高龄、重疾的失独父母，日常生活需要照料，就医配药需要陪护，非常需要像志愿者这样的团队的帮助。妇联将通过发动社区工作者、党员、楼组长以及招募适量专业心理辅导人员等方式组建志愿者服务队伍，并针对失独家庭制定特殊的志愿者服务制度，对志愿者进行必要的培训，让他们掌握更多的专业知识和沟通技巧。由于服务的对象比较特殊，在调查问卷中我们针对志愿者的年龄问题进行了了解，有55.5％的人认为理想的志愿者年龄应该在41～50岁之间，届时，我们会对志愿者的年龄提出适当的要求。这些志愿者除了为失独家庭做义工、献爱心外，在失独者主动要求或愿意接受的情况下，还将对失独者进行适当的心理辅导，尽可能帮其缓解精神抑郁，疏导心理障碍，解开自闭心结。

三是提供法律援助。调研中我们发现，很多失独父母年纪都比较大，也很少跟外界接触，法律知识缺乏，维权意识淡薄，往往在遭遇侵害或陷于民事纠纷时不知所措；有些即便有一些维权意识，真正碰到问题时也可能会求助无门。针对这种情况，妇联将充分借助老舅妈工作站这个平台，广泛开展针对失独家庭的维权宣传活动，同时，对于已经发生的纠纷将进行积极的沟通协调，必要时，也会跟司法部门、律师协会等相关部门和组织加强联系，切实保障失独家庭的合法权益。另一方面，我们也发现了部分因失独而导致离异的家庭，使得原本已经陷入困境的家庭雪上加霜，最终走向分崩离析。作为妇联，我们不愿看到这种结果，在我们能力范围内必须有所作为，提前介入，提早预防，发挥好"老舅妈"们"和事老"的作用，不要让悲剧一个接着一个发生。

四是营造良好氛围。调研中，一位基层妇代会主任转述了一位失独母亲的话："我最大的心愿就是能够有尊严地活着，有尊严地离开这个世界……"失独者心理往往会变得脆弱和敏感，常常选择自我封闭，不愿再接触社会，这让他们精神上痛苦不堪。妇联将携手相关部门和社会组织努力营造"尊重失独家庭，关爱失独父母"的社会氛围,逐渐消除社会上一些人对他们的误解与歧视,保障失独者的人格尊严,激发他们继续生活下去的勇气和信心。

　　失独家庭从总体上来说数量不少,牵动的人群也很多,解决好失独家庭的各种问题,意义重大。从妇联的角度来讲,相比较政策帮扶,可能在精神帮扶方面更能发挥我们的优势和作用,通过我们的努力,把对这个群体的关注,推向更具体、更具操作性的轨道上来,也期待更多的社会力量和目光聚焦这个群体,给处于人生冬季的他们带去更多一点的温暖。

特殊儿童家庭艺术治疗现状与对策研究

上海市长宁区特殊教育指导中心*

一、研究背景与意义

（一）研究背景

课题组以不同的关键词，在"中国知网"上搜索了国内近6年（2005～2011年）公开发表的相关文章，以"特殊儿童家庭教育"作为关键词，共搜索到9篇；以"艺术治疗"作为关键词共搜索到48篇，剔除相关性极低的18篇，相关性较高的有30篇，鲜有关于特殊儿童家庭艺术治疗的文献。课题组也用上述关键词在百度上搜索了相关网页，大部分都是关于艺术治疗、绘画治疗的简单论述，以及特殊儿童家庭教育意义等，其中百度文库中有1篇关于中外特殊儿童艺术治疗概况比较的论述类研究，未见有关特殊儿童家庭艺术治疗的内容。分别以"Art therapy"、"Family art therapy"、"Art therapy for children with special need"、"Family art therapy for children with special need"在google上搜索相关网页，内容非常丰富，英国、美国、加拿大等发达国家该领域的研究成果非常丰富，历史也很悠久，有许多关于"儿童家庭艺术治疗中心"等组织、"特殊儿童艺术治疗项目"的介绍。综合分析，结果显示：

1. 中国大陆关于特殊儿童家庭教育的研究较少，所涉对象范围和内容广度均不够丰富

以"特殊儿童家庭教育"作为关键词，在"中国知网"上搜索了国内近6年（2005～2011年）公开发表的相关文章，共搜索到9篇。从研究对象上看，其中2篇关于学前

---

* 本研究主持人：夏峰主任。成员：季卫东、谭和平、沈立、徐洪妹、朱银珍、张薇、严淑琼。执笔：严淑琼。

特殊儿童家庭教育,1篇为聋童家庭教育;从研究内容上看,3篇是关于特殊儿童家庭社会支持方面的研究;其余还有1篇综述、1篇思考、1篇关于家校合作现状的研究。

综合分析所有文献资料,结果显示,研究者虽已逐渐意识到家庭教育的重要性,但无论是理论研究、还是实践都还处于薄弱的地位。无论是从研究对象的障碍类型上看,还是从年龄上看,范围均比较狭窄,鲜有关于自闭症儿童、情绪行为障碍儿童等的研究,亟待扩展。而研究内容也比较单一,以相关影响因素研究、理论研究、社会支持类调查研究为主,实践类研究较少。

2. 艺术治疗在大陆尚属于一种新兴的治疗方法,实践类研究比较少

中国大陆艺术治疗领域的研究,大部分是简单论述类或介绍美国和我国台湾等地的进展状况的;就查阅到的30篇相关文献中,有12篇是关于美术治疗的;其余4篇分别是关于舞蹈治疗、陶艺治疗、书法治疗和儿童故事治疗的艺术治疗是解决儿童心理问题的一种方法。

综合分析所有文献资料,结果显示,近年来,尤其是"5·12"地震以来,艺术治疗在国内心理咨询界引起了广泛关注,但和其他心理治疗方法相比,艺术治疗在我国尚属于一种新兴的治疗方法,运用有限,相关研究较少。有关艺术治疗的研究中最多的是关于音乐治疗的,其次是关于美术治疗和舞蹈治疗的研究,但大部分均属于泛泛而谈,实质性的应用研究就更少了。关于音乐治疗在特殊儿童中运用的研究多集中于自闭症儿童康复和特殊儿童的运动康复两大领域,初步探索了可视音乐对特殊儿童运动障碍康复的训练内容,以及相关的康复流程与方法。研究者也初步开展了新的治疗方法的探索,比如陶艺治疗、书法治疗等,但总的来说,实践研究尚属少数,有待丰富。

3. 大陆艺术治疗研究对象多为"震后心理创伤者",鲜见特殊儿童家庭艺术治疗研究

目前,国内艺术治疗领域的研究多集中于震后心理创伤、震后情绪行为障碍儿童、震后幼儿心理辅导,仅有的几篇艺术治疗运用研究是针对大学生焦虑、成人抑郁和成人精神分裂患者的。音乐治疗领域的研究涉及较少的特殊儿童类研究,主要集中于特殊儿童的运动康复和自闭症儿童的康复;美术治疗领域仅有的几篇应用研究中探讨了美术治疗在特殊儿童运用中的评估、在自闭症儿童中的运用;其他针对特殊儿童的艺术治疗方法研究均有待充实。几乎没有找到中国大陆关于特殊儿童家庭艺术治疗领域的相关研究。而在欧美等发达国家,艺术治疗已经发展成了一门成熟的学科,相关从业人员也需要资质认证,被广泛地运用于特殊人群及其家庭。

4. 艺术治疗在欧美及我国台湾、香港地区已被广泛运用于特殊人群及其家庭，效果显著

艺术治疗在欧美已广泛应用于临床、特殊教育等诸多领域。在临床康复和治疗中，能有效治疗抑郁症等神经官能症；在特殊教育领域，它已成为特殊儿童有效的辅助康复与教育方式，帮助他们增强自信与自尊，促进其潜能发展。如，塞尔维斯特1997年研究发现，艺术治疗能够很好地提升特殊人群的自尊水平，卡纳莱夫2002年研究显示，艺术治疗可以显著提高自闭症儿童或唐氏综合征儿童的社交技能。总的来说，艺术治疗对改善特殊人群自我意向、自我概念、社交技能、言语发展、认知能力发展均有显著作用。

随着艺术治疗研究和实践的不断深入，研究者逐步开始探索团体艺术治疗、社区艺术治疗等方法，且取得了显著疗效。英国的Don Jackson于20世纪50年代把艺术治疗的方法引入家庭，并逐渐发展为一个集研究和治疗于一体的学科，被广泛地运用于夫妻间的艺术治疗、多个家庭的艺术治疗等。以"Art therapy"、"Family art therapy"、"Art therapy for children with special need"、"Family art therapy for children with special need"在google上搜索相关网页，内容非常丰富。在国外还有各种各样专门为特殊儿童及其家庭提供艺术治疗的中心，如，National Institute of Art & Disabilities，致力于以项目的形式为各类残障人群及其家庭提供绘画、舞蹈等艺术治疗服务，且通过残障人群作品展览等形式，不断提升其自我概念、自尊水平，取得了很大成就。中国大陆有必要探索本土化的特殊儿童家庭艺术治疗对策。

综合分析所有文献资料，结果显示，国内关于特殊儿童家庭教育、艺术治疗的研究均比较少，实践类研究更少，将艺术治疗运用于特殊儿童家庭的研究更是鲜见。艺术治疗在欧美已广泛应用于临床、特殊教育等诸多领域，已成为特殊儿童有效的辅助康复与教育方式，对改善其自我意向、自我概念、社交技能、言语发展、认知能力发展均有显著作用。中国大陆有必要进行本土化探索和研究。

（二）研究意义

1. 丰富特殊儿童家庭教育领域研究

中国大陆的研究者虽已逐渐意识到家庭教育的重要性，但无论是理论研究、还是实践都还处于薄弱的地位。无论是从研究对象的障碍类型上看，还是从年龄上看，范围均比较狭窄，鲜有关于自闭症儿童、情绪行为障碍儿童等的研究，亟待扩展。而研究内容也比较单一，以相关影响因素研究、理论研究、社会支持类调查研究为主，实践类研究较少。艺术治疗在欧美已广泛应用于临床、特殊教育等诸多领域，它已成为特

殊儿童及其家庭有效的辅助康复与教育方式,在中国大陆尚处于起步阶段,有必要将艺术治疗引入多类特殊儿童家庭教育,以期进一步推动艺术治疗在我国特殊儿童家庭教育中的运用,丰富特殊儿童家庭教育领域研究。

2. 应对特殊儿童及其家长突出的心理问题

家庭是特殊儿童生活的主要场所,特殊儿童有约 2/3 的时间都是在家庭中度过的,家庭教育的质量直接关系到特殊儿童的终身发展,而且特殊儿童的家长也往往承受了比一般家长更大的压力,这种压力会对特殊儿童的家庭教育造成不良影响。由于身心方面不同程度的障碍,特殊儿童均存在不同程度的心理问题,已到了不可回避的程度,成为社会和家庭越来越关注的问题。国外研究证实,艺术治疗能够很好地应对特殊儿童及其家庭心理问题,提高其认知能力和自尊。有必要探索本土化的特殊儿童,以应对特殊儿童家庭突出的心理问题。

3. 提高特殊儿童家庭的生活品质

国外研究显示,艺术治疗能够很好地提升特殊儿童及其家庭的生活品质,将艺术治疗引入特殊儿童家庭,可以很好地缓解家长的压力,而且家长的变化会进一步引起特殊儿童的变化,进而提升整个家庭的幸福感,提高家庭的生活品质。有必要通过本研究,进一步了解大陆特殊儿童家庭教育和艺术治疗现状,探索本土化的特殊儿童家庭艺术治疗对策。

二、关键概念

(一) 艺术治疗

艺术治疗又称艺术心理治疗(Art Psychotherapy),是心理治疗的形式之一。美国艺术治疗协会这样描述它:"艺术治疗是提供了非语言的表达和沟通机会。"本研究中的艺术治疗指的是以摄影、文学、音乐、美术、舞蹈等为媒介,促进特殊儿童整体发展。

(二) 特殊儿童家庭

本研究中指,家里有情绪行为障碍儿童、盲生、智障儿童、自闭症儿童、多重残疾儿童五类中任何一类年龄为 5~18 岁特殊儿童的家庭。

三、研究目标、研究内容、研究方法与实施步骤

(一) 研究目标

基于区域特殊儿童家庭艺术治疗现状调查分析,提出对策,通过短期的实践案例

验证对策的可行性及效果,在积极心理学视野下,探索中国大陆本土化的特殊儿童家庭艺术治疗实践策略,以缓解特殊儿童及其家庭心理压力,促进特殊儿童潜能发展,提升特殊儿童及其家庭生活品质。

(二) 研究内容

1. 特殊儿童家庭艺术治疗现状调查研究

自编特殊儿童家庭艺术治疗现状调查问卷,采用整群抽样法,选取区域三所特教学校、一个学前特教点、随班就读学校的特殊儿童家庭为调查对象,通过家长调查,了解长宁区特殊儿童家庭艺术治疗的现状和需求。

2. 积极心理学视野下特殊儿童家庭艺术治疗对策研究

基于特殊儿童家庭治疗现状调查研究结果分析,在积极心理学视野下,探索适合于本土特殊儿童家庭治疗的对策,以提升特殊儿童家庭生活品质。

3. 特殊儿童家庭艺术治疗对策绩效研究

运用案例研究法,选取若干个特殊儿童家庭作为研究对象,验证对策的可行性。通过自编检核表(家长版)、前后对照,评估个案和家庭的变化,验证对策的可行性。

(三) 研究方法

具体研究方法见图1。

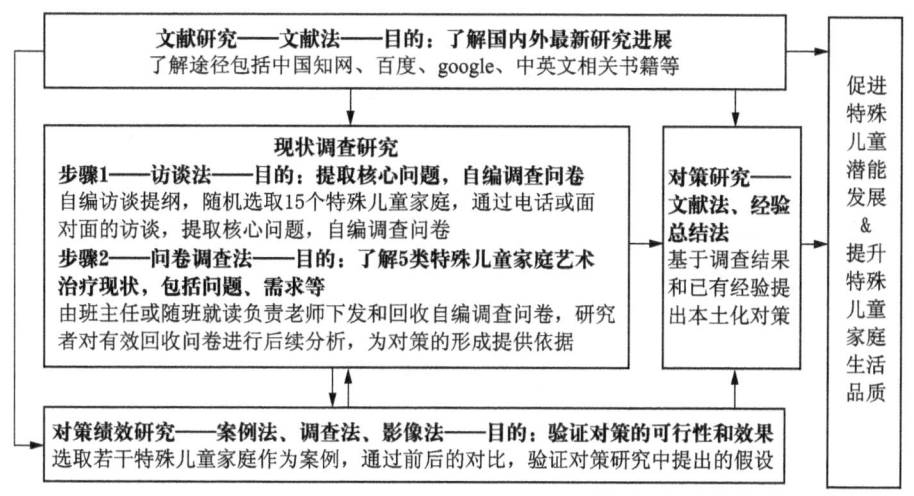

图1 研究的方法

(四) 研究步骤

1. 研究准备阶段:2012年6月~2012年8月

查阅相关的报纸、书籍、杂志和学术期刊网络等收集有关特殊儿童家庭教育、艺术治疗的资料文献;从特殊儿童家庭教育研究的对象、内容,艺术治疗的概念鉴定、研究取向、在各类人群中的运用几方面进行文献学习研讨和信息分类编辑,尤其关注艺术治疗在特殊儿童领域运用现状的研究现状及趋势,为本课题的研究提供理论支撑及研究基点。

2. 研究实施阶段:2012年9月~2013年7月

(1) 确定访谈对象,自编访谈提纲。
(2) 基于访谈提纲,分析整体并提取核心问题,自编调查问卷。
(3) 确定调查对象,下发并回收调查问卷。
(4) 分析调查问卷,提出研究假设,假定提出的对策是可行和有效的。
(5) 选择典型个案,多维度呈现特殊青少年的成长曲线,验证对策的可行性。
(6) 梳理有效对策,指导特殊儿童家庭的艺术治疗实践操作。

预期成果:调查报告《特殊儿童家庭艺术治疗现状的调查研究》。

3. 研究总结阶段:2013年8月~2013年9月

比较、分析过程中积累的资料、数据、非文本报告,完成课题研究报告。

预期成果:结题报告《特殊儿童家庭艺术治疗现状与对策的研究》。

四、研究结果

(一) 特殊儿童家庭艺术治疗现状调查研究

课题组选取了上海市长宁区三所特教学校、一个学前特教点、随班就读学校、三个阳光之家的特殊学生家长为调查对象,学生障碍类型包括:情绪行为障碍、听障、视障、智障、脑瘫、自闭症儿童、多重残疾七类,学生年龄为3~38岁。通过对特殊学生家长的调查,了解特殊学生家庭参与艺术康复的现状与需求。

1. 自编访谈提纲,提取核心问题

自编特殊儿童家庭艺术治疗访谈提纲,随机选取15个特殊儿童家庭实施访谈,基于访谈结果,自编特殊儿童家庭艺术治疗现状调查问卷。

家长访谈提纲的问题有以下几个:

(1) 您觉得接触艺术对孩子的成长有哪些帮助?

(2) 在孩子的教育方面,您最需要什么样的社会支持?

(3) 您的孩子都参加过哪些形式的艺术活动?

(4) 艺术给整个家庭带来了哪些变化?

(5) 您觉得什么是艺术治疗?

2. 基于提取的核心问题,自编调查问卷

基于访谈结果分析和文献学习,课题组经过讨论、编制、试测、再修改,最后确定了施测问卷。问卷包括 17 道选择题和 1 道开放式问题,涵盖了特殊儿童家庭基本信息、特殊儿童参与艺术活动经历、需求几大部分。

3. 调查主要结果

(1) 有近半数特殊学生曾参与团体或亲子式艺术活动,大部分特殊学生家长认为参与艺术活动可以促进孩子发展,尤其是有助于提高孩子的情绪调节能力和增强其自信、自尊。

(2) 大多数特殊学生家长认为,孩子目前急需增强自信与自尊、改善情绪和行为问题。

(3) 特殊学生家庭急需得到音乐、陶艺、绘画三类康复项目,希望参与团体式亲子活动和融合活动。

(4) 特殊学生家长希望教师能同时具备专业艺术康复技能和心理辅导能力,希望得到社会更多的支持,多方合作,提供更多艺术活动和艺术展示平台。

(二) 积极心理学视野下特殊儿童家庭艺术治疗对策研究

2011 年以来,特教中心积极整合学校、家庭、社会多方资源,通过两年多的探索,在实践中总结了五个艺术治疗对策。在实践运转中,特殊儿童得到了极大发展,特殊儿童家庭生活品质也得到了极大的提升。

1. 启动亲子艺术治疗项目

特教中心从 2011 年开始,陆续启动了以摄影、音乐、绘画为媒介的亲子艺术治疗项目,下面以摄影治疗项目为例简单介绍。

(1) 项目简介。正如美国摄影康复师 Rolando Gomez 所说的,"The power of photography: to help build or rebuild self-esteem!"借助摄影,失意的人可以重新找回自信与自尊。为了帮助特殊青少年获得自信和自尊,让他们也能体验到成功,进而发展其潜能并提升其家庭生活品质,长宁区特殊教育指导中心于 2011 年率先开始了

"特殊青少年摄影康复"实践探索。随着实践的深入,我们愈发意识到家庭参与的重要性,基于表达性艺术康复理念,中心于2012年4月组建了"随拍拍·用心讲——特殊青少年亲子摄影康复"项目组,有5名学生和家长参与其中。

(2)特殊青少年亲子摄影康复项目目标。定位有别于一般的摄影教学,不强调知识体系的获得和摄影技术的掌握,而是更强调心理康复的取向。即,通过摄影活动,以及对摄影过程和摄影作品的反应,让特殊青少年学会更好地解决情绪行为问题,增加对自我与他人的认识,提高认知能力,充分发展个人潜能,增强自我效能感和自尊。摄影内容的选择,不强调摄影技术的运用,而是强调自我情绪和心境的表达,鼓励学生和家长以生活为圆心,一起拍摄吸引自己的素材。通过团体式的亲子交流体会、分析作品、评价活动,学生的自尊自信、言语表达能力、社交能力等均得到了一定的发展,也促进了亲子沟通,提升了特殊青少年家庭生活品质。

2. 制作特殊儿童艺术作品的衍生产品

为了进一步提升特殊儿童的自我效能感,提高特殊儿童家庭生活品质,课题组积极整合社会资源,将特殊儿童制作的艺术作品制作成产品,如:摄影作品制作的马克杯、文化衫、明信片等,将特殊儿童的绘画作品加框展出,并进行社会化运作。

(1)产品类别:制成马克杯、文化衫、明信片、邮折、裱框出售的艺术品等。

(2)用途:①用于国际交流的礼品。②进行出售。③联系基金会,通过基金会将作品卖给企业或个人并且给予相应的捐赠收据。④联系基金会将义卖所得定向捐赠给特教学校。

3. 社教结合举办各类学生艺术作品展

通过社会化运作,社教结合,整合资源,举办各类学生艺术作品展览,包括摄影作品展、绘画和书法等作品展、诗作展览等。

2011年12月到2012年4月,"心灵,如花盛开"——八位特殊青少年摄影联展在明园文化艺术中心等多个展馆展出。

2012年12月3日,"艺术点燃生命"特殊青少年与艺术家在一起系列展在朱屺瞻艺术馆拉开了序幕,在刘海粟美术馆、多伦现代美术馆、莫干山路艺术园区(M50)等八个展馆进行九场艺术展,张雷平、俞晓夫、张培成等八十多位国内外艺术家参与展览。展览中,中心特邀艺术家杨烨炘创作了行为装置艺术作品《19道门》,呼吁社会关注随班就读学生的生活品质。

2013年8月14日至8月20日,作为首届上海市民文化节的展出之一,"灵感如影随形"——阳光之家学员袁永瑞作品展在刘海粟美术馆举行。展品分为两大部分:《光影的对话》摄影作品及品鉴诗组合和《我和我的小伙伴们都惊呆了》装置作品。

2013年9月8日到9月21日,"摄影艺术治疗项目学员成果展"在虹桥当代馆展出,参展所有作品的名称和介绍均由学员自己或者学员和家长合作完成,学员参加项目以来的点滴进步也都以文字的形式展出,引来很多居民驻足,极大提升了学员家庭的生活品质。

4. 社教结合举办大型学生展示活动

2012年5月21日,以长宁特殊教育100年为契机,长宁区特殊教育指导中心联合20多家企事业单位等社会公益力量,在上海音乐厅举办了"梦想点亮心灯"特殊青少年达人秀决赛,600多名特殊青少年参与其中,辛丽丽、钱程、海滨、金晶、孙吉、宋晓波等七位社会知名人士担任评委。

架子鼓、爵士舞、钢琴独奏、滑稽戏等节目让1 200名观众目不暇接、感动至深。参与选手最小的只有8岁,最大的已经38岁。他们中有的是唐氏综合征,被认定一生所能达到的高度只能到自己穿衣、吃饭;有的是智障,被认为将一无所成;有的是自闭症,被认为永远只能生活在自己的万花筒中;有的是盲人,被认为毕生只能生活在狭小的半径中。无论是智障、盲生、唐氏综合征,还是自闭症,他们用最简单的执著,用最纯净的心灵,现身说法,展示了属于特殊青少年的精彩。不仅缔造了属于自己的传奇,也点亮了你我的心灯。主持人海滨推动协励汇、《直通990》,以及《文汇报》、《新闻晚报》、东方网一起,在两周时间之内,圆了特殊孩子100个梦想。

此次活动推出了杨成伟、袁永瑞、童童等特殊达人。上海各大媒体做了充分报道,《青年报》头版头条、大篇幅做了跟踪报道。12月15日,达人秀活动作为全市两个重点公益项目,在"2012年上海青年志愿公益之夜"晚会上向联合国副秘书长格林斯潘进行了推介。

5. 社教结合举办学生作品爱心义卖

举办爱心义卖不仅可以提升特殊儿童的自我效能感和自尊,同时也是促进特殊儿童社交、语言、认知发展的大好机会,在自然的生态环境下提升儿童的各项能力。

2012年12月29日,一个周六的上午,天阴沉沉的,静安寺地铁站出入口不时传来热烈的"叫卖声"。这是上海市长宁区特殊教育指导中心组织的"爱心义卖"。为了提高特殊需要学生及其家庭的生活品质,帮助特殊青少年重获自尊、自信,长宁区特殊教育指导中心引进艺术治疗理念,积极提供支持,发现学生潜能、促进其优势发展。

本次义卖品是摄影治疗的阶段性成果,是五个特殊孩子的摄影作品制成的明信片。

惊叹于特殊孩子的精美作品,感动于特殊教育指导中心老师的付出和投入,过往路人包括外籍人士都纷纷慷慨解囊。《劳动报》记者闻讯前来采访,并希望前往长宁区特殊教育指导中心参观报道。

伟伟说:"我觉得参加这次活动很开心,社会上有很多热心人愿意帮助我们,感觉很温馨。"小昺说:"签名时感觉蛮开心的。"小磊说:"我在静安寺拍了庙,给爱心人士画了米老鼠、蓝精灵、小熊维尼,心理感觉很好。"家长感言:"尽管天气寒冷,但大家心里热乎乎的。"类似大规模活动能促进社会和谐。摄影小组的同学都很认真,很有成就感。

(三) 特殊儿童家庭艺术治疗对策绩效研究

艺术或许无法帮助他们消灭生理的障碍,但却可以帮助他们跨越心魔。生理的障碍其实并不可怕,可怕的是"心理的障碍",可怕的是为了上天不够善意的玩笑而失去生命的支点。而绘画、摄影、音乐、舞蹈、诗歌等艺术途径都可以让特殊青少年在茫茫黑夜中,拨雾见日,重新寻找到生命的支点。走得最慢的人,只要他不丧失目标,也比漫无目的地徘徊的人走得快。

特殊儿童成长中,家长的参与举足轻重,有研究证实:"后续康复和发展好的特殊孩子无一不是家长参与和提供支持最多的那些家庭。"所以,长宁区非常强调家长在特殊儿童青少年艺术康复中的参与。有了家长的参与,有了艺术家的志愿支持,才有了一个个奇迹,他们在艺术的道路上反而比一般人走得更远!

下面通过五个案例来展示艺术治疗对策绩效:

案例1:打开"一扇窗户",生命轨迹就此改变

一次偶然,把一个家庭推向了痛苦的深渊。一个消息、决定,一种关爱,又让他们走出了痛苦深渊,给整个家庭带来了快乐,他们的世界因摄影而精彩。

施融妈妈说:"施融的偶然加入,打破了我们家庭原有的希望和平衡,看着那张智障的诊断书,我的天一下子塌下来了,每天生活在自责当中。"直到2004年初,一个消息,一个决定,从此改变了他们的家庭!当得知长宁少科站有摄影班,而且家长可以一直听课,这位妈妈在少科站门口从年初徘徊到年尾,终于鼓足勇气,下决心跨入少科站大门,找到了董尼老师、金文彬老师、周抑贞站长,把孩子的情况说了一下,没想到站长、老师们并没有把他们拒之门外,而是无条件地接受孩子参加基础班和民族文

化班的学习,记得当时董尼老师说:"我没有教过这样的学生,不知能否教会,但我会尽心尽力去做。"

就这样,因为摄影,因为家长的坚持,因为社会的支持,这一家人的命运轨迹从此改变了!2007年6月1日施融在刘海粟美术馆举办了"你行我也行——施融个人摄影展"并举行了个人摄影册的首发式。2009年9月16日在上海国际体操中心举办了第二次个人摄影展。2010年12月18日,在明园文化艺术中心举办了"园孩子一个梦想——世博摄影展",并得到了原上海市委俞正声书记的关心,长宁区委卞百平书记还参加了开幕式,还被评为"2008年度上海市优秀少先队员"。2010年5月29日,在中福会少年宫的大型活动上他代表少先队员把自己拍摄的世博照片亲自送给上海市委殷一璀副书记。看到孩子的成长,看到家庭的转变,施融妈妈由衷地说了一句话:"只有家长阳光了,孩子才会阳光。"一句朴实的话,却道出了特殊孩子成功的秘诀!

案例2:挖掘"孤岛才能",自闭症也能行!

15年前,在一个阴雨连绵的下午,一个妈妈从上海市精神卫生中心杜亚松医生手中接过诊断书并得知自己的孩子为儿童孤独症时,她的整个世界坍塌了。是就此沉沦,甘愿命运的摆布还是勇敢面对,冲破命运之障?辗转反侧数日后她坚定地选择了后者。听说北京有一家专门针对孤独症儿童的训练机构"星星雨",她义无反顾地带着孩子伟伟北上星星雨。在那里,这位妈妈发现伟伟经常会去拿老师的笔在纸上涂鸦,妈妈便逐渐把纸和笔当做对伟伟的一个特别的正向强化物。每当要训练他尝试一个新的内容时,便会拿一支笔和一张纸放在旁边,一旦他按要求完成任务,便奖励他笔和纸随意涂鸦。说来也巧,3岁多的伟伟竟然能把笔拿得像模像样。从那时起,妈妈的心里闪过一丝火花,梦想他能通过与笔、纸结缘,喜欢绘画,拥有自己生活的专属领地。

因为孤独症儿童固有的刻板、情绪障碍和语言障碍,伟伟在言语沟通、同伴交往等方面严重滞后,还时常发脾气,但唯独有一点让老师和家长欣慰的是,每周一次两个小时的油画棒绘画学习,他基本能临摹并涂色,进而完成一幅作品。在幼儿园大班时还独自走进考场参加儿童画等级考试并顺利获得儿童画等级考核贰级证书,同年,他的绘画作品《我们的地球》在《金球杯》第六届全国青少年美术书法摄影大赛中获金奖。小学就读时,老师专门为他留了一面墙壁,为他举办小小个人画展。画展上的每一颗钉子,每一幅画框都倾注着学校对一位特殊儿童的关爱。很多同学都说:"伟伟真了不起!能画出这么漂亮的画!"绘画让伟伟缩短了与同龄小朋友的距离,拉近了与老师的关系。

进入长宁初职后,通过长宁区特教中心夏峰主任和长宁初职沈立校长的牵线搭桥,爱心人士韩伟老师每周一次,风雨无阻,义务辅导伟伟画画,还于今年的4月2日世界自闭症日为伟伟举办了个人画展。伟伟妈妈说:"在韩老师的帮助下,伟伟发脾气的情况少了,每天总是乐呵呵的,还常常哼着小曲,在准备参加艺术展阶段,每天画画六七个小时,最多、最辛苦的一天是放学后还连续画画到将近晚上11点毫无情绪;在绘画技艺方面,伟伟也有了长足的进步,画面有作品感了,线条略有粗细厚重了,让观画的人难以置信,这些有美感的画竟然出自一个自闭症孩子之手;最令人欣喜的是我们的家庭多了欢声笑语,现在闲暇之时,我们的保留节目之一是打开电视,和伟伟一起欣赏他的绘画作品。"

因为伟伟,这个家庭品尝了常人未经历过的辛酸、坎坷和苦恼,然而也正因为伟伟,因为伟伟与画结缘,这个家庭享受到了了众人的关爱、援助和支持。有梦,就有希望,愿伟伟的艺术之梦能够成就伟伟的人生之路。

案例3:给他"一个舞台",回你一个惊喜

在刘海粟美术馆的舞台上,一个英俊的少年正在合着节拍,潇洒地击打着架子鼓,很难看出他和正常青少年有何区别!可事实上,他是一名自闭症患者,名叫栋栋!

栋栋15个月了还不会说话,因为民间有男孩子开口晚一说,起初,家长并不着急。孩子2岁多了,还是不会说话,并且对各种诱导反应漠然,这下家长急了!几经辗转,最后得知孩子患上了一种叫"自闭症"的发展障碍性疾病,被称为"精神癌症",目前世界上还没有治愈的先例,也查不出病因!家长并没有让泪水和痛苦击垮,而是选择了坚强和面对现实,从那以后,他们坚持对孩子训练,一路走来,艰辛、疲惫已无法用言语形容。今天的栋栋已不再是十几年前吵闹不已、无法接受外界信息的小魔人,而是一个会料理自己基本生活,能从容与周围人交流,在不同的环境和场合马上适应的英俊小伙了。

是什么使栋栋取得如此大的进步?栋栋妈如是回答:"现在只能说除了早期干预,坚持训练外,还要给予孩子高期待,希望不止,奇迹不止!在舞台上,他找到了自信!"2007年10月份的特奥会,栋栋被学校推荐参加闭幕式的表演。编导、老师们花了两个月的时间来训练他们,妈妈每天在上班前都要反复对他说:"栋栋,今天训练的时候一定要跟着老师指挥的节拍走!"时间久了,家人听了都觉得啰嗦,然而为了让他记住,妈妈说必须天天如此。2007年10月10日下午彩排,明星大腕很多,现场观众气氛非常热烈,大家神经一直紧绷着,担心孩子会演砸了节目。可是,当节目主持人曹可凡宣布下一个节目是由280名智障孩子上台表演时,孩子们的表现,出乎所有人的意料,表现得非常棒,当他们整齐而有节奏地在台上表演完毕后,全场响起了雷鸣般的掌声。在2007年10月11日晚的闭幕式上,栋栋和其他小朋友出色地完成了演出。妈妈边鼓掌边流泪,之前对于自闭症孩子真是难以想象,短短的十分钟台上精彩演出,是凝聚了孩子们的努力,编导们的辛劳,老师们和家长们的付出……一切的一切,因为有了闭幕式的精彩演出而都成了幸福的回忆。

有时候,他们需要的只是一个展现的舞台!

案例4:构建"发展平台",文学照亮他的未来!

今天是特别的一天/当那一幅幅/或写意、或细腻、或狂放、或深沉的作品/静静地/呈现在这里时/谁又曾想到/它们是从何人手中诞生的?/就像/当我站在这里吟诵着诗/又有谁知道/我们那痛苦而茫然的前半生?

可能你无法想象,这些精美的散文诗都是出自智障青年小袁!

曹植可以七步作诗,小袁也有个很大的本领,即兴作诗,只要给他一个命题,精美的诗句就会自然流淌出来,上面这首散文诗就是小袁在艺术展上即兴而作。

小袁由于母亲妊娠期服用药物导致中度智力障碍。由于体弱多病,他很晚才上学。在学校,他不说话,同学们觉得他怪怪的……长久以来,他的内心充满了自卑和自弃。自从看过科幻剧《大西洋底来的人》之后,他编起了科幻故事,要和电影"一决高下"。在小学语文老师的支持下,他的文章《我也去大西洋底》第一次刊登在校刊上。从此他一发不可收拾,爱上了写作,爱上了写诗。面对孩子的"不务正业"和不切实际的"作家梦",望子成龙的妈妈深感失望,一句"别浪费时间,做你应该做的更有意义的事"让小袁倍感愤怒和压抑,母子之间的唇枪舌剑拉开了序幕,而且愈演愈烈。随着压抑感的增加,他不顾家人的焦急,毅然离家出走。

灯火阑珊的夜幕下,他迷惘地徘徊在街头。无奈无助之下,他给心中的益友——上外的志愿者发去了"告别"短信。"一石激起千层浪",这绝望的短信让家长、志愿者和"阳光之家"教师焦虑不堪。志愿者们一面稳住他的情绪,一面协商营救办法。找到他之后,大家又苦口婆心地开导他,直至深夜。总算走过了一趟鬼门关,他用自己的坚持赢得了妈妈的理解,在长宁区老师的帮助下,小袁和妈妈之间的矛盾也逐渐化解,每逢下雨,他会给腿脚不便的妈妈一句温馨的关照:妈妈,今天下雨,您就别出门了,买菜的事情就交给我吧!

他逐步走出了自卑,展现了自信,完成了近四万字的书稿《上帝的孩子》,成为2012年长宁区特殊学生艺术家。看到孩子的变化,妈妈欣慰地笑了。就像麦克·哈克斯在大西洋底自由潇洒的畅游一样,小袁的心伴随着纸和笔在想象的空间里快乐地驰骋着……

特殊青年也会有自己的梦想,也愿意为之付出一切,小袁就用自己的坚持刷新了妈妈和社会的刻板印象,照亮了家庭的未来!

案例5:艺术让她勇敢地喊出:"我要做个自食其力的人!"

知命之年刚经历丧子之痛又诞下了唐氏综合征的女儿,命运如此作弄,怎么办?

天然的母爱,让小安父母选择了不能放弃抚养教育的责任。说说容易,做到难。偏见和自卑时刻纠缠着家庭,小安在外婆家一待就是6年,其间从未回到父母家居住。孩子在长大,人总是要受教育的,面对现实,要走向社会。一定是要变自卑为自信,变痛苦为快乐。

当母亲发现从小小安一听到音乐就会扭动肢体、手舞足蹈后,她就萌发了让小安学习舞蹈的想法,一方面可以改善她的肢体协调能力,另外,还可以与正常的小朋友接触。一次偶然的机会,母亲发现华阳少儿拉丁舞学校正在招生,母亲在学校门口徘徊了很久,自卑与责任像拔河一样牵扯着她的心,最终她抱着闭眼跳崖的心情以征询的口吻找到了招生老师,并将小安的情况略作介绍,经过老师的当场面试,一声"行",让母女俩很激动。

从2005年开始每逢周六,不管刮风还是下雨小安都坚持去上课,回家后再苦练,一直坚持到现在,记得2008年春节前的最后一个周六,罕见的大雪覆盖全市大地,路上积雪很厚,母亲担忧,就对小安说:"今天下大雪,我们就不去练舞了。"小安一听就急了,一撅嘴巴说:"妈妈你不是说了风雨无阻吗?"妈妈无言以对,但却深感欣慰,陪着小安小心翼翼地踏上去练舞的路。现在,小安的双脚前脚掌都磨出了厚厚的老茧,可她从不叫累叫苦。"功夫不负有心人",小安先后考出英国国际教师舞蹈协会颁发的铜牌、银牌,2011年获得江浙沪少儿拉丁舞比赛少年乙组一等奖。

为了开发她的大脑记忆力,2009年得到长宁少年宫的支持与关爱,经过测试参加了琵琶班的学习,并考出上海市音乐家协会颁发的二至五级证书。2007年的世界特殊奥林匹克运动会在上海举行,小安用自己的文艺特长参加了与好男儿蒲巴甲等制作的影视宣传片,以及闭幕式与羽泉的合作演出,她用实际行动诠释了"你行,我也行"。

今年长宁区特教中心先后举办了长宁区特殊青少年达人赛的初赛和复赛,小安用柔情的民族舞、奔放的拉丁舞顺利通过了比赛,拿到了直通票,一路走来,现在的精彩正是对小安默默努力奋斗的最好肯定。

音乐不仅让小安快乐,也让她有勇气要做个自食其力的人。她现在最大的希望就是能找到一份工作,期待着她能够梦想成真!

五、研究成效

(一)开展了摄影展、达人秀、艺术展等学生活动

践行国际特殊教育的"支持"理念,倡导"每个孩子都是金子"的教育哲学思想,给特殊儿童以"高期望",积极提供支持,发现学生潜能、促进其优势发展,搭设展示平台,努力"圆孩子一个梦想",展现特殊人群的特殊才华,展示艺术治疗成果,给残障孩子和家庭希望、信心。

其中,上海音乐厅举办的"梦想点亮心灯"特殊青少年达人秀决赛和"艺术点燃生命"特殊青少年与艺术家在一起系列展尤为令人震撼,引起了社会极大的反响。达人秀决赛时,上海音乐厅一票难求,1 200余名观众在震撼和感叹中度过了难忘的一夜。特殊青少年与艺术家在一起系列展中,前后参与的中外名人多达80余人,极大拓展了特殊青少年的视野,在那一刻,已经没有特殊儿童和名人之分,都是艺术创作者,都在体验艺术创作的乐趣和成就感。

(二)出版了"艺术点燃生命"——特殊青少年与艺术家特展画册

画册展示特殊青少年艺术才能的同时,介绍了四位在各自艺术领域中有着卓越成绩的艺术家,他们满怀热情地参与,用自己的时间、精力和才华和特殊青少年一起呼吁社会大众的关注。

(三)受到《文汇报》、《青年报》等多家社会媒体的关注

两年多的艺术治疗研究实践中,区域特殊教育受到多家社会媒体的关注,得到了社会的肯定。《文汇报》、《青年报》、《解放日报》等平面报道160多篇,新华网、腾讯网、中国上海网等网络报道280多次。

其中,《青年报》从8507期开始,仅对达人秀一项活动就连续详尽报道多达10次之多,《文汇报》、《解放日报》也争相对各类学生活动进行了大量的报道,引起了极大的社会反响。

论童蒙读物在家庭教育中的多重价值

黄江平*

重视家庭教育是中华民族的优秀传统。中国童蒙教育历史悠久,早在周秦时期,就出现了《史籀篇》、《苍颉篇》、《弟子职》等童蒙读物。流传至今的童蒙读物近两千种,其内容之丰赡,思想之博大,堪称世界之最。

童蒙教育即启蒙教育,在中国古代社会主要通过家塾、村学、乡学、社学等非政府教育机构来完成,家庭无疑在其中扮演了重要角色,承担了主要责任。影响最为广泛的童蒙读物包括:《三字经》、《百家姓》、《千字文》、《千家诗》、《神童诗》、《增广贤文》、《朱柏庐治家格言》、《朱熹童蒙须知》、《弟子规》、《幼学故事琼林》、《龙文鞭影》等。其内容包括了天文地理、文史典故、道德伦理、人事日用等诸多方面。其中《三字经》自南宋以来已有700多年历史,家喻户晓,脍炙人口。《百家姓》是我国流行最长,流传最广的蒙学教材。《千字文》成书于南朝,行文优美,辞藻华丽。《千家诗》是古代蒙学在诗歌方面流传最广、影响最大的启蒙读物,它与《三字经》、《百家姓》、《千字文》在中国历史上并称为"三、百、千、千"。在家庭教育中正确利用童蒙读物对孩子进行启蒙教育具有多方面的价值。

一、涵养心性,养成健全人格

古代童蒙读物是中国传统文化的组成部分。中国人对于教育的重视是根深蒂固的,对于童蒙教育更是丝毫不敢马虎。但古今教育目标却有很大不同。古人的童蒙

---

* 黄江平,上海社会科学院文学研究所副研究员。

教育首先是做人的教育、伦理教育，讲的是童蒙养正，所谓童蒙养正，就是要把小朋友养成圣人、贤人，起码也要做一个正直的人、对社会有用的人，所谓先做人，后做文，而不是在孩子懵懂无知时只顾教孩子学英语、弹钢琴，长大后却不知如何做人、如何做事，不知如何融入社会，忽略童蒙时期最根本、最重要的道德品质教育以及最起码的为人处世的教育。人的一生中，要经历家庭教育、学校教育和社会教育，而家庭教育最为关键的时间正是在童蒙时期。然而，现代教育制度对传统童蒙读物缺乏关注，忽视传统童蒙读物对于儿童启蒙教育的积极作用。但是，中华5000年文化之所以能够流淌至今，是与我们优秀的教育传统分不开的。

传统童蒙读物，非常注重道德教育。《千字文》中的"女慕贞洁，男效才良。知过必改，得能莫忘。罔谈彼短，靡恃己长"，《三字经》中的"养不教，父之过。教不严，师之惰。子不学，非所宜。幼不学，老何为。玉不琢，不成器。人不学，不知义"等都是道德教育方面的重要内容。古代童蒙教育以德育为先，修身做人为宗旨，重视童蒙修身养性的伦理道德教育，提倡仁爱，崇尚贤德，重义轻利，诚实守信。强调人的行为要遵守"仁、义、礼、智、信"的伦理道德规范。注重君臣之义、父子之亲、夫妇之别、长幼之序、朋友之交等伦常关系。比如《三字经》中著名的"融四岁，能让梨，弟于长，宜先知"的故事就表现了对"兄友弟悌"的长幼观念的重视。这些资源对童蒙时期的道德修养教育都是非常有价值的。

优秀的童蒙读物非常注意对儿童健全人格的培养。《龙文鞭影》著录了历史上著名的政治家、军事家、文学家、思想家、教育家等。还收录了历史上广为流传的孟母断织、程门立雪等故事，是进行爱国主义教育、道德情操教育的教材。作为以宣扬儒家文化为出发点的古代童蒙读物，始终将人格的培养和塑造放在首位，古代童蒙读物注重对孩子自强不息的精神培育，注重对民族精神的熏陶，注重对人格气节的激发。"天行健，君子以自强不息"的儒家入世哲学，培育了中华民族勇敢顽强的抗争精神和积极进取的人生态度。"富贵不能淫，贫贱不能移，威武不能屈"的人格尊严，"天下兴亡，匹夫有责"的英雄情怀，"人生自古谁无死，留取丹心照汗青"的浩然正气激励了一代又一代中国人。《三字经》、《百家姓》、《千字文》、《增广贤文》、《幼学琼林》、《龙文鞭影》等童蒙读物是塑造童蒙独立人格的一笔宝贵的财富。

日常行为规范是养成孩子正确人生观的基础。我国的历史上，历代思想家、学者对此都非常重视，一些学者甚至亲自编写教材。朱熹编定的《童蒙须知》，对学生的伦理道德规范、日常行为细则、学习态度等都作了详细规定。蒙学教育在于打基础，形成良好习惯。所谓"少成若天性,习惯如自然"。传统蒙学强调从生活细微处培养儿童的道德习惯。有人把《弟子规》喻为天下第一规。《弟子规》特别重视对童蒙的养成教育。重视对儿童行为规范的培养。比如要求童蒙站有"站相"、坐有"坐相":"步从容,立端正。"要珍惜时间:"朝起早,夜眠迟。老易至,惜此时。"要注意个人卫生:"房屋清,墙壁净,几案洁,笔砚正。"这些对培养儿童养成良好的学习和生活习惯都是有借鉴价值的。

二、增长知识,传承中华历史文化

古代童蒙读物对传承中华历史文化具有非常重要的作用。在童蒙读物中,历史知识类读物占有相当大的比重,有人统计,在流传至今的近2 000种童蒙读物中,其中,历史类读物大致占有300余种,这还不包括有关历史叙述的综合性童蒙读物,以及故事类、图画类的读物,如《三字经》、《故事逢源》、《养正图解》、《二十四孝图说》等。中华民族是一个非常重视历史文化的民族,数量众多的历史类童蒙读物对中华历史文化的传承起到了非常重要的作用,在童蒙诵读中,中华历史文化得到代代传承。

童蒙教育善于根据儿童的生理、心理发展特点,借用各种文学技巧,使故事、传记、常识、寓言、神话等等融入儿童读物中,增进儿童的知识,坚定儿童的意志,引领儿童向上向善。家庭教育在于潜移默化,非常适合童蒙教育的特点。因此,家庭教育中应该借助童蒙读物对儿童进行历史知识的学习和教育,将传统文化精神纳入儿童的生活与行为中,借助家庭教育永远传承。

以进行历史知识教育为主的蒙学教材,卷帙浩繁。依体裁可分为4类:咏史诗体、千字文体、蒙求体和歌诀体。咏史诗体的读物由一首首相对独立的诗歌组成。千字文体的读物均用四言写成,每篇限用1 000个字,并且一般说来每个字都不能重复。蒙求体的读物每句4字,由一个主谓结构组成,介绍一个经传故事,所介绍的经传故事具有相关性。歌诀体的读物篇幅长短不限,或五言,或七言,写作和阅读均极便利,因而数量最多,流传也最广[①]。著名的有胡曾的《咏史诗》、周兴嗣的《千字文》、陈栎的《历代蒙求》、黄继善的《史学提要》等。其总的特点是句式短小,易于诵读。将历史故事巧妙地融入诗歌韵律中,孩子在得到文学熏陶的同时受到传统历史知识的教育。

---

① 徐梓:《历史类传统童蒙读物的体裁和特征》,《史学史研究》1997年第1期。

在家庭中使用这类童蒙读物时,可根据儿童年龄,选择适合儿童记忆读物,由浅入深,循序渐进,培养孩子对历史知识的兴趣,弥补学校教育的不足,使中华优秀传统文化代代相传。

三、孝悌友爱,促进家庭和谐

童蒙读物对家庭和谐的积极作用也是显而易见的。"和"在中国古代社会被视为最高价值。古代童蒙读物处处显示着"和"的价值理念。《重订增广贤文》中说"父子和而家不败,兄弟和而家不分;乡党和而争讼息,夫妇和而家道兴"。中国古代社会强调的"家和万事兴",在调节家庭伦理秩序的基础上,对古代社会道德教化系统的构建奠定了坚实的基础,对加强民族凝聚力、促进民族融和起到了积极的作用。中国和谐文化以"孝悌"为核心,《弟子规》中开宗明义强调:"首孝悌,次谨信,泛爱众,而亲仁,有余力,则学文。"在构建社会主义和谐社会的今天,我们要在家庭生活中大力弘扬"父慈子孝、兄友弟悌"的中华传统美德,并以此为基础,在全社会形成团结互助、尊老爱幼的社会主义道德风尚。

我们不仅要在理论上认识中国古代童蒙读物的价值与作用,还要在现实生活中,在现代家庭教育和学校教育中使之成为现实。古代童蒙教育基本属于家庭教育,如今幼儿3岁便入园,此后6年小学,6年中学,以完成基础教育,这使家长产生误解,认为儿童教育的主要责任在学校,从而忽视家庭应该承担的责任。一些家长对孩子一味溺爱,使孩子从小骄横自私,对长辈呼来喝去,唯我独尊;一些家长只看重分数,忽视对孩子的人生观的引导,使孩子不能明辨是非,没有社会责任心;一些家长对孩子放任不管,不重视对孩子的人格培养,使得孩子从小不知尽孝道,没有感恩心。以我为中心的"小皇帝"、"小公主"现象非常普遍。增进孩子的自我约束能力培养,形成上慈下孝的和谐家庭氛围是保证社会和谐稳定的基础。利用古代优秀童蒙读物,开展家庭教育不失为一个好方法。在学习方法上,可以采取亲子共读的方式,这样既能增进亲子感情,同时也能让"70后"、"80后"家长补上传统文化这一课。近一个世纪以来,在引进西式教育的同时,我们的传统文化受到极大冲击,现在的爷爷奶奶辈,在他们的童年时代几乎没有接触过这类教材,亲子共读,营造家庭和谐氛围,让孩子在潜移默化中受到优秀传统文化的滋润,将对孩子受益无穷,对家长也是一次传统文化的教育。当然,家庭教育不仅仅是家长的事,也不是一家一户的事情,家庭教育也需要全社会关心和支持。

这几年,民办书院大量涌现,如上海的浦江书院、秦汉胡同国学书院、秋霞圃书院等等,以弘扬传统文化为宗旨,开办四书五经、《弟子规》、《三字经》传统经典培训班,这当然不失为家长的一种选择。但这些培训班机构大都学费比较昂贵,而且时间也比较固定,家长费时费力。现在这方面的新版书籍、多媒体等多有出版,家长应充分使用多种教育方式,培养孩子的学习兴趣,引导孩子自觉学习。

四、讲求实用,培养谋生技能

掌握谋生手段是一个人的立身之本。传统蒙学,不仅注重知识性、道德伦理培养,也很注意与生活息息相关的实用之学教育。宋代名儒王应麟所编《三字经》是教育儿童求学、立志、走上修身齐家治国平天下的人生经义。《三字经》自撰成问世以来,就成为700多年来儿童启蒙的必读之书。其内容不仅涵盖四书五经、三纲五常,而且涉及自然科学知识、社会科学知识,包罗万象,多姿多彩。其内容可分为人性教育、伦理道德、国学常识、劝学、历代兴废、名物常识等。名物常识部分囊括了日常生活的基本常识:数学、天文、地理、职业、生物、情绪、感官知觉等。清代程允升所编《幼学琼林》在内容上广泛吸纳多种蒙书精华,涉及层面很广,是当时的简易百科全书,内容有天文地理知识、文武官员职称、衣服穿着、饮食节制,甚至兄弟友爱、夫妇和睦等等,无不和生活密切联系[①]。

根据不同对象,选择日常实用教育也是童蒙教育中的一项重要内容。除了《三字经》、《幼学琼林》、《蒙求》等识字类、知识类和《朱柏庐治家格言》、《弟子规》等治家、修身的童蒙读物外,还有一种杂字类读物,作为儿童启蒙读物,有助于贫困家庭的孩子熟读之后,外出就业,自谋衣食。如《常用杂字》,词汇涉及生产生活的方方面面,开头句:"人生世间,耕读当先。生意买卖,图赚利钱。学会写账,再打算盘。天枰戥子,纸墨笔砚。"在识字当中教会学童基本的谋生之道。又如:"金华火腿,高邮鸭蛋。曹州耿饼,济宁庄烟。乐陵小枣,兰州水烟。烟台苹果,肥城桃鲜。莱阳香梨,脆而甘甜。"又让学童在诵读声中熟知各地风物土产,实在是一种非常有实用价值的教材。中国童蒙读物的特点是篇幅短小、文字简练、句式整齐,通俗易懂,朗朗上口。而且知行合一,方便实用。对于当代家庭教育有着多方面的价值。

中国的科举制度是独木桥,是为官的唯一通道,但不可能人人都去挤独木桥。三百六十行,行行出状元。即使出外学徒、经商也需要从小打好基础。学会识字,学会

---

① 陈璐:《从传统童蒙读物所得的启示》,《天津市教科院学报》2005年第1期。

算账，仍是必不可少。贫寒之家，读一二年私塾，基本就可以出外谋生，其日用类童蒙读物功不可没。学童熟读这类读物不仅能做到粗通文墨，而且还能增长见闻。一篇《常用杂字》囊括了多么丰富的内容！其中涉及的各地特产不少至今仍然是当地名特优产品，甚至有些还被列入各级非物质文化遗产名录呢！如果我们的孩子能读一读这些读物，对孩子生活能力培养无疑是很有裨益的。如果家长能在其中选择一些教给孩子，对孩子的历史地理知识学习无疑是很好的补充。由此，我想到了一个问题，如今我国被列入国家级、省市级、区县级非物质文化遗产名录的项目有数千项之多，但还没有一个像《常用杂字》这样一个流传广泛的读物问世。如果能够将我国各地进入非物质文化遗产保护名录的项目编成四言体或五言体歌诀教孩子诵读，可能远比目前生搬硬套的所谓"非遗进校园"要有益得多，熟读在心，会不知不觉地引发孩子的好奇和兴趣，说不定将来的非遗传承人就会在他们中间产生呢！

如今，中国传统童蒙读物被误解、被批判、被摒弃的现象正在逐步得到改变，古代传统经典的价值正在被越来越多的人所认识。据说新疆全区中小学已把《三字经》、《论语》等国学经典列为必读教材。不少民办教育培训机构，以弘扬传统文化为宗旨，将《三字经》、《弟子规》列入培训课程。目前，中国童蒙读物已得到国际社会的广泛推崇。如《三字经》已被联合国教科文组织列为全球儿童道德教育修养的必读书之一。说明了《三字经》等优秀中华传统童蒙经典不仅体现了中国传统文化的核心价值，同时也蕴含着人类的普世价值。在经济全球化，文化多元化的世界潮流中，各民族的优秀传统文化应该得到更多的尊重。

0～3岁婴幼儿早期教育发展现状及调研分析
——以上海市松江区为例

松江区妇联

0～3岁是人一生发展的起点和基础,开展0～3岁婴幼儿早期教育,对于提高人口素质、促进家庭幸福和构建和谐社会都有很重要的意义。许多国家越来越重视0～3岁婴幼儿的早期教育,我国也出台了一系列政策文件,强调0～3岁婴幼儿教育的重要性。《国家中长期教育改革和发展规划纲要(2010—2020年)》中也提出,"要重视0～3岁婴幼儿教育"。为了进一步把握早期教育的发展现状并提出有效的对策方法,我们以上海市松江区为蓝本,以抽样调查为基本方式,进行了调研分析,并得出相关结论。

一、发展早期教育的重要意义

从古至今,早期教育在国人的教育观念中一直占有不可取代的地位。从孔子母亲"割不正不食"的胎教观念,到著名的"孟母三迁"、"画荻教子",中华民族的教育智慧中,无处不渗透着人们对早期教育的重视。

(一)早期教育能有效促进婴幼儿大脑的发育

早期教育自20世纪60年代在欧美兴起后,受到了社会各界的广泛关注。有关脑科学的研究表明,婴儿出生后的头3年其大脑发育是最快的,3岁时幼儿的脑重量已基本接近成人。如果家长能抓住幼儿大脑发育的关键期,对其进行科学开发,就能有效地促进幼儿大脑的发育。另外,幼儿的发展分为关键期和敏感期,如2~3岁是语言发展的关键期,同时也是想象力和创造力表现最为活跃的时期。教育者如果能抓住这一关键期,则会达到事半功倍的效果。总之,0~3岁是婴儿身体、情感、动作和认知能力发展的黄金时期,在这一时期,如果能对其进行科学合理的早期教育,则可以充分发掘幼儿的潜能,使幼儿更具发展潜力。

(二)早期教育对婴幼儿家长具有指导价值

对于许多初为父母的年轻家长来说,早期教育是一个既重要又棘手的问题。早教机构与幼儿园教育的主要区别就在于他们更强调亲子互动,在活动中注重指导家长与孩子进行情感沟通,以便能够建立起良好的亲子关系,从而促进婴幼儿形成健全的人格。同时,教师在引导家长与幼儿一同游戏时,会对幼儿进行观察,掌握亲子教育的方法与技能,使自身成为合格的家庭教育指导者。因此,早期教育不仅有利于开发婴幼儿的潜能,同时还能够为家长提供专业指导和教育咨询,帮助家长树立科学的育儿观念,使他们能够掌握科学合理的教育方法。

(三)早期教育对完善教育体制具有重要意义

到目前为止,我国并没有设立专门针对0~3岁幼儿进行教育的机构,幼儿要到3岁左右才能进入幼儿园接受学龄前教育。3岁前,婴幼儿接受的教育主要以家庭教育为主。为了适应社会发展的需要,早期教育引起了人们的广泛关注。因此,早教机构弥补了我国教育机构设置在这一年龄阶段的空缺,使幼儿教育更加完整化、全面化。早教机构的出现使幼儿接受了更加全面和专业的教育,同时也满足了社会和家长对这一年龄段教育的渴望和需求。

二、当今早期教育发展现状的基本调查

为了获取可信度高的研究资料,本课题采用发放无记名问卷的形式进行调查,问卷共有四个部分,18道题目。四个部分分别为:家长的育儿观念、对早教的认知、对早教机构的评价以及对早期教育的需求。共发出问卷500份,回收482份,回收率96.4%,其中有效455份,有效率94.4%。通过对问卷的分析和研究,发现当今社会对早期教育的认知和需求出现了一些不可忽视的变化。

(一) 家长普遍重视早期教育,观念更新

数据分析显示:家长对于早期教育的认识不断提高。主要体现在三个方面:一是广大家长接受早期教育的概念,认识到0~3岁这一阶段对于孩子未来发展的重要性;近六成家长认为0~3岁是儿童早期教育的主要阶段;约三成的家长认为胎儿阶段的教育也应纳入儿童早期教育的范畴。二是家长早期教育的理念更新,近半数家长赞成"孩子快乐成长第一"的观点,认为遵循儿童身心和个性发展规律,才能有利于儿童健康成长。三是家长开展儿童早期教育的内容丰富,75.9%的家长关注儿童的综合发展。高度重视儿童的身体发育、认知和语言、感知和运动等方面的发展,同时,也格外重视儿童心理与社会交往能力的发展,认为儿童良好习惯的培养、与人交往的倾向和探索周围环境的兴趣也是早期教育必不可少的内容。这些变化,既是我国经济社会发展给家长的教育观念带来的影响,也是长期开展早期教育工作形成的结果。

(二) 年轻父母是0~3岁儿童的主要抚养者和早期教育方式决定者

调查发现,85.8%的0~3岁儿童由父母抚养,95.8%的儿童早期教育方式由父母决定。经数据综合分析得出,83.1%的0~3岁儿童家长年龄在35岁以下,89.4%的家长文化程度在高中以上,其中大学本科和研究生学历的家长就占了76.9%。这些家长年纪轻,文化程度较高,平均受教育年限皆高于我国人均和新增劳动力平均受教育年限。他们接受新事物快,有相当比例的家长已经带孩子参加早教机构的各类活动,实践多元化的早教模式,增强家庭早期教育的科学性和系统性。由这些年轻父母主要担负儿童抚育和教育责任,对于满足婴幼儿的情感需求,提高儿童早期教育的质量,促进儿童健全人格的形成以及未来的全面发展,有重要的意义。

(三) 家长早期教育期望值与自身能力间存有差距,面临诸多困难需要社会支持

0~3岁儿童家长在实施早期教育中都面临着诸多困难。调查发现,46.1%的家长反映,"缺乏儿童日常养护、护理技能"是他们遇到最棘手的问题。排在后面的三项依次是"与长辈照料孩子的方式不同"、"缺乏科学哺育、喂养知识"和"遇到紧急问题时不知道向谁求救"。而60.6%的家长担心孩子受到意外伤害,也有相当比例家长"担心孩子成长缺少同辈群体"、"缺乏儿童日常养护和护理技能"以及"与长辈教育观念不一致"。广大家长重视儿童早期教育,却存在缺乏育儿知识、技能和与长辈的协调能力,急需社会各方的积极支持。帮助家长提高能力建设,提高早教水平,是一项符合广大家长和家庭切身利益的民心工程。

(四)家长对早教机构的认知度逐渐增高,但早教机构的服务水平与家长的高需求呈现较大反差

随着社会竞争的激烈、家庭生活水平的提高以及家长早期教育意识的觉醒,早期教育机构的市场规模不断扩大,其中有人口计生部门开办的早教中心、幼儿园开办的亲子班以及市场化程度较高的民营早教机构。家长普遍认可这些早教机构,对其寄予很高的期望。72.8%的家长希望通过带孩子参加早教机构开发孩子智力潜能,促进孩子全面发展,而在选择早教机构时,也会更加看重机构的教学理念。调查却显示,0~3岁儿童家长对各类早教机构的满意度不一,其中"非常满意"的不到30%,"比较满意"的约占50%多,还有近10%的"很不满意"。希望政府进一步重视儿童,特别是0~3岁儿童的早期教育机构建设;希望加大投资和公共服务的力度,规范管理,提高质量,降低收费,满足广大家长和儿童日益增长的早期教育需求。

三、松江区发展早期教育的实践探索

松江区妇联、区卫计委把推进0~3岁婴幼儿早期教育工作作为创建幸福家庭的重要内容,加强宣传倡导,加强统筹规划,加强资源整合,开展各项活动吸引群众参与,初步建立了"阵地标准化、运作社会化、指导常态化、服务品牌化、队伍专业化"的社区科学育儿指导服务的运作模式。

(一)阵地标准化

松江区政府连续3年把社区优生优育指导服务中心建设纳入实事项目,区财政投入700万元,街镇投入相应配套资金,在全区建立了15个标准化的社区科学育儿基地,并做到活动场所规范化。每个镇级早教服务点充分发挥其服务功能,因地制宜,合理布局,服务点一般由办公区、活动区、教学区、家长学校四个区域组成,并设有儿童专用厕所、配有各种适合婴幼儿生理发展的活动器具和教具,备有常用急救物品,建有紧急疏散通道及消防等相关安全防范措施,室内布置充满童趣,环境优美,营造出良好的优生优育科学育儿的宣传氛围,并建立健全相关工作制度保障婴幼儿的健康和安全。近年来,陆续有3家镇级优生优育指导服务示范单位搬迁至社区活动中心,进一步优化了示范单位的软硬件设施。

(二) 运作社会化

在区卫计委的统一指导下,按照"政府推动、部门协作、民非运转、公益服务"的要求,各镇、街道积极探索优生优育指导服务社会化运作模式,在区社团局、税务局等部门的大力支持下,全区15个街镇社区优生优育指导服务中心已全部申办了具有独立法人资质的民非企业,对促进优生优育指导服务工作的可持续发展奠定了良好的基础。每年,区妇联依托市科学育儿基地,举办大型"科学育儿进社区"活动,为社区家庭提供科学的育儿理念,增进亲子关系。

(三) 指导常态化

全区14个社区优生优育指导服务示范单位全部实行每周5个半天开放,针对0~3岁婴幼儿不同年龄段的实际和家长的多样化需求,开展个性化、专业化的指导服务。如开设热线电话、亲子邮箱、育儿沙龙、专家讲座、送教上门等,坚持做到寓教于乐相结合,面上指导与个别指导相结合,专家授课与家长交流相结合,集中教育与日常宣传相结合,每季度开展一次家长讲座,帮助家长树立正确的科学育儿理念,了解和掌握科学育儿知识。此外,区卫计委制定下发了《关于松江区0~3岁婴幼儿早期教育指导服务进社区的实施意见》,各个社区优生优育指导服务示范单位点面结合,充分发挥辐射带动作用,深入社区,进家入户,开展分散、分类指导。今年以来,各示范单位积极开展"早教流动课堂进社区"活动,共计100余场,惠及5 000余户散居0~3岁婴幼儿家庭。

区妇联将"儿童早期阅读项目"列为2013年"家中心"项目,在区图书馆建立小豆豆绘本馆,开辟小豆豆阅览区,向社区2~6岁家庭提供绘本阅读服务。定期开展"亲子共读"专业指导,逐步在各街镇设置小豆豆绘本分馆,推广早期阅读项目,培养幼儿良好的读书习惯,营造家庭学习氛围。

(四) 服务品牌化

为全面提升社区0~3岁婴幼儿科学育儿指导服务水平,重点扶持和培育社区品牌,发挥社区人口早期教育的品牌效应。在岳阳街道"贝贝乐"于2009荣获"全国人口早期教育示范基地"的基础上,又于2010年被列为"上海市科学育儿国际合作项目点"。岳阳"贝贝乐"的经验在全区进行推广,起到了良好的示范作用。方松街道"小蝌蚪"优生优育指导服务中心目前正在创建全国示范基地,已经通过了市人口计生委的评估验收,最后将接受国家人口计生委的考核验收。在常态化指导服务的同时,各街镇优生优育指导服务中心主动延伸触角,注重特色项目的开发,如"音乐班"、"小手创意班"等,通过"品牌"的示范引领,辐射全区,推进社区科学育儿工作再上新水平。永丰街道父母大课堂、方松街道小天使成长乐园、中山街道公益星行动,分别通过不同的切入点吸引社区家庭广泛参与,打造活动品牌。

(五)队伍专业化

为切实解决社区人口早期教育师资紧缺的矛盾,经区政府同意,以政府购买服务的形式,上半年委托区人才市场向社会公开招聘了30名社区人口早期教育社工(每个街镇各2名)充实到社区优生优育指导服务中心。同时,积极争取区财政支持,下拨90万元专项经费,对早教社工进行日常管理和专项考核,从而保障了社工的基本待遇。目前,30名社工全部取得了国家4~5级育婴师的资格,并且统筹各方资源,定期组织参加市、区举办的业务培训和系列讲座,不断更新知识,提升服务水平。此外,对早教社工定期开展月会制度,切实解决工作中遇到的实际问题,为教师搭建了学习交流的平台。此外,聘请了市、区幼教及儿保专家作为顾问团,并组建了一支专兼职、与社区人口早期教育工作相适应的专业化、职业化的队伍。

四、发展早期教育的进一步思考

党的十八大报告指出"教育是民族振兴和社会进步的基石,要努力办好人民满意的教育,强调办好学前教育,完善终身教育体系"。这就要求各地与时俱进,不断完善教育机制,让各种类型、各个年龄段的人群都享受到优质教育。当前,应将开展婴幼儿早期教育摆上重要议事日程,作为提高人口素质、提升家庭发展能力的重要环节来抓,加快构建"政府推动、部门协作、社会参与、资源共享、群众受益"的0~3岁婴幼儿的早教工作格局。具体来说,应该从政府、社会、机构和家长这四个层面共同努力。

(一)政府层面:高度重视,凝聚部门合力

长期以来,对于0~3岁婴幼儿的早期教育,国家没有明确主管单位,教育、卫计、妇联等部门按照自身的业务范围,从不同方面参与对婴幼儿的养育和教育,做了大量工作,取得了显著的成效。但是,因为没有主管部门和协调机构,各相关部门的工作也缺乏有机的合作,这在很大程度上制约0～3岁儿童早期教育工作的进一步发展。

0～3岁儿童教育问题关系到千家万户,需要相关部门的通力合作,无缝衔接。财政部门应下拨专项教育经费支持0～3岁儿童教育研究和探索;目前,0～3岁早教工作,工商部门没有教育资质的审批权,教育部门没有将其列入民办教育进行审批。集商业与教育一体的早教机构,从注册成立起就面临着无准入门槛、监管困难的尴尬。建议由教育部门参照幼儿园相关管理规范,制订早教机构的安全、卫生、培训等标准,探索0～3岁儿童早期教育服务机构的准入、从业人员管理、质量监管等方面的管理制度和措施。卫计部门负责0～3岁婴幼儿家长及监护人员的早教服务指导,并负责根据加强儿童卫生防疫保健指导,定期组织婴幼儿进行健康检查,跟踪反馈生长发育情况。妇联负责发挥各级妇女组织的作用,积极参与0～3岁婴幼儿家长及监护人早教技能培训,提高科学育儿能力。此外,还可由主管部门牵头,建立0～3岁早教行业协会,充分发挥行业协会作为政府和企业之间"双向服务"的桥梁作用,在开展行业规划、进行行业自律、维护市场秩序、完善社会服务以及承接政府转移职能等方面进行积极探索。

(二) 社会层面:大力宣传,营造良好氛围

儿童优先的理念,儿童早期教育的特殊重要性,儿童健康成长对于个人全面发展和提升人口质量的战略意义,已是现代文明社会的共识。加强儿童早期教育意义的宣传、早教理念的传播和早教知识的普及,应作为我国宣传工作的重点内容之一。

要充分发挥报刊图书等传统媒体,特别是电视在传播早教信息和知识中的重要作用。调查显示,家长在早教中遇到困难时,首选的帮助途径就是新闻媒体和网络,比例高达82.9%;家长早教知识来源,居第二位的也是媒体,占54%;在家长获取早教知识的媒体渠道构成中,77.6%家长认为电视是主要渠道。对电视的作用,农村家长的需求更为迫切,农村家长认为电视是传播知识主要渠道的占到87.8%,远远高于城市家长21.2个百分点。运用这些传统媒体,针对不同群体,准确把握诉求点,迅速传播早教知识,将有助于增强传播效果。特别是运用电视频道开办知识讲座对农村传播,将会起到雪中送炭的作用。

借助互联网、手机等新媒体,大力提升早期教育公共服务机构的传播影响力。调查显示,61.7%的家长利用互联网寻求早教知识,86%的城市家长首选上网查找早教

知识,远多于对电视和报刊媒体的使用。早期教育网上家长学校、专家在线咨询等,为早教公共服务机构与新媒体结合,为广大家长提供更先进更快捷的传播知识形式开辟了新的途径。

(三)机构层面:加强建设,提高服务质量

早教机构要想获得更大的发展,必须要加强自身建设,不断提高教学和服务的质量。早教机构应该把更多的资金投入到设施建设、课程开发中,杜绝虚假宣传,不要因单纯追求短期效益而忽视了长远发展。

首先,注重提高早教机构教师的专业化水平。在调查中发现,师资水平成为家长选择早教机构的最重要的衡量标准。早教机构要获得发展,单靠硬件条件是远远不够的,必须不断提高教师的专业化水平。为此,不仅要聘用具备资格证的教师,还应为员工提供更多的在职培训的机会,可采取组织教师参加专业培训、邀请专家进行讲座、定期开展研讨等多种方式,促进教师的专业发展。

其次,早教机构可与高校建立合作机制。目前,国内的很多早教理论是由国外引入的舶来品,如果未经专业解读就将其设置为早教机构的课程,只能是生搬硬套,影响早期教育质量的提高。借助高校相关专业人员的研究力量,可以将外国的早教理论本土化,使其更适合我国婴幼儿教育发展的实际,这是提高我国早教机构教育质量的重要途径。另外,早教机构可以邀请高校专家对教师进行理论培训,进一步提高他们的理论水平。同时,高校应担负起培养早教教师的任务,尤其应拓宽学前教育专业的培养目标,在课程设置中增加针对 0~3 岁婴幼儿早期教育课程的比重,组织学生到早教机构进行见习、实习,并成为培养早教人才的基地,拓宽学前教育专业学生的择业范围。

(四)家长层面:更新观念,增强育儿能力

父母是孩子的第一任老师,在儿童早期发展和一生的健康成长上都有着不可替代的重要作用。调查中发现,绝大多数的年轻父母正在承担着对子女的养育和教育责任。但是,他们中很多人认为只有孩子才是早教对象,非常关注孩子是否得到早教的指导,却忽视了自身接受早教、提高教育水平的必要性。很多家长在教育理念、方法和手段上存在误区,需要纠正。只有调动家长实施科学的早期教育的积极性,不断提高家长对早期教育重要性的认识和实际的教养水平,才能促进儿童的健康成长。

建议在重视和发展早期教育的相关规划和计划中,明确对家长进行育儿指导的目标任务;普及对家长,特别是0~3岁儿童家长的早期教育指导和培训,帮助其树立正确的教育理念,增强科学育儿的能力。

调查还发现,在未能参加托幼机构的0~3岁儿童中,七成多白天由祖父母/外祖父母照顾。调查还了解到,年轻父母与长辈照料孩子方式和观念不同,已成为他们实施早期教育的主要困难之一,超过1/3的0~3岁儿童父母面临这一困惑。所以,帮助祖父母辈接受早教新观念,掌握科学施教方法;帮助两代人提高人际关系协调能力,发挥各自优势,共同提高早期教育的水平,也应是早期教育的重要内容。

创新妇女组织与妇女工作

妇联参与社会管理创新:成长为枢纽型社会组织的路径与前景

上海市妇联课题组

党的十八大提出了中国特色社会主义建设"五位一体"的总体布局,对构建社会管理体系作出了完整的战略性设计,其中,加快形成"党委负责、政府主导、社会协同、公众参与、法治保障"的社会管理体制表明了多方主体在管理格局中的不同方位、作用和基本原则,突出显示了社会组织是社会协同的重要主体之一,培育和推动社会组织参与社会管理,已经成为推进社会管理创新的基本共识和基本趋势。

然而,上海市妇联在研究中发现,尽管社会各方对社会组织参与社会管理寄予厚望,但对社会组织的界定往往限于一般意义上或西方话语体系中的NGO组织,鲜有对中国特色社会主义制度安排中的工青妇等人民团体的论述,尤其是人民团体与一般社会组织的相互关系、人民团体承担枢纽型组织功能等未被高度重视和深入研究。而事实上,作为党联系妇女群众的人民团体——妇联,在社会转型中积极推进自身组织的重大转型,正在发挥凝聚女性社会组织参与社会协同的主体作用,成为引导妇女参与社会管理的重要力量。本文对妇联在现代政治制度安排中的特殊地位、参与社会管理创新的特殊功能、不同于一般社会组织的特殊作用作一个初步探索。

一、妇联自觉成长为枢纽型组织的思考

现代政治学认为,一个成熟的社会,应该是政府、企业、社会组织三种力量基本均衡的社会,共同构成稳定社会的"铁三角"。从中国社会看,经过30多年的改革开放,经济得以高速发展,政府、企业相对较强,而社会相对较弱,"三角形"不稳将直接影响

社会的稳定。究其原因,社会组织发育不良、不足是重要因素。中央充分注意到了这些问题,正在采取一系列措施加快培育发展社会组织。对于妇联组织来说,能否抓住机遇、顺势而为,成为能否克服妇联资源不足、本领恐慌现状,携手女性社会组织参与社会管理创新的关键。

上海市妇联以改革创新精神,坚定地选择去行政化、补社会化,在培育凝聚女性社会组织的进程中成长为枢纽型组织。理性思考有三:

(一) 妇联赖以生存发展的体制环境发生了深刻变化

回首妇联建会60年历史,妇联依托行政建制建立了从市、区县(部分委办局)、街镇、居村的组织构架,保障妇女工作延伸到基层社区和家庭中。但随着城市人口大量导入和"单位人"向"社会人"转变,至2012年底,上海女性总数1 190万,其中,来沪女性达到38%,处于传统体制外的女性约占70%,再加约280万儿童和800多万户家庭,依靠全市6 000多名专兼职妇女干部做妇女工作远远不够,倒逼着妇联创新组织形态。

(二) 妇女儿童家庭需求呈现出爆发式增长态势

女性与家庭息息相关、家庭与社区息息相关,由于妇联在社区有深厚的工作基础,经妇联渠道传递上来的需求信息成千上万,最为集中的是与女性自身发展相关的教育进修、就业创业需求,与女性身心健康相关的精神减压、心理疏导需求,与女性事业与家庭平衡相关的0~3岁早教、中小学生晚托和暑托、病人和老人照料需求,呼应和满足这些需求需要协调大量的行政资源和社会资源,倒逼着妇联创新工作方式。

(三) 女性社会组织对妇联搭建枢纽式服务平台充满期待

在上海,由民政登记的社会组织10 745家,每万人拥有社会组织数量为4.6个,但远低于发达国家一般50个以上,发展中国家一般10个以上的水平。上海市妇联培育凝聚了508家女性社会组织,其中,市级注册登记的22家,区县培育的486家(注册登记的78家),显示出还有大量的社会组织游离于妇联的视线之外,妇联培育凝聚女性社会组织的空间非常之大。同时,上海市妇联在调研中发现,女性社会组织普遍存在信息不畅、资源不足的困难,随着参与公益意愿的增强,她们希望得到来自妇联的更多认同和支持,倒逼着妇联加快成长为枢纽型组织。

二、妇联发挥社会协同主体作用的实践

在学术界,对枢纽型社会组织的一般界定是同性质、同类别社会组织的联合体。上海市妇联学习研究了北京、广东、江苏等省市妇联参与社会管理创新经验后,综合上海实际,提出了上海市妇联成长为枢纽型组织的顶层设计:坚持价值引领,在全社会积极倡导男女平等、儿童优先的价值理念,通过全市5991个基层妇女组织和近20万名妇女代表,培育凝聚具有同样价值观念的女性社会组织,增强枢纽组织内部的认同感和归属感,实现共同成长的梦想。输送政府资源,充分利用妇联主席兼任政府妇儿工委副主任的优势,协调妇儿工委8名副主任领衔在各重大领域推进实施妇女、儿童发展规划,直接运用政府资源协调解决妇女儿童发展中的重大问题;同时,当好政府与女性社会组织之间的桥梁,贯通政府资源向女性社会组织倾斜的渠道,形成妇联和女性社会组织服务妇女的强大合力。健全组织纽带,探索发挥妇联主管的"上海市女性社会组织发展中心"作用,在为女性社会组织提供登记、年检、人事、财务服务的同时,注重信息交流、能力培训、项目招投标等机制建设,促进女性社会组织承接政府项目、实施妇联项目、参与社会项目。提供信誉背书,运用妇联几十年来服务妇女的良好社会信誉,为女性社会组织承接实施服务项目提供相应的信誉支撑,引导女性社会组织获得社会认可,实现更快更好的成长。

上海市妇联围绕着成长为最善于争取党政资源,最主动凝聚社会组织,最了解妇女儿童家庭需求,最广泛提供针对性、专业性服务的枢纽型社会组织,进行了三个方面的初步实践。

(一) 以平等为核心,充分代表和维护妇女儿童合法利益

发挥妇联与市委、人大、政府、政协的直通车渠道,及时反映和协调解决妇女儿童家庭问题,是妇联安身立命之本。上海市妇联在充分调研的基础上,每年向市人大、市政协提交议案、提案和书面意见10多件,连续多年每年有1~2件被列为市人大议案和市政协优秀提案。同时,针对妇女群众反映强烈的问题及时报送市委、市政府,先后为妇女创业争取小额贷款资金46亿元,落实了处级干部男女同龄退休、女科技人员可因生育而延长2~3年申报研究课题或结题和儿童免票身高线从1.2米上升到1.3米等政策,推出了为困难和退休妇女提供的妇科病、乳腺病免费筛查、为0~6岁儿童提供定期免费健康体检、为困难家庭儿童提供文化福利补贴等服务,其中,困难和退休妇女"两病筛查"项目已有259.5万人次从中获益,受到社会广泛好评。

(二) 以项目为纽带,凝聚社会组织参与社会协同

围绕需求携手女性社会组织推送服务项目,是妇联参与社会协同的有效途径。上海市妇联在"妇女需求调研月"、"走基层、访妇情、办实事"等活动中汇集大量的妇情民意,综合分析后通过三种形式回应需求:一是成为政府实事项目,由妇联提交党政部门,如"百万家庭低碳行,垃圾分类要先行"、"创建 80 家示范性家政服务站"项目,市财政给予专项经费支持,市工商局制定家政合同示范文本,市经信委帮助建立信息化平台,全市 91 家准员工制家政公司参与创建,推进家政服务业规范化、职业化发展;二是成为妇联主导项目,如在全市创办了 142 个"开心家园"凝聚了一批心理学专家教授和心理咨询师,为妇女提供心理疏导和婚姻咨询服务,其中离婚劝和率达到 30％以上;通过购买社会组织服务,举办了 61 个公益性暑托班,在妇联网站、微博上一经推出,立即好评如潮;三是成为女性社会组织自主实施项目,今年有 78 家女性社会组织通过市、区两级公益项目招投标,实施了陪伴高龄独居老人、自闭症儿童康复、青年女性职业飞翔计划、女农民科技培训、女性文体团队艺术指导等 78 个项目,获得政府资金 1 000 万元。实践中,妇联与专业社会机构携手的叠加优势,展现了饱满的生命力,以政府委托、妇联承接的"知心妈妈"项目为例,妇联携手社工、心理等专业机构,将对上访老户的维稳工作转化为亲切细致的家庭关护服务,在第一批项目确定的 68 名案主中,已有 26％案结事了、回归正常生活,大部分案主开始理性表达诉求。

(三) 以服务为宗旨,提升妇联干部社会工作能力

各级妇联干部是枢纽型组织的核心,妇联干部的理念和能力直接关系到妇联在社会协同中的主体作用。上海市妇联坚持党的群众路线,主动沉入社区,相继在街道、乡镇创办了 216 个"社区家庭文明建设指导服务中心",在居村和部分高校、商务楼宇、工业园区创办了 5 386 个"妇女之家",形成了妇联依托党政资源、凝聚社会组织和志愿者,回应妇女需求、提升服务能力的实践基地。同时,正在全面推进"妇女议事会"工作,成为妇联引导广大妇女参与社会公共事务管理的实践舞台。

三、妇联在社会管理创新中探索前行的方向

在社会建设中培育发展社会组织是国际公认的有效做法,但妇联在社会管理创新中走出一条枢纽型组织新路则是中国社会的创新之举,契合了中国特色社会主义制度安排和社会需求,前景广阔,任务艰巨,迫切需要理论和实践的不断探索。

上海市妇联将抓住社会管理创新的重大机遇,进一步坚持理念创新,拓展和优化四个功能。

(一) 联合功能

即坚持妇联姓"妇"、姓"联"、姓"群"的政治组织特性和社会组织特征,以共同的价值观和社会化方式,搭建面向全市妇联组织、女性社会组织相识、相聚、互通、互助的平台,努力建设上海最具规模、资源、服务效能的女性社会组织联合体,发挥党和政府代替不了,一般社会组织发挥不了的独特作用。

(二) 服务功能

即围绕妇女儿童家庭民生需求,加强妇联自身服务阵地建设,依托"社区家庭文明建设指导服务中心"和"妇女之家"整合资源,携手女性社会组织下大力气打造中小学生暑托班、330晚托班、0～3岁早教服务进社区、质优价平的家政服务等具有同城效应的品牌,支持广大妇女平衡工作与家庭的矛盾,切实提高妇联工作的覆盖面和有效性。

(三) 主体功能

即善于通过业务培训、信息交流、社会招标、项目督导和第三方评估等为女性社会组织提供多样化支持,大力培育和促进女性社会组织发展,提高妇女群众的组织化程度,努力形成党和政府依托妇联凝聚女性社会组织和广大妇女群众的局面,为建设政府、市场、社会稳定"铁三角"奠定广泛、深厚、牢固的群众基础和社会基础。

(四) 创新功能

即增强创新意识和对创新实践的提炼升华,依托设在各妇女研究中心的专家力量,开展前瞻性、针对性、应用性政策研究和组织研究,主动跟进落实党和政府的社会管理创新政策和措施,及时发现和总结基层组织的创新实践,勇于破解难题、与时俱进,走通妇联参与社会管理创新的独特之路,充分发挥妇联联系女性社会组织和广大妇女群众的桥梁纽带作用,在以改善民生为重点的社会管理创新中作出妇联组织的积极贡献。

上海巾帼志愿者课题调研报告

上海市妇联宣传部、华东理工大学社会工作系联合课题组

一、调研背景

志愿者是当代社会文明发展的主要标尺和具体体现,发达国家和地区非常注重志愿者个体的动员以及志愿者群体的管理,并将志愿者资源融入国家治理与社会创新之中。转型时期的中国,社会建设成为国家战略"五位一体"的重要组成部分。党的十七大报告明确了社会管理新格局为"党委领导、政府负责、社会协同",这意味着志愿者与社会组织一起构成了我国当下社会建设及社会管理的有生力量。尤其随着中央关于社会组织管理规定的放宽以及政府购买服务政策的出台,中央多个部委以及上海市相关部门也先后出台了志愿者管理的相关政策规定,预计国内将迎来社会组织发展以及社会服务的新高潮,志愿者越来越多地成为社会管理和社会建设的主要抓手。

全国妇联一贯重视巾帼志愿者工作推进,并在2001年和2011年分别下发《关于发展壮大中华巾帼志愿者队伍的意见》、《关于深入开展巾帼志愿服务工作的意见》,创新发展具有妇联特点、富有女性特色、服务妇女需求的巾帼志愿服务工作。近些年上海市妇联也致力于以家庭志愿者为主体的志愿者工作的推动,2009年颁布《关于进一步加强和管理家庭志愿者的实施意见》,各级妇联先后建立起女性志愿者服务组织。目前,上海市妇联立意成为最大的女性枢纽型社会组织,其中,志愿者队伍的建设就成为不可或缺的重要组成部分。

为深入了解全市妇联系统志愿者服务工作情况,探索新形势下巾帼志愿者的组织管理、运作模式,市妇联宣传部与华东理工大学社会工作系组成课题调研组,多次

深入基层调查研究,通过走访相关委办局及区县妇联、召开志愿服务组织和志愿者座谈会,对妇联系统志愿者工作及队伍建设现状和存在问题进行认真分析,研究解决问题的措施和方法。课题组初步形成了上海市妇联家庭志愿者课题报告。

二、研究方法

(一) 调查对象

本次调查的对象是由本市各级妇联组织建立或主管的,从事志愿者工作,开展志愿者活动的队伍。调查主要目的是为了进一步厘清妇联系统志愿者底数,了解市、区、街道三级妇联牵头成立的志愿者队伍情况、工作模式及动员机制。课题调查的志愿者从服务形式上来分,主要包括注册志愿者和临时志愿者;从服务内容上,主要包括法律维权及心理疏导类、家庭教育及邻里互助类、社区关怀及精神文明类、专业志愿者、其他等四类。调查内容主要包括项目来源、活动经费、培训安排、年龄划分、教育背景以及政治面貌等部分。

(二) 调研方法

调查数据获取主要通过问卷调查和个别访谈两种途径。其中,调研组设计调查问卷,发放市妇联相关职能部门及17个区县妇联填写后回收。个别访谈主要从区县妇联志愿者数据中选取比较有代表性的浦东新区、杨浦区、静安区、长宁区等12个区县妇联进行走访座谈。同时,专题与市妇联儿家部、权益部、发展部、宣传部讨论志愿者工作现状、问题与建议,走访市文明办,了解全市志愿者工作管理现状与发展趋势。最后,在问卷调研、走访、座谈基础上,调研组多次讨论,就巾帼志愿者组织建设和管理框架、发展模式进行专题研究。

三、志愿者队伍现状

(一) 总体情况

1. 总体数据

因无登记信息可查,通过调查问卷统计表明,目前上海市妇联志愿者总体数据为59 882人,其中,注册、登记志愿者为29 922人。

2. 类型分布

根据活动内容分类,一类为法律维权和心理疏导类志愿者,其中,登记志愿者为

6 462 人。二类为家庭教育和邻里互助类志愿者,其中,登记志愿者为 1 740 人。三类为社会倡导和精神文明类志愿者,其中,登记志愿者为 21 503 人。四类为专业技能类志愿者,其中,登记志愿者为 217 人。

3. 活动频次

大部分志愿者队伍处于活跃状态,其中有些志愿者队伍基本上处于全年服务状态,从 2012 年度至今,许多志愿者队伍活动次数超过了 100 次。闸北区上报的社会倡导和精神文明志愿者队伍则达到了 500 多次活动。其中,浦东、长宁、闵行、徐汇、黄浦等区志愿者人数及活动频率相对较高。

4. 活动经费

全市 17 个区县 2012 年度至今,志愿者项目、活动总体经费使用总额为 423 万,其中,浦东 65 万,闵行 54 万,金山 51 万,徐汇 49 万,四个区县的费用占据了将近一半。

5. 培训情况

大部分志愿者队伍都开展了相应的培训,但培训次数总体偏少。也有部分志愿者队伍是零培训。

6. 年龄及教育层次

志愿者的年龄及学历构成总体来看,45 岁以上居多,同时,学历层次相对偏低。仅专业技能类志愿者团队相对学历较高,年龄适中。

(二) 主要特点

通过实际访谈,调研组发现,不同区县对于志愿者的重视程度不一,志愿者工作开展情况差异也很大。但总体来说,志愿者的开展给妇联工作带来了许多良性促动。

1. 依托组织开展品牌建设

从上世纪 90 年代起,上海市妇联志愿者工作由"家帮家、邻邦邻"的家庭志愿者起步,逐渐发展到为妇女、儿童和家庭提供服务的各类志愿者,如法律援助、心理咨询、就业指导、文明礼仪、低碳环保等,形成了一系列品牌,并在妇女维权、家庭教育等领域形成了妇女法律维权志愿者、开心家园心理咨询志愿者、平安家庭志愿者、家庭教育志愿者、垃圾分类志愿者等十多支具有一定影响力的志愿者队伍。同时,家庭志愿者参与主体已经从女性个体为主逐步发展到了以家庭为单位,同时为家庭提供服务,这也是上海市妇联家庭志愿者尤为鲜明的一个特色。

2. 社会影响较为广泛

志愿者队伍的大力推行最显著的成效则体现在推动妇联工作从边缘化到中心化，为妇联赋权增能，拓展了妇联的工作思路。近些年市妇联组织志愿者更多地参与到百万家庭学礼仪、世博文明行动、社会维稳、家庭低碳行等重大项目之中，有效提升了妇联的地位。同时，通过志愿者工作平台，整合妇女工作资源，服务妇女群众和家庭，延伸了妇联的影响力，提升了妇联的工作效能。另外，在志愿者工作的推动中，也提升了妇联干部参与社会管理创新的工作能力，拓宽了妇联干部视野、更新了妇联干部理念、刷新了妇联形象。

3. 出现新的变化趋势

随着上海整体上社会管理创新的推进，部分区县妇联组织在运作志愿者方面开始出现新变化。

（1）志愿者工作的项目化。志愿者更多不是停留在登记名字，也不是停留在碎片化的临时性活动中，而是更多融入具体项目之中，志愿者工作有了更加具体的载体。比如，2011～2013年市妇联承接的垃圾分类实事项目，吸引了2万多名志愿者。闵行区妇联以家庭教育为主题的"鲁冰花项目"，融合了大量的志愿者，家庭教育上升到了区妇联的工作重心。

（2）志愿者的委托管理。除了妇联系统自我管理、组织化管理、项目化管理之外，还有一些区县妇联则是寻求外包服务，虹口区妇联、宝山区妇联以及徐汇区妇联和浦东新区妇联都表现得非常明显。承接妇联服务的社会组织，自身也承担起建立志愿者队伍的任务。比如，浦东新区妇联7年前就开始推行项目化运作，委托社会组织承接服务，与此相应的志愿者动员及管理任务同时转移给社会组织，成为社会组织承接服务项目必不可少的一个隐性要求。妇联不再具体介入志愿者的具体事务性管理，而是集中精力寻找资源、设计项目、合作机构。志愿者不仅是附着在项目上，更多则是由承担项目的社会组织来动员和管理。

（3）志愿者管理上技术创新。各级妇联都在努力探索志愿者的管理运作，并且身体力行创新出了许多值得推广的经验。长宁区在志愿者管理上独具匠心，将志愿者紧紧围绕独立法人的"家中心"，通过"家中心"在对志愿者进行三色分类分级管理，分别对应着初级、中级、高级三层志愿者，每层分别按照活动化、专业化、项目化的方式来运作，这样就大大减少了妇联自身的工作，既做大了志愿者队伍，又探索出别具特色的志愿者管理途径。

（4）志愿者的社团化运作。浦东新区家庭志愿者协会独立注册为社团，在志愿者管理方面走向社会化，同时也为家庭志愿者运作拓展了空间。浦东新区妇联整体的项目化改革以及社会化运作带来了妇联志愿者工作相应的根本性转型。

以上区县妇联的经验给我们带来的启示是：志愿者服务不是独立分割的行政任务，而是妇联整体转型之后社会化运作的组成部分。志愿者的改革不可能单兵突进，而应该从全局着眼，立足结构性革命。

四、存在的问题

尽管妇联系统志愿者工作成效显著，但在实际运作中还是有值得注意的问题，根本上还是源自社会环境变化以及妇联自身角色定位的变化，尤其是妇联从行政化向社会化转型所引发的相应转变，这使得志愿者工作遭遇到了多方面的结构性的问题和挑战。

（一）管理机制分割严重

上海市妇联的家庭志愿者工作最初发源于五好文明家庭创建工作，目前由儿童和家庭工作部牵头。同时，权益部、宣传部、发展部等多个部门因为工作需要逐步发展出了自己的志愿者队伍。目前如何整合各支队伍的力量、形成巾帼志愿者品牌影响力，就成为迫在眉睫的问题。实际运行中，部门之间志愿者分割严重，任何一个平行部门都很难真正整合其他部门的志愿者力量，这也导致了全市巾帼志愿者实际数据统计很容易出现重复或者疏漏。在区县，宣传部、儿家部、办公室等多个部门在不同区县妇联充当着志愿者工作牵头角色，也的确反映了目前妇联系统志愿者管理架构的混乱。另外，志愿者活动场地缺乏，但与之相应的是，妇联自身的"家中心"以及"妇女之家"反倒出现了空置化的矛盾现象。

（二）行政化运作比较明显

目前的志愿者工作更多是行政工作派生出来的任务，为志愿者而志愿者，过多关注志愿者数量的增加，一定程度上忽略了志愿者功能的发挥，基层甚至出现了民政、老龄、残联等不同部门与妇联争抢志愿者的现象。志愿者过于停留在表面化、形式化管理，注重人头而不是事务，更不是项目，这也进一步导致了志愿者的僵尸化、虚拟化。另外，更关键的是，大多数的志愿者全靠妇联自身来运行和管理，有悖专业化的趋势,加剧了行政化缺陷,也的确给基层妇联带来了太多压力。市妇联到区妇联再到街镇妇联,每个层级的妇联工作人员数量是逐级减少甚至是倍减的,但每级妇联的志愿者工作则是急剧增加,这种人事倒挂的现象进一步影响到了志愿者的整体管理,下级妇联工作压力大。

(三)志愿者工作持续性不强

调查显示,市妇联系统志愿者年龄偏大,学历不高,专业人员偏少,一定程度上阻碍妇联志愿者工作的持续发展。同时,大多数志愿者是名义性、临时性的,易造成志愿者缺乏归属感和认同感。有些特定时期的大事件如世博会等,事件结束后志愿者队伍的持续管理和发展受限。区县之间在志愿者的激励措施以及持续培训等方面存在很大差异,许多区县妇联志愿者培训一方面缺乏制度性安排和持续性计划,另一方面志愿者的培训师资等专业力量也相对不足。

(四)社会化运作能力不足

目前的各种招投标项目要求主体具有独立的民非资质,区县妇联不具有独立的法人主体资格,因此,区县妇联往往无法更多整合资源、拓展项目、维系志愿者。调查数据表明,妇联系统大部分志愿者队伍都处于高活跃状态,年度开展活动频次很高,但是大部分志愿者活动经费额度偏低。在全部17个区县妇联2012年至今的志愿者经费统计中,有13个区县至少有一支志愿者队伍出现了零经费运行。志愿者工作经费很大一部分则是源自妇联办公费用以及其他相关部门费用,社会化募集的项目经费所占比例相对少,资金渠道的单一化也限制了妇联志愿者的经费拓展以及队伍壮大。

五、对策与建议

妇联志愿者目前存在的问题,本质上都是源自上海市妇联与社会服务与管理创新的趋势不相适应而造成的结构性不适,建议与上海市妇联加快去行政化、强社会化建设同步,志愿者的管理应该纳入上海市妇联转型的整体战略框架中来考虑。

(一)宏观上,加强顶层设计

1. 界定"巾帼志愿者"概念

建议名称为"上海市巾帼志愿者",定义为:在妇联领导下,为妇女、儿童和家庭提供社会公益服务、以女性为主体的志愿者团队和个人。包括妇联系统的所有志愿者组成。

2. 厘清志愿者管理层级架构

首先,根据全国妇联的管理职能对接,由市妇联由宣传部牵头巾帼志愿者工作,建议市妇联注册成立具有法人主体的市巾帼志愿者协会。其次,市妇联现有职能部门负责的志愿者队伍,作为协会下二级志愿者队伍或分队;鼓励区县妇联成立区级巾帼志愿者协会,不具备条件的可以成立分会或者分队;大口妇委会纳入巾帼志愿者二级队伍或者分队的建设管理。再次,街镇妇联成立巾帼志愿者支队。也可以"家中心"为主体,构建巾帼志愿者三级管理主体。最后,村居以"妇女之家"为载体构建巾帼志愿者服务站。

鉴于"家庭志愿者"品牌和影响力,建议在二级层面保留"家庭志愿服务队"名称,定位在以"家帮家"、"邻帮邻"为主要内容的家庭志愿服务工作。与此相应,权益部、发展部等牵头的志愿者队伍,可以分别冠名或沿袭目前已经约定俗成的志愿者队伍名称,但这些志愿者队伍之间是平行关系,她们共同隶属于巾帼志愿者协会。区县妇联、大口妇委会也可以建立自己的志愿者队伍,同样属于二级志愿者队伍。

按此结构,最终可以建成"两级平台三级服务四级网络"这样一个具有妇联特色的志愿者管理体系,同时,又不会脱离妇联既有的管理和支持系统。

3. 筹建巾帼志愿者协会

巾帼志愿者协会性质为社会团体,主管单位为市妇联,但同时保持相对独立运作。未来希望借助市妇联的市区两级妇女社会服务枢纽组织,志愿者协会与女性社会组织中心两者构成相互依托关系,通过社会组织和项目而发生有机的关联与合作,一方面可以获取相应妇联经费补充,另一方面也可以通过招投标平台获取项目经费,从而盘活女性社会组织与巾帼志愿者,从而达到双赢乃至多赢。

(二)中观上,加强策略规划

从上海志愿者运作管理经验和发展趋势,结合妇联实际,采取"三个三"模式。

首先,战略定位:志愿者、服务项目、社会组织的三结合。强化妇联整合资源的优势,借助女性社会组织资源平台,为巾帼志愿者团队提供资源性支持。志愿者不能空转,不能形式化,也不能行政化,应该更多地回归志愿者本质,立足于服务,寻求志愿者与妇女服务相结合,同时,进一步寻求妇女服务项目与女性社会组织相结合,这种三合一的战略可以将巾帼志愿者的运作真正科学化和高效化。

其次,在策略上,建议"义工＋社工＋妇工"三位一体。以家庭为本位,以社区为阵地,将志愿者也就是义工,和社工以及妇工三者有机相结合,这样才能真正融入社区。

再次,在管理上,采用"项目＋社会组织＋公益领袖"的模式。策划、设计、招标巾帼公益服务项目,以项目凝聚志愿者和社会公益组织,培育巾帼志愿者组织和社会公益领袖。追求志愿者管理项目化、组织化、社会化、专业化。

1. 管理项目化

志愿者管理中追求的不是人头的归属,而是功能的实际发挥,因此,志愿者管理的项目化尤为重要,有项目才有志愿者。

2. 管理组织化

在对志愿者进行管理的同时,一方面要将志愿者贴近项目,另一方面要尽可能将项目和特定社会组织关联起来,通过项目凝聚社会公益组织。

3. 管理的社会化

打破部门分割,将志愿者工作社会化、开放化。融合上海市志愿者工作平台,加强与文明办志愿者工作的合作,实现与上海市志愿者网络的对接与互动,借助上海140万注册志愿者的队伍,策划、设计、招标巾帼志愿者服务项目,发展壮大巾帼志愿者。同时,保持妇联系统自身志愿者管理的独立性。

4. 管理的专业化

加强志愿者和志愿者队伍管理运行的专业化。建议加大专业人才尤其是社工专业人员的引入,加强志愿者的专业培训,以及志愿者队伍及运行的科学激励和专业评估。

(三) 微观上,整合全市巾帼志愿者资源

建议市巾帼志愿者协会采取:市妇联主导,文明办支持,市协会独立运作,区县志愿者参与,社会力量协同的模式。

1. 设领导和管理机构

参照社团管理规定,建立相应的理事会、监事会等组织。建议:

聘请一位具有一定知名度和社会影响力的女性担任会长。

聘请一位具有运作能力的女性担任秘书长,一位专职工作人员。

聘请一批熟悉妇联工作和社会工作、热心公益事业的社工届专家、妇女研究专家、公益界资深人士担任理事。

2. 推动巾帼志愿者资源整合

加强妇联系统志愿者资源共享，搭建巾帼志愿者工作网络，推进妇联系统志愿者工作品牌建设。在全市层面统一制定巾帼志愿者的管理规范、激励政策，提供专业培训、交流和研讨。开展巾帼志愿者领军人物、优秀巾帼志愿组织、杰出巾帼志愿者的评选等。

3. 建立信息管理平台

开放巾帼志愿者的申请，开展巾帼志愿者实名注册、登记，融合上海市志愿者工作平台，加强与文明办志愿者工作的合作，实现与上海市志愿者网络的对接与互动，借助上海140万注册志愿者的队伍，策划、设计、招标巾帼志愿者服务项目，发展壮大巾帼志愿者。

4. 经费来源和办公地点

协会工作经费来源为一部分政府财政，更多通过项目化运作募集资金，通过社会化来拓展资源。办公地点设在上海市妇女儿童活动中心（巾帼园），纳入女性社会组织发展中心管理平台。

本市年轻女干部培养现状与路径研究

市妇联组织部　市社科院性别与发展研究中心

党的十八大提出"坚持男女平等基本国策",强调重视培养选拔女干部。市十四次妇代会以后,按照中央和市委的要求,市妇联积极探索年轻女干部的培养路径。为进一步厘清现行女干部培养现状,我们对全市45周岁以下年轻女干部开展调研,旨在通过对女干部培养机制的分析,思考进一步推进相关工作的举措。

一、本市年轻女干部队伍的基本概况

为了深入了解年轻女干部队伍的情况,课题组针对不同类型的单位发放问卷,共调查了1 518位45岁以下女干部。从单位分布来看,非公单位占14%,党政机关占25%,国有企业占20%,事业单位占37%,社会团体占4%。从人才分布来看,党政干部770位,占41.0%,经营管理人才294份,占15.6%;专业技术人才553位,占29.3%。

(一) 结构特点

调研数据显示,45岁以下年轻女干部(以下简称年轻女干部)有这样几个明显的特点:一是专业技术人才众多。调研显示,年轻女干部中拥有高级职称的人超过1/4(28.3%),其中正高占5.3%。和党政干部、企业经营管理人才相比,专业技术类人才在三类人才中的比例居第一位,占到45.7%。主要原因是,现代社会特别是上海这样的特大型城市中,很多党政干部和经营管理人才,本身就是从专业技术岗位上成长起来的。二是党员比例高。年轻女干部近七成都是共产党员,远远高于上海党员7.61%的比例。党政机关和社团中,年轻女干部为党员的比例最高,均在80%以上;非公单位中,党员比例最低,仍占38.9%。三是学历高。九成为大学以上学历,研究生以上占三成。学历分布中,事业单位表现出明显的优势,43.8%均为硕士研究生及以上学历;党政机关其次,硕士及以上占34.4%;非公和国企高学历最低,硕士及以上仍分别占27.1%和26.7%。四是领导干部比例分布不平衡。处级以上干部376位,占14.4%;副局以上干部8位,占0.5%;处级实职领导岗位工作的年轻女干部更少,共115位,占处级女干部总数比例一半不到。主要集中在党政机关,各类干部(科级以上)占78%左右,事业单位和国企不到40%,非公最低,除个别负责人外,无干部编制。

(二) 能力特点

调查显示,女干部最大的优点是"做事细致、精细化管理",其次是"沟通协调能力"和"工作责任心"。总体来说,女干部都保持积极向上的工作态度,26.1%的人认为自己非常努力,60.1%认为自己较努力,11.8%认为自己努力程度一般,1.4%认为自己不够努力,0.1%认为自己不努力。从年龄上来看,可以看到,40岁左右的女干部对自身努力程度评价最高,35岁左右的女干部对自身努力程度的评价较低,从另一个角度来说,她们可能认为自身还有更多的潜力可挖,对自身的要求可能更高。

工作魄力、关键岗位工作经验和政策水平是女干部的主要弱点。调查显示,49.7%的人认为女干部的工作魄力还有待加强,42.5%的人认为女干部缺乏在关键岗位工作的经验,29.0%的人认为女干部政策水平还有待提高。

(三) 发展预期

调研显示,46.2%的年轻女干部希望自己向复合型人才方向发展,2.9%希望向专业技术人才方向发展,18.9%希望向行政序列发展,2%希望向参政议政方向发展。非公单位的年轻女干部尤其看重选择复合型发展,选择这一方向的比例高达58.4%。社团组织的年轻女干部则兼顾复合型发展和行政序列发展,各有超过30%的比例。事业单位选择行政序列较少,大部分以复合型发展和专技方向发展为主。国有企业选择复合型方向最多,党政机关则以行政序列和复合型为主。

二、年轻女干部主要培养路径和评价

(一) 主要培养路径

主要包括七个方面的路径,一是重视规划推动,加强组织领导。自"九五"以来,上海在历次妇女发展规划中对女干部培养都有明确的目标规定,对后续目标完成情况进行监测与评估。二是培养渠道多样化,选拔力度加大。坚持定期向组织部门推荐优秀女性人才,依据实际情况和需要,安排女干部至基层单位和政府部门轮岗挂职锻炼,进一步提高组织领导能力和合作共事能力。三是注重教育培训,提高综合素质。注重通过形式多样的教育培训,不断加强女干部政治素质、履职能力、专业技能等各方面的综合素质的提高。调研显示,45岁以下年轻女干部在过去3年里,有61.8%获得过业务培训的机会,29.2%获得过党校学习机会,17.3%获得过出国培训机会,13.8%获得过学历提升机会。四是着眼于战略储备,推动女性人才信息库建设。自1998年以来,上海市有关部门一直致力于女性人才信息库建设工作,如今,金融、信息、航运、物流、宏观经济、高新技术等领域高端女性人才的数据库已经逐步形成。五是通过巾帼建功服务社会,推动体制内外女性岗位成才。各区县充分利用巾帼文明岗的社会影响力,凝聚、推荐和发现了一批体制外人才。同时各类专业性女性社会组织,也发挥了业务评比中的推荐作用,强调在业务活动中发现人才,培养人才。六是鼓励参政议政,提高参与决策能力。通过制度建设,进一步完善女性人才参政议政的政策法规,扩大女性社会影响力,提高各级代表委员的参政议政能力;在各级党委、人大、政府、政协换届时妇联提前介入,确保女性比例,每年定期召开女代表、女委员参政议政座谈会,交流履职经验,提高履职能力。

(二) 评价

一是对女干部培养效果的评价。四成多的女干部持充分肯定态度,认为和全国相比,上海在培养女干部方面有明显优势,但值得注意的是,有27.4%的女干部认为,上海的女干部培养还有很大的提高空间。二是对女干部培养机制和方式的评价。对现有的培养机制和方式,女干部总体都给予了较高评价,5级评分制中,最低项得分也超过3分。对参政议政的评价最高;其次为评优表彰和教育培训;对规划推动、女性人才数据库的建设评价较低。女干部最希望得到的前三项培养机会分别是业务培训、轮岗交流和出国培训,近1/5的人选择了这三项内容。三是对性别平等的评价。干部选拔中性别平等的问题仍然存在,就本单位的晋升机会而言,近四成的女干部认为男干部更多,而从整个社会的层面来看,情况更严重,近七成的女干部认为男干部拥有更多的晋升机会。

三、女干部成长所面临的瓶颈和挑战

目前全市女性1 116.43万人,占总人口的48.5%。六普数据显示,在政府和社会支持下,女性高学历人数大幅增加,大学专科、大学本科及以上教育程度的比重和2000年相比,分别上升了4.6个和7.9个百分点;教卫文等行业女性比例增长迅速,超过男性;担任机关组织、企事业单位负责人的比重也由2000年的1.7%上升至3.5%。但总体来说,近现阶段女干部队伍建设还不能完全适应经济社会发展的要求,急需进一步的突破。

(一) 女干部使用中的"金字塔"现象

和外省市相比,上海局级女干部的配备,在四大直辖市里是最低的,处级女干部基本持平。分析原因,和规划刚性约束力下降有关,虽然近年来规划推动一直坚持在扩大女性政治参与的影响力,但客观上指标的刚性约束力近年来是在不断下降。"九五"规划曾明确:"逐步提高局级干部的女性比例。力争在1998年前每年递增1个百分点。""十五"规划中对局级干部的这一明确比例要求就被取消,但要求"在区县、街道、乡镇党政领导班子中各配有一名女干部,其中争取有半数以上的班子配备两名女干部;市、区、县党委和政府部门争取在60%以上的班子中配有女干部;党政机关女干部的比例不低于40%;人大、政协中的女代表、女委员的比例在'九五'的基础上有所增加。"而且对企事业单位领导班子有明确规定"大型或以女性为主的企事业单位的领导班子中要增加女性比例;50%的企业董事会要有适当的女性比例;95%的企业监事会要吸纳女职工委员会主任参与";"十一五"规划取消了对企事业单位领导班子配比的要求,但仍旧强调"区(县)党委、人大、政府、政协领导班子中应至少各配备1名女干部。市、区(县)党委和政府部门要有55%左右的领导班子配备女干部,担任正职的女干部数量要在原有基础上有所增加"。对市区政府领导班子配备率的要求从60%调低到55%,"45岁以下的局级女干部、35岁以下的处级女干部在同级干部中的比例要逐步增加……保证局、处级后备干部队伍中的女干部比例分别不少于15%和25%"。"十二五"规划进一步沿用了"十一五"规划的指标要求,将对局级后备干部比例要求提高到20%,提出要提高局级、处级正职比例,但没有明确的刚性要求,对企事业单位领导班子没有做出配比的要求。规划刚性约束的降低,导致近年来在干部配比中性别意识有所下降,高层女性参与政治的水平与外省市相比,出现了"不进则退"的现象。

(二) 女干部分布不够平衡,结构不尽合理

目前女干部存在"三多三少"的现象。副职多、正职少;非领导职位的多、领导职位的少;基层岗位配备多,关键岗位配备少。虽然"十二五"规划注意到这个问题,提出"逐步平衡女干部在不同层面、地区、行业和部门之间的分布,提高45岁以下局级女干部和35岁以下处级女干部比重。加强对女干部发展现状和趋势调研,完善后备女干部人才库,重视妇联组织在培养推荐女干部方面的意见和建议"。但这些原则性的规定,缺乏具体的指标措施约束,也很难监督检查。

(三) 用人视野狭窄,体制外干部使用门槛较高

女干部大多数在机关成长,长时间下基层或从基层调上来的比较少,公务员单位和企事业单位之间在人、事、财权上都存在无形的门槛,制约了用人视野的拓展。体制外单位有不少优秀人才,但由于编制、工资等问题,引入体制内使用需要克服重重困难,从而限制了用人范围;另外,本市是最早设立居村妇代会的城市,基层妇女干部在居委会和村委会日常事务管理中发挥非常重要的作用,但对外推荐和晋升的渠道并未打通。体制内外间存在的这些人为门槛,非常不利于女干部的流动和成长,不利于用人视野的进一步拓宽。

(四) 女干部使用中存在"复合型"导向,需要兼顾多重群体的代表性问题

在女干部选拔中,存在"无、知、少、女"现象,女干部得到提拔是因为其符合了多种附加条件,如必须是高级知识分子、党外人士、少数民族,这些三合一、四合一的代表性指标,无形中排斥了一大批优秀女性,女干部也沦为领导班子中的性别点缀。而女性为了符合这些多重条件,不得不选择"复合型"发展方向,否则发展机会就会大大减少。

(五) 对女干部培养机制缺乏系统性考虑,多岗位锻炼不够

目前市区各级组织已经为女干部提高自身素质,提供一些平台和培训,但碎片化

现象仍然较为明显,各自为政,班子性别意识强,则平台更多;班子性别意识弱,则无人考虑到女干部的发展问题。市级层面对女干部培养问题的系统化考虑较为匮乏,很多培养机制并未主动从性别角度介入,针对女干部的专门平台很少,促进性别平等的长效化机制未能建立。作为女干部的重要来源之一市区妇联系统干部流动慢、进步慢,严重影响了妇女干部的成长。

(六) 传统性别意识不利于女干部成长

社会生活中,性别偏见仍然根深蒂固地存在着。女干部感到最苦恼和困惑的问题之一就是工作、家庭的平衡问题及身体状况,家庭、事业的超负荷运转和巨大的精神压力,造成相当部分女干部从政热情不高,对权力的参与望而却步,在社会、家庭双重压力下,女性从政水平的发挥受到抑制,进入政治、经济等社会主导性活动领域的难度增大,进而造成了男女从政的社会环境不平等,影响女干部的成长。

四、新形势下进一步做好培养选拔女干部工作的建议

(一) 细化指标,加强规划推动的刚性约束力

市委及相关部门从政治文明的高度来重视女干部工作,把培养选拔女干部工作纳入重要议事日程,纳入领导班子建设和干部队伍建设的总体规划。进一步细化"妇女发展规划"中关于女干部队伍建设的指标,增加有关局级、处级干部比例的刚性指标;明确对45岁以下局级、35岁以下处级女干部的数量指标;恢复对企事业单位领导班子配比的要求;考虑面向非公经济等体制外单位培养优秀女性人才的指标要求。

(二) 出台政策,召开全市女干部选拔培养会议

有针对性地制定加强女干部培养选拔的政策措施,和市委组织部联合,适时研究制定本市培养选拔女干部专项政策和规划,召开全市性培养女干部大会,建立领导责任制,保证女干部培养选拔各项指标的落实。

(三) 摸清底数,完善女性人才数据库建设

对全市女干部培养情况定期开展调研,不断充实和补充组织推荐的女性人才数据库,针对年轻女干部,建立分系统分类别的统计指标,从而做到底数清,建立动态跟踪机制,确保年轻女干部培养选拔各项指标的落实。

（四）分类指导,实施推荐培养机制的出口管理

对组织推荐的年轻女干部实施出口管理,分类指导,探索女干部推荐培养的常效机制。一是发挥妇女组织的干部推荐作用。建立市区妇联与市区组织部门的沟通推荐机制。二是保证参政比例。发挥妇女组织在参政议政推荐中的作用,提高妇女参与政府和社会事务管理及决策的水平。三是注重从基层一线培养选拔干部。加大从乡镇（街道）领导干部、妇女干部、优秀大学生村官中选拔年轻女干部的力度。四是进一步加强妇联干部交流。建议落实妇联干部交流的硬性规定,有利于妇联干部焕发热情、再立新功。

（五）关注体制外女性人才,打破门槛和体制约束

认真研究事业单位和体制外优秀人才进入公务员队伍的有效管理办法,突破编制、工资关系的约束。有计划地从企业、高校、非公和社会组织推荐的优秀女性人才中挑选领导干部,提供轮岗和挂职锻炼机会;定期面向社会不同群体开展定向公选。

同时,组织部门建立向体制外单位推荐经济管理和社会管理方面的优秀女干部挂职锻炼的机制,承认其基层挂职经历。这些体制内外女干部流动交流的机制,能够有效促使短缺领域内的女干部迅速成长。

（六）明确培养方向,重点关注关键岗位和正职领导岗位

根据女性特点,有计划、有目的地制定具体的培养计划,积极拓宽女干部的培养选拔渠道,通过"压担子"、"搭梯子"、"加凳子"、"腾位置"等多种途径,把女干部放到关键岗位上,丰富领导阅历,提高管理水平,激发潜在能力,在实践中不断完善、提高。利用女干部专项调研,推荐一批到关键岗位和正职领导岗位的干部,打破常规,选拔德才兼备的女性优秀人才。

（七）强化性别意识,加强实践锻炼的针对性

针对女干部魄力不足、进取心不强等自身存在的缺陷,有的放矢地组织学习培训,扩大女性人才专题培训班覆盖面,提高中青年后备干部培训班中的女干部培训比例,在巾帼文明岗等女性人才评比中,增加关于女干部培训的指标。遵循领导人才成长规律和女干部的特点,采取定岗压担、首长助理制等措施强化她们的工作锻炼。特别是针对女干部队伍流动性差、工作经历较单一、基层工作经验欠缺等制约女干部发

展的瓶颈问题,加大轮岗交流力度,组织她们到一线挂职,到艰苦环境和急难险重工作中去经受锻炼,使她们经历多岗位、多层次、多领域的实践锻炼,提高综合素质。

(八) 营造女干部健康成长、脱颖而出的良好社会氛围

加强舆论导向和社会宣传,利用各种宣传媒体,大力宣传党和政府重视培养女干部的政策和措施,破除重男轻女等陈旧观念,弘扬男女平等、尊重妇女的观念,广泛宣传妇女发展与城市文明的关系,表彰在工作中做出突出贡献的优秀女干部。通过舆论导向和典型宣传,在社会上营造关心爱护女干部成长,支持培养选拔女干部的良好氛围,为做好培养选拔女干部工作创造良好的条件。

从"十二五"开始,上海的"四个中心"和现代化国际大都市建设步伐明显加快,产业结构升级、社会管理创新、服务型政府建设、公共政策执行中的精细化与柔性化趋势等,都为女性人才的成长提供了更为广阔的社会空间,为女性领导干部的选拔与任用提供了更好的社会氛围与条件。在女性人才自身努力的基础上,需要从制度和政策层面着手,消除某些长期隐含的歧视性工作思路,将性别平等观念贯彻到决策及执行过程中,为年轻女性干部的选拔任用提供制度保障,使更多的女性干部在上海市创新驱动、转型发展中人尽其才、才尽其用。

妇联携手社会组织共建责任社会之道

杨浦区妇联　上海理工大学*

一、引　言

十八届三中全会报告,指出了要健全妇女关爱服务体系。作为新时期维护妇女儿童权益的重要主体,妇联在政府改革与转型过程中,在维护妇女儿童权益、回应社会需求、参与社会治理、构建责任社会过程中扮演着极为重要的角色。

一方面,过去妇联一直以"半官方"社团的角色承担着大量的社会工作,在这个过程中,尽管妇联存在本职工作与实际工作脱节的情况,但是作为"半官方性质"的社会组织,妇联在维护妇女儿童权益、承担社会责任的过程中,必然会具备其他的非政府组织所不具有的一些独特资源和优势。随着改革的进一步加快,如何充分利用已有的优势资源,整合社会多方资源,代表好、维护好、实现好妇女儿童的合法权益,促进社会秩序稳定,实现法治社会、文明社会,构建责任社会,已经成为妇联工作必须考虑的重要问题。

另一方面,妇联作为非政府部门组织,并不具备政府职能部门的权力,所以,在履行自身职能的过程中,不可能依靠强有力的行政手段来解决各种社会问题,而必须依靠全社会的力量,充分整合优势资源,坚持全社会共建责任社会的工作思想,克服一力承担、独自参与的工作方式,善于动员、整合、协调各方社会组织力量,共同参加到维护妇女儿童权益的行动中来,从而携手多方社会组织,共建责任社会。

---

* 执笔:张栋邦、胡潇、吴佳颖、朱乐姝

二、责任社会与多中心治理理论

（一）社会责任

笔者认为，要定义责任社会首先必须对社会责任做一个明确的定义。什么是社会责任？

国际 ISO26000 标准将社会责任定义为："组织通过透明和合乎道德的定位，为其决策和活动对社会和活动的影响而承担的责任。"这些行为包括：第一，贡献于可持续发展，包括健康和社会福利；第二，考虑利益相关方的期望；第三，遵守适用的法律，并与国际行为规范相一致；第四，全面融入组织，并在其关系中得到实践。

笔者认为社会责任是指一个组织对社会应负的责任，即一个组织应以一种有利于社会的方式进行经营和管理，在履行组织自身使命的同时承担起对社会应负的责任。在现代社会中，履行社会责任的主体主要有政府、企业及社会组织。

1. 政府的社会责任

政府作为社会治理的主体，其自身职能即包括提供公共服务，保护公民权利及弱势群体利益，促进经济发展，维护社会稳定，促进社会各项事业发展。政府作为提供公共服务和进行社会治理的主体，其自身职能的发挥即履行其社会责任。

2. 企业社会责任

企业作为以营利为目的社会组织，它的首要目标是生产、创新和盈利。企业在为社会提供产品和服务的活动之外还承担着一系列的社会责任，企业要为消费者提供合格的产品和服务，企业生产要考虑到对环境的危害和对资源的消耗，企业要考虑到员工的发展和福利。此外还有更高层次的企业关注社会弱势群体利益，企业加入社会慈善事业等。

3. 社会组织的社会责任

社会组织包括一般意义上的非营利组织、自治组织、志愿者组织及私人组织。它们在社会治理过程中发挥着重要的作用，弥补了政府和市场的缺陷，是现代社会成熟的重要标志。它们在养老就业、环境保护、教育医疗、维护妇女儿童的权益等方面发挥着至关重要的作用。

（二）责任社会

1. 定义

通过对社会责任的界定，我们通常认为责任社会可以是指在社会生活中的各种组织(政府、企业及社会组织)和公民,从社会的整体利益出发,积极履行自身的社会责任,通过相互间的协调与合作,共同致力于社会的进步和发展。

2. 多中心治理理论

从20世纪70年代开始,西方国家的政府行为经历了从政府管制到政府治理的转变。公共治理理论认为,政府并不是社会治理和提供公共产品的唯一主体。它把社会组织和经济组织放在与政府同等的地位,主张多中心治理。多中心治理不仅重视社会组织和企业的作用,而且把他们放在社会治理的主体地位,主张通过政府、企业和社会组织的沟通协调来进行治理。

多中心治理体系中的治理主体有着独立性、依赖性、合作性、竞争性等特点。包括政府、社会组织以及经济组织在内的各种主体在地位上都是独立的,都独立参与公共事务的决策。治理实践依靠各种治理主体的协商和合作,并在合作的基础上形成统一的决策,所以在各自地位独立的基础上,主体之间的合作就形成了一种依赖性,任何主体都需要其他主体的支持才能发挥自身的作用。而这种依赖性在加深互相之间联系的同时,也加强了主体之间的竞争性。任何治理决策的制定都会涉及众多主体的利益和需求,都涉及权力的运用和公共资源的分配,所以决策的制定过程就是各种治理主体进行权力和资源竞争的过程,治理过程就是各种主体既相互合作又相互制约与竞争的过程。

多中心治理追求的是统一规则下的合作治理,政府、市场与社会的对等合作表现为网络治理和多层次。多中心是指在治理主体上有多个中心,这种多中心是一种治理网络中的多个中心之间的合作,不仅指同一层次上的多个决策中心,还包括不同层次上的互相交叉的合作。多中心理论试图将参与公共产品供给的所有组织和社会成员纳入网络化的结构中来,不同的政府层级和社会组织在不同的层次上相互关联,使每一个组成部分都成为网络的关键部分,都与其他部分有着多重的联系。而且这种合作也不是完全推翻权威的作用,在治理网络中仍然需要治理权威的作用来约束和限制治理主体的行为。这种权威既不是来源于政府,也不是来源于社会,而是尊崇一种治理规则的权威,所有治理主体都处于一个统一的规则体系中,在互相合作和竞争中自动调试自身的权责和相互关系。

三、共建责任社会:妇联与社会组织协同合作的途径分析

根据"多中心治理理论"中"合作治理"的观点,我们认为,责任社会的构建需要政

府、企业和社会组织共同努力,围绕多个治理主体,形成多层次、多领域的治理结构。

妇联作为该治理结构中的一极,在建设责任社会进程中,必须从自身的使命出发,携手企业和社会组织共同建设,以更好地保护妇女儿童的权益,并带动全社会共同行动起来共建美好和谐的责任型社会。

(一) 携手什么样的企业与非政府组织

1. 能够相互信任

合作的前提是相互信任,妇联需要联合多方,利用企业与社会组织的经济、文化、社交、运输等多种资源来维护妇女儿童权益,促进社会责任意识觉醒,履行自身职责;企业与社会组织则需要通过妇联整合妇女儿童需求,搭建维护妇女儿童权益平台,提请政府完善法律规范,监督政府依法行政和严格执法,依法保障妇女儿童权益等,这要求双方必须相互信任,精诚合作。

2. 具有社会责任心

社会责任意识是建设责任社会的原动力,是各种不同类型社会组织之间开展交流与合作的黏合剂。建设责任社会需要多方共同努力,无论是政府、企业还是社会组织首先必须具有强烈的社会责任意识,这是多方合作的共同意识。只有具有强烈的社会责任意识,政府、企业和社会组织在合作中才能加强沟通协调,优化配置各自掌握的资源,共同努力建设责任社会。否则,没有共同的责任意识,共建责任社会就是空谈。

3. 关注妇女儿童权益的共同愿景

合作的基础是共同的使命和目标,妇联自成立之初,就以代表、捍卫妇女权益,促进男女平等作为其基本职能,与此同时,还承担着维护少年儿童权益的重任,对妇女儿童权益的关注,已经成为妇联存在的必要条件。企业与社会组织在履行社会责任的过程中,妇女儿童权益并不是他们唯一的价值取向,妇联必须广泛宣传妇女儿童权益,号召社会责任意识觉醒,呼唤企业和社会组织对妇女儿童权益的关注,寻找具备关注妇女儿童权益共同愿景的企业和社会组织,共同协商、整合资源,进行合作,从而更好地维护妇女儿童权益。

4. 具有一定的条件

多方共建责任社会,不仅需要各个组织具有极高的热情和社会责任感,更加需要实际的行动。在具体实践中,作为企业投身责任社会建设,不仅需要深厚的企业文化作为支撑,也需要有参加责任社会建设的具体经验作指导,同时也需要企业员工具有一定的社会责任意识,积极投入责任社会的建设中来。企业作为现代化市场经济的主体,掌握着大量的经济和社会资源,是建设责任社会过程中的中坚力量。而社会组织作为责任社会建设的另一主体,更应具有责任意识和使命意识,履行自身的社会责任。妇联与社会组织的合作,要具有针对性,积极与以保护妇女儿童权益为宗旨的组织加强合作,共同建设责任社会。

(二)如何开展合作

1. 加强自身建设

在构建责任社会的过程中,妇联承担着维护妇女儿童权益、解决家庭纠纷、促进儿童健康成长等重要职责。联合社会组织与合适的企业,共同维护维护妇女儿童权益,是妇联参与构建责任社会,维护社会稳定的重要途径。在此过程中,妇联要努力建设周边环节,联合各种妇女组织(女性企业家协会、妇女志愿者协会等)及其他社会组织,加强自身思想组织、作风纪律、规章制度、人力财务等方面建设,完善自身网络,实现横向发展与纵向发展相结合,增强妇联的主体战斗力。

2. 开展与企业间的合作

(1) 要将维护妇女儿童权益跟企业的生产经营目标结合起来。企业的生产经营目标是获取利润,经济责任是企业社会责任的首要标准,商业性的企业机构是社会的基本经济单位,其责任就是提供社会需要的产品和服务,并使其所有者和股东的利益最大化,企业承担更多的社会责任的基础就是盈利。因此,考虑企业生产经营目标的实现,是获取企业信任和得到企业资源的前提和基础。

妇联在具体的实践过程中,可以将妇联维护妇女儿童权益的活动与企业的生产经营目标结合起来,采取"搭便车"等简洁明了的形式,与企业进行合作,充分利用企业的优势资源,共同维护妇女儿童权益,唤醒社会责任意识,构建责任社会。

(2) 要与企业进行沟通协商,取得相互信任。企业的首要目标是获取利润,企业的经营利润是通过合法的生产经营活动得来,因此,在履行社会责任、承担社会救助等方面的职责时,企业需要付出其所有权人的利益。

妇联在与企业进行合作,利用企业资源时,必然是为了"占便宜",那么为了能够得到企业的慷慨资助,妇联就必须与企业进行合理的沟通和协商。首先,要放下身段,真诚服务于妇女儿童权益;其次,要进行信息公开,让企业了解妇联的使命与目标,以及妇联为完成使命目标而进行的努力;再次,要充分考虑企业的利益,减少企业承担和提供资源的复杂性;最后,与企业进行对口合作,进行协商和讨论,从而取得企业的认同与好感。

(3)要科学、全面、充分、合理地向企业宣传妇联维护妇女儿童权益的宗旨和服务理念。

部分社会主体责任意识淡薄,致使社会维权艰难,目前社会上妇女儿童的权益受到侵犯的案例频发,家庭暴力、性侵犯、虐童,甚至极端恶劣的违反法律法规和道德底线的情况数不胜数,作为履行社会责任,构建责任社会的重要参与者,妇联在履行职责的同时,要采取多种易于接受的形式,深入企业进行宣传教育,如实反映妇女儿童权益受到侵害的事实,呼唤企业的社会责任心,宣扬妇联服务妇女儿童的责任理念和宗旨,获得企业的认同和好感,为进一步开展合作打下基础。

3. 与社会组织进行合作

(1)抓住机遇与社会组织开展社会公益活动,维护妇女儿童权益。社会组织的关注领域涉及社会生活的方方面面,既有以保护环境为宗旨的环保组织,也有以保护动物为宗旨的动物保护组织,同时也有以保护妇女儿童权益为宗旨的妇幼维权组织。面对各种各样的社会组织,其宗旨和使命各不相同。妇联应该从自身的使命和目的出发,积极与保护妇女儿童权益的社会组织竭诚合作,开展保护针对单身母亲、残疾妇女、无收入或低收入妇女、女性艾滋病患者、遭受家暴或性骚扰的妇女等特殊妇女群体以及残疾、单亲、留守等未成年儿童的权益保护活动,以爱心募捐、慰问演出、免费体检等活动关爱她们,保护她们的权益。同时也要开展针对留守儿童、孤儿、残疾儿童、流浪儿童等儿童群体的公益活动,开展爱心募捐、心理咨询、物资救助等形式的活动,保护儿童权益,帮助他们健康快乐地成长。面对社会日益增多的妇女受侵害、儿童受虐待案件,妇联更应该抓住这些社会普遍关注的问题,积极与社会组织合作开展活动,维护妇女儿童的权益。

(2)利用自身资源,支持、促进社会组织公益事业的发展。妇联作为半官方性质的社会组织,其掌握着一般社会组织没有的资源。妇联可以利用自身在政策、宣传、社会动员等方面的优势,积极支持和促进社会组织公益事业的发展。当前由于社会组织尚处在发展阶段,还比较弱小,因此社会组织在开展公益活动时,或多或少会需要政府政治资源的支持,但是由于种种因素,社会组织往往很难得到政府的有力支持和帮助。这时就需要发挥妇联的独特优势,在政府与社会组织间充当纽带和桥梁,帮助社会组织获得政府资源的支持,支持促进社会组织公益事业的发展。

(3) 与社会组织建立长期的合作机制,定期交流会晤,了解通报妇女儿童需求。共建责任社会,保护妇女儿童的权利,需要妇联和社会组织共同努力,这是一项长期的、繁琐的工作。因此妇联应该与社会组织建立共同保护妇女儿童的长效合作机制,双方定期开展交流,共同致力于妇幼权益保护。妇联应该深入基层社区,广泛调研,积极发现妇女儿童的需求,关注日常生活中妇女儿童的切身利益。社会组织也应该充分发挥自身分布范围广、群众基础好的优势,积极走进群众,关注妇女儿童的权益,并及时与妇联沟通交流,共同就发现的问题做出解决方案,开展公益活动,保护妇女儿童的权益。

(4) 放开管制,将部分妇联权益交由社会组织运行。妇联作为半官方性质的保护妇女儿童权益的社会组织,保护和维护妇女儿童的权益是其职责。而要真正做到维权,首先就要发现妇女儿童的真正需求。由于客观条件所限,妇联往往缺乏必要的人力、物力去完成这项工作,因此导致不少妇女儿童的权益无法得到保护。因此,妇联可以与一些旨在保护妇女儿童权益的社会组织达成一致,将妇联的一部分工作交由他们去完成。社会组织可以充分发挥自身优势,深入群众,发现妇女儿童的真正需求,然后和妇联沟通合作,共同努力去满足他们的需求,保护妇女儿童的权益。

4. 构建合作平台,创造良好合作环境

社会组织之间进行充分合作的一个前提是要有良好的合作环境和对话平台。在社会转型的关键时期,政府提供公共服务的力度无法满足民众对于高质量公共服务的需求,那么,政府必然需要社会组织参与到这一服务的提供中来。

作为政府指导下的社会团体,妇联承担着提供部分公共服务和维护妇女儿童权益的重要职责,但是,妇联并非独立的政府职能部门,无法享有政府行政权力,因此,必须借助于企业和非政府组织的力量来实现其职能。

在构建责任社会,参与社会治理过程中,妇联在实现维护妇女儿童权益这一使命目标的过程中,不仅仅起到一个参与者的作用,更重要的是起到领导者和服务者的作用。

(1) 妇联要营造良好的社会环境,唤醒人们的责任意识,让企业和非政府组织敢于参与到为妇女儿童提供服务的活动中来。

(2) 要重新合理配置社会资源,构建合作平台,引导和促进社会服务(妇女儿童组织)工作的发展,更好地参与维护妇女儿童权益。

（3）妇联要监督政府完善立法、依法行政、严格执法，为企业与非政府部门进行合作、参与社会服务创造良好的秩序和法律环境。

（4）现实中，一些社会组织在面对企业这个"庞然大物"时，会出现难以获得合适的平台进行沟通和交流的窘况，这无疑会减弱它们在维护妇女儿童权益的过程中所起的作用，这时候它们就迫切需要得到来自妇联的支持，妇联可以作为桥梁和纽带，通过构建平等的对话与协商机制，为他们进行合作创造良好的条件。

（5）在回应妇女儿童需求时，妇联应该从自身的角色定位和职能特点出发，动员社区各种力量，联合社会组织、企业，携手开展专业社区服务。从社区需求调研出发，通过妇女议事会等意见征集绿色通道，搜集、整理不同需求；与社会组织通力合作，设计公益项目，制定出科学、合理、可行的项目方案；向符合条件的企业进行宣传和动员，由企业自主选择符合自身利益和社会责任价值取向的方案和项目加以实施。这样能够将妇联的优势资源与企业和社会组织的优势资源进行结合，实现资源的优势互补，更好地为维护妇女儿童权益、共同构建责任社会服务。

四、总　结

妇联作为维护妇女和儿童权益的组织，是党和政府联系妇女群众的桥梁和纽带，在构建责任社会的过程中发挥着重要作用，具有其特定服务群体和服务优势，当然也存在着内在的不足和缺陷。因此，在履行其社会责任的实践中，妇联应在发挥其现有优势的基础上，注重引领企业等其他社会组织共同提供公共服务，充分利用企业、社会组织的功能优势，有选择性地与其建立相互扶持、功能互补的长期合作关系，弥补妇联单方面提供社会服务的不足。本文的研究根据现有社会情势，提出的若干妇联与社会组织协同合作的途径，有待进一步地完善。

在妇联未来的服务实践中，将逐步推行社会化管理，增强与社会组织共同管理的服务机制，更深入地探索妇联携手社会组织共同建设责任社会的可行性模式，进一步贯彻落实好妇女十一大精神的同时，更好地维护妇女儿童合法权益。

杨浦区妇女之家创新建设初探

杨蓓蕾[*]

妇女之家建设是新形势下我党巩固执政的组织基础和群众基础的必然要求；是当前妇联基层组织建设进一步创新和发展的必然要求；也是上海将妇联基层组织建设成为"坚强阵地"和"温暖之家"的重要举措。妇女之家是基层妇联宣传政策的阵地、传播知识的课堂、传递信息的纽带、联系和服务妇女群众的窗口、展示妇女风采的平台，具有宣传教育、维权服务、组织活动三大功能。

众所周知，妇女之家是新生事物，几无样板可以学习借鉴，需要进行创新性探索。本文研究的重点是杨浦区如何进行妇女之家创新建设探索，杨浦区妇女之家创新探索还存在哪些问题，杨浦区妇女之家未来需如何深入发展。

一、杨浦区妇女之家创新建设的实践

杨浦区的创新实践可以概括为"面上全覆盖，重点培育示范点"。2010 年，为响应全国妇联和上海市妇联要求，在区妇联推动下，杨浦区 12 个街镇 308 个居委会的妇女之家纷纷挂牌，开展妇女维权、妇女教育、家庭教育等各种活动。在此基础上，2011 年杨浦区妇联重点开展指导、引导妇女之家示范点建设创新工作，已建成市区级妇女之家多个，使妇女之家成为杨浦区妇联组织参与社会管理和公共服务的重要平台。

杨浦区妇女之家示范点创新建设的实践具体分两步走，第一步明确内涵，搭建网络，统一标准，整合资源建家；第二步组织共建，资源共享，难题共解，目标共赢扩"家"。

---

[*] 杨蓓蕾，同济大学经济与管理学院公共管理系副教授。

(一)明确内涵,搭建网络,统一标准,整合资源建"家"

1. 明确建设内涵

在上级妇联组织的指导和引导下,杨浦区妇联在基层调研、内部讨论及听取专家学者意见建议的基础上,赋予杨浦区妇女之家丰富的内涵,主要包括以下五方面。一是心灵呵护的精神家园。妇女之家是倾听社区女性倾诉,舒缓情绪,得到帮助、呵护和关怀的精神家园。二是魅力风采的展示舞台。妇女之家是社区女性展示能力、魅力、风采的舞台。三是需求满足的服务平台。妇女之家是满足社区女性多样化需求、提供各类公共服务、提升女性素质的平台。四是互动联动的枢纽驿站。妇女之家不仅是广大居家妇女的家园,也是整合资源、合作共享、联动辖区内企事业单位职场女性的共同驿站。五是民主自治的实践场所。妇女之家还是定期听取、收集、反映妇女群众的意见或建议,推动妇女群众参与基层自治实践,推进基层民主建设的场所。

杨浦区妇女之家的建设目标是使社区居委会与社区范围内所有的组织实现"组织共建、资源共享、难题共解、目标多(共)赢",扩大妇联基层组织覆盖面,更好地服务广大杨浦区妇女,增强妇女组织的吸引力、凝聚力和影响力,引导广大妇女积极投身杨浦区国家创新型试点城区和杨浦区和谐社区的建设,并最终提升引领女性,实现女性自尊、自信、自强和自立,让所有女性都过上美好幸福的生活。

2. 搭建组织网络

杨浦区妇女之家着重从区、街道、居委三个层面推进,搭建妇女之家的组织网络。其中,区层面着力于"引领",重在机制建设、思想建设和能力建设。街(镇)层面着力于"培育",重在协调联动、督查落实。居委层面着力于"实践",重在自身建设、队伍建设和品牌活动建设(见图1)。

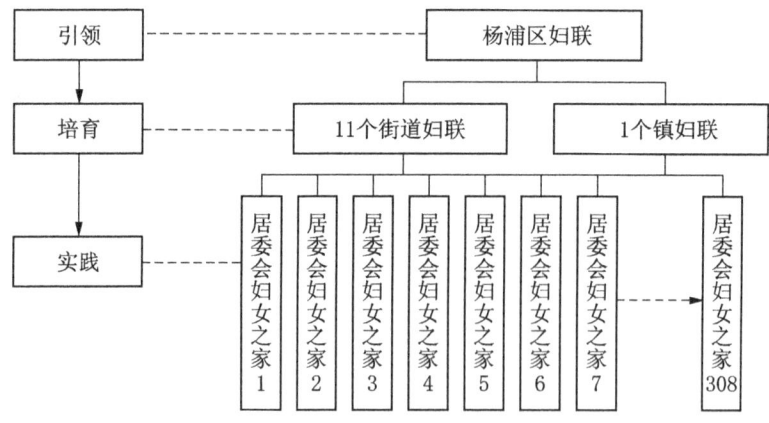

图1 杨浦区基层社区妇女之家组织结构

在杨浦区妇联指导引领下,街镇妇联培育下,基层社区运作下,杨浦区妇女之家建设达到全覆盖,308个居委会全部建起妇女之家,实现了妇女之家建设的第一步目标:有妇女的地方就有妇女之家。

3. 统一创建标准

杨浦社区妇女之家建设把握"从需求出发,从服务入手"的方针,抓住强化基层妇女阵地建设这一主线,围绕妇女实际需求与妇联有效服务、妇女之家建设与现有社区资源有效结合的宗旨,于2013年提出,妇女之家示范点创建围绕"3+4+X"标准展开。"3"即"组织建设、宣传教育、维权保障"三项基础工作;"4"即"加强设施建设、建立自治队伍、开展联动建设、参与主题活动"四项创新建设;"X"即"培育特色品牌"。其中4项创新建设作为2013年创建工作的重点内容,要求各级妇联组织充分整合资源、结合自身实际、积极有效推进(见图2)。

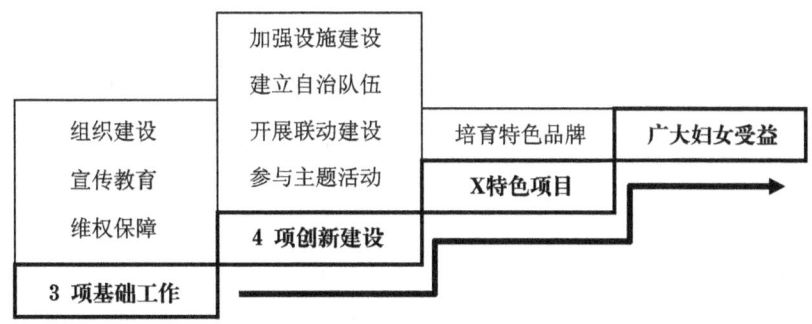

图2 创建妇女之家"3+4+X"模式

4. 整合资源建家

杨浦区妇联要求妇女之家根据基层实际,按照一室多用、分区布局、分时使用的原则,把居委会文体活动室、图书室、培训教室等阵地为我所用,实现资源共享,努力使妇女之家成为妇女群众平时看得到、关键时刻想得起、遇到问题找得到的"娘家"。

(二)组织共建,资源共享,难题共解,目标共赢扩"家"

妇女之家建设仅仅靠居委会妇代会自身力量是很有限的,必须依靠各方社会力量的支持。杨浦区妇联迈出的第二步是充分发挥"联"字功能,积极整合资源(包括政府职能部门、科教文卫等事业单位、大型企业、"两新"组织等),依托杨浦区丰富的科教资源优势和人才优势,通过"居——事共建"、"居——企共建"等方式,扩大妇女之家组织网络和资源网络,以实现"组织共建、资源共享、难题共解、目标共赢"(见表1)。

表1 杨浦妇女之家共建典型项目

共建性质	典型项目	共建单位
居——企(企业组织)共建	第二征收事务所妇女之家联建项目	大桥街道妇联、城投集团联建
	女店主沙龙	安图居委与辖区内个体私营女业主联建
居——事(事业单位)共建	快乐星期五项目	杨浦区五角场蓝天居委、上海财经大学金融学院团学联、复旦大学环境科学与工程团学联共建

1. 组织共建

如大桥街道与第二征收事务所妇女之家联建项目、"女店主沙龙"等就是通过联动建设将妇女之家延伸到了企业女性、外来女性、小型"两新"组织女性。

2. 资源共享

如控江街道妇联与上海外服心理援助中心联手开展"家庭教育区校联动"项目，社区、学校、家庭"三位一体"的家庭教育活动；四平街道各"妇女之家"与同济大学"妇女之家"携手，开展有关女性素质的教育培训；复旦大学志愿者与北茶园"妇女之家"共同开展了"心随志愿服务，心系温暖社区，我与社区共成长"活动等。

3. 难题共解

如动迁工作矛盾纠纷多，参与其中的工作人员压力大早已众所周知，通过共建，大桥街道妇联向动迁居民播放征收二所自编自导自演的小品《识别真伪》视频，服务旧改地区居民，维护自身合法权益；通过双方定期开展妇女之家联动活动，举办情绪减压方面的心理咨询活动、女性常见病防治知识讲座等，关心动迁工作中一线女职工，使"妇女之家"共解动迁难题，真正成为广大妇女的温暖之家。

4. 目标共赢

妇女之家间的联动，丰富了"家"的服务内涵与外延；争取到了"有人干事、有阵地做事、有钱办事"；减轻了妇代干部工作压力；为妇女群众带去了特色化、精品化、多元化的服务；扩大联动效应，使妇女之家服务和活动惠及区内广大妇女、儿童和家庭。

二、杨浦区妇女之家创新建设的成效

课题组于2013年8月对12个街道妇联主任、各基层社区妇女之家创新示范点代表进行问卷调查。全部问卷用 SPSS 软件 19.0 进行统计。统计显示,受访群体对杨浦区基层社区妇女之家建设的评价主要是"十"个较高。

(一) 较高的知晓度、了解度和参与度

知道所在的居委社区有妇女之家的达 98%,对妇女之家有所了解的高达 96.2%。对于妇女之家开展的活动,76%表示"经常参加"(见图 3、图 4、图 5)。

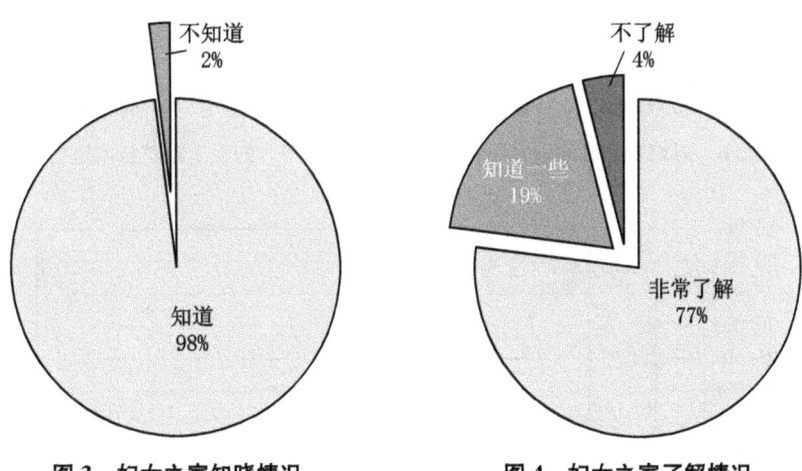

图 3　妇女之家知晓情况　　　　图 4　妇女之家了解情况

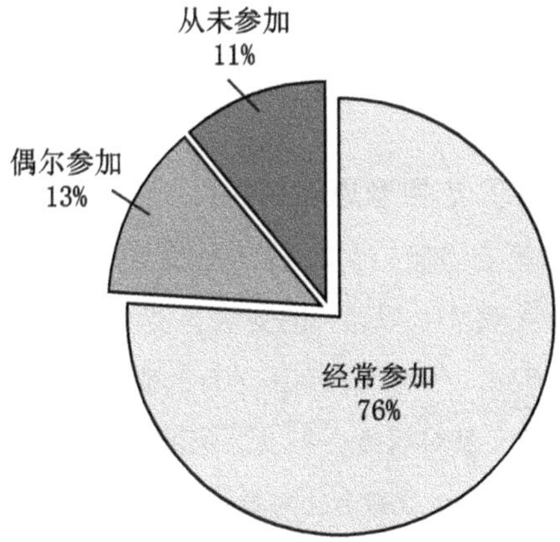

图 5　妇女之家参与情况

(二) 较高的评价度、符合度和满意度

78.2%的受访者对杨浦区妇女之家建设评价为满意。98%认为妇女之家建设符

合自己家庭的需要。78.2%受访者对杨浦区妇女之家建设表示满意(见图6、图7、图8)。

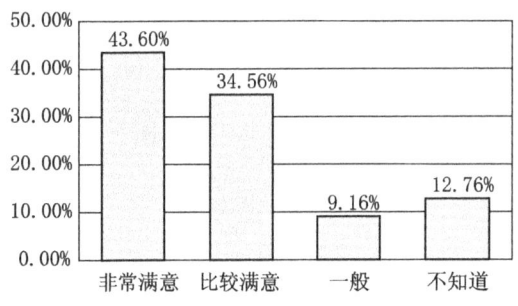

图6 对妇女之家建设评价　　　图7 妇女之家符合家庭需要的情况

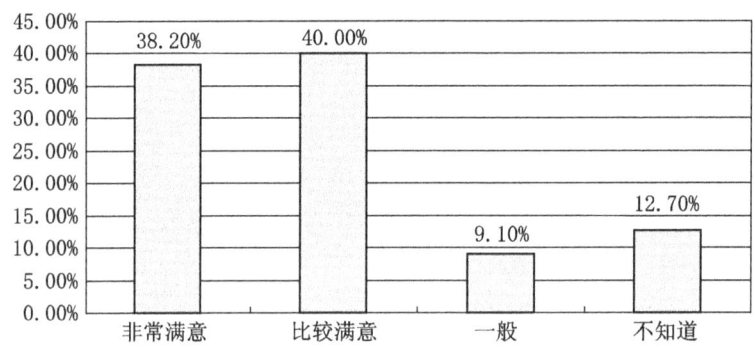

图8 对妇女之家的满意度

(三) 较高的参与意愿、志愿意愿和信任度

100%的受访者表示愿意参加妇女之家的活动；100%的受访者表示愿意为妇女之家的活动提供志愿服务(见表2)。78.6%的受访者表示，在生活中遇到问题或困难时，会选择到妇女之家寻求解决。当问及遇到困难首选哪个组织提供帮助时，选择最多的是居委会(41.8%)，反映了大家对居委会妇女之家的高度信任。(见表2、表3、图9)

表2　妇女之家活动的参加愿意和志愿意愿

选　　项	频率	有效百分比(%)
愿意参加妇女之家的活动	54	100.0
愿意为妇女之家活动提供志愿服务	56	100.0

表3 遇到困难首选的组织

	频 率	有效百分比(%)
所在单位	6	10.9
街道或政府相关部门	12	21.8
各类社团组织	1	1.8
妇联组织	10	18.2
居委会	23	41.8
其他(自己)	3	5.5
合　计	55	100.0

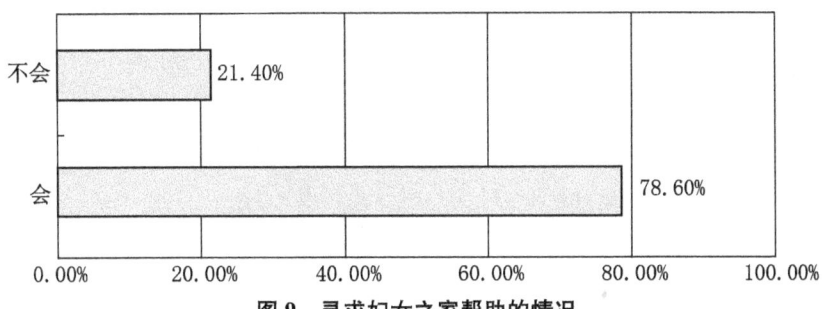

图9　寻求妇女之家帮助的情况

(四) 活动内容与需求整体吻合度较高

参与问卷者最喜欢的活动,就是目前妇女之家开展的活动,选项百分比非常接近(见图10)。

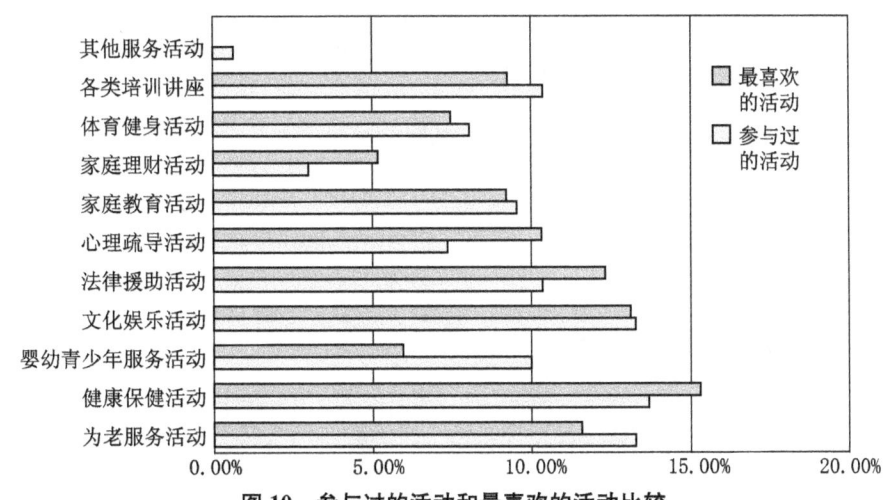

图10　参与过的活动和最喜欢的活动比较

三、杨浦区妇女之家创新建设存在的问题及其原因

尽管短短一年多时间杨浦区社区妇女之家示范点创新建设取得了成效,但是上述成效的调研数据来自妇女之家建设的直接利益相关者,而且是其中的先进单位和骨干成员,这一问卷得来的成效数据必然非常高。研究显示,目前杨浦区妇女之家创新建设还是存在不少问题,亟待改进。

(一) 存在的问题

1. 对妇女之家建设层面认识尚需清晰

妇女之家的建设层面定位在居委会社区。然而,对这一问题回答正确的(即居委会层面)仅占55.4%(见图11),特别是街镇妇联主席对这一问题的认知非常不理想。

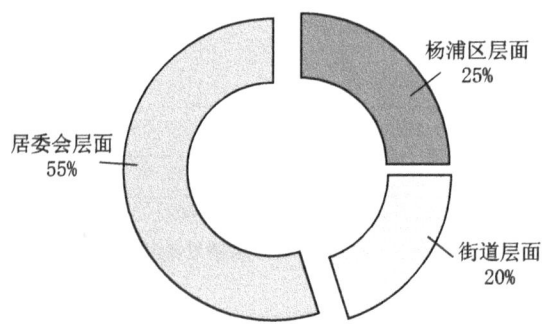

图11 妇女之家开展的层面认知情况

2. 对妇女之家宣传动员的渠道尚显单一

受访者了解妇女之家的渠道主要集中在"书面宣传资料"(68.8%)和"黑板报或告示栏"(50.0%)两个方面(见图12)。

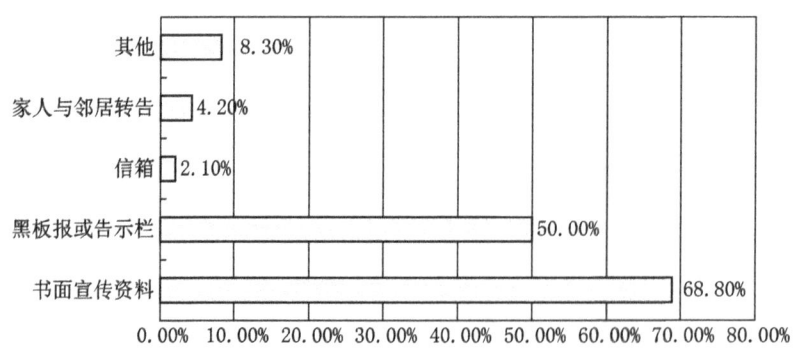

图12 了解妇女之家的渠道

3. 对妇女之家活动适合人群的认识尚待提高

妇女之家活动事实上适合所有人群,但受访者对此的认知仅局限在"女性群体"(91.1%)、"各类困难人群"(48.2%)、"外来人群"(48.2%)。

4. 活动内容与需求个体匹配度尚待提升

心理疏导活动、法律援助活动、家庭理财活动普遍比较受欢迎,而开展的相对较少,而婴幼青少年服务活动、为老服务活动、各类培训讲座则明显供过于求(见图13)。

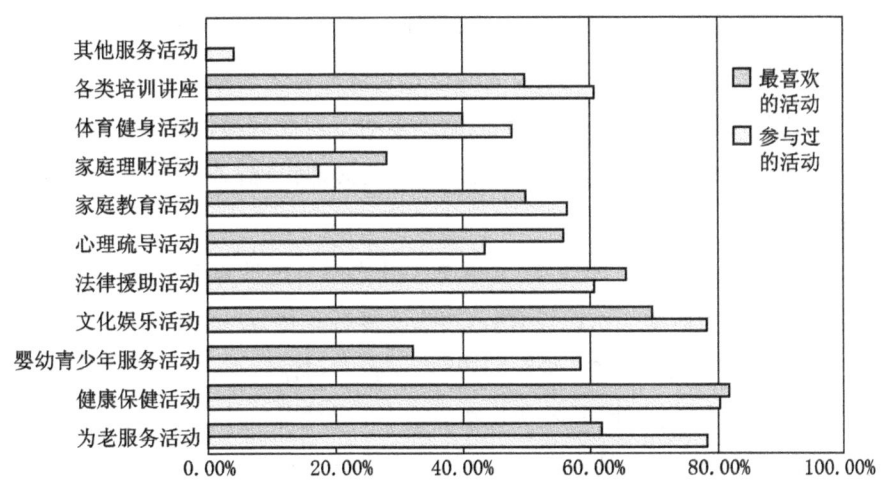

图13 个体参与过的活动和最喜欢的活动比较

5. 妇女之家建设可持续性尚待增强

一是"人、财、物"没有保障。二是引领者和实践者对妇女之家建设内涵不清晰。不少社区妇女之家建设"内涵不清,像大杂烩,什么都可以装",加上缺乏相关部门的指导引导和培训,直接阻碍了妇女之家进一步的可持续性发展。

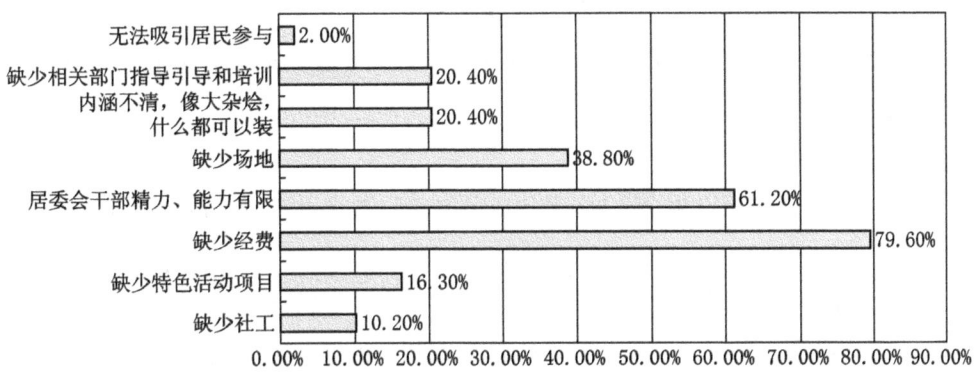

图14 妇女之家建设存在的问题

(二) 问题的原因剖析

1. 运动式治理方式推进妇女之家,创新建设后劲堪忧

运动式治理是我国最常见的一种治理方式,其实质就是全能主义国家治理模式,采取的是自上而下的行政化方式。杨浦区妇女之家建设亦不例外。其推进路径为"全国妇联号召——上海市妇联要求——杨浦区妇联跟进——街镇妇联落实——社区妇联实践"的自上而下操作模式,在这一自上而下的过程中,由于组织动员的泛化,即为什么要建设妇女之家,如何建设妇女之家,妇女之家的内涵是什么,如何形成特色,对基层社区居委会的运作人员而言是模糊的不清晰的,只能被动应付。同时,基层社区已习惯于类似的过多的短期性运动,随便凑合应付即可,无须也无暇全身心投入,因此形式主义投机行为必然出现,若不改进,妇女之家建设后劲堪忧。

2. 行政化负荷过重的居委会,无暇专心致志创新建设妇女之家

目前上海包括居委会组织设置行政化、功能行政化、经费收支行政化、考核机制行政化,造成工作上"三多三少",即考核、检查多,材料、会议多,指派任务多;而自己支配的时间少、走街串户少、为民服务少。妇女之家建设需要深入发展,必须要基层社区居委会工作人员全身心投入了解所在社区妇女、儿童、家庭的最急迫需要,然后整合所在社区的资源,调动所在社区一切力量共同解决难题。然而,行政任务的重压,使居委会已无更多时间、精力、能力去专心致力于深入推进妇女之家建设。

四、完善杨浦区妇女之家创新建设的对策建议

(一) 从运动式治理转向合作式治理

妇女之家建设要转变治理模式,从国家全能主义的运动式治理转向社会领域的合作治理。

1. 需求导向拓展服务内容

妇女之家建设要有生命力,必须从居民的实际需求出发,想居民所想,做居民所需。

广泛了解居民需求有多种方式,包括关键目标群体接触、居民调查和居民原创性接触;召开居民大会;成立咨询指导委员会;组织居民论坛;居民满意度投票等。多种需求了解方式的目的是通过多种渠道进行宣传动员,建立基层社区妇女之家建设的

长效沟通机制,让居民诉求、意愿得到充分表达。

如此次问卷问及"女性一生中最重要的时期",71.40%的受访者认为是"更年期",其次分别是"青春期"(44.60%)、"老年期"(37.50%)和"婚恋期"(32.10%)(见图15)。当问及"在家庭生活中最关注的问题"时,受访者的回答聚焦在:健康问题(56.40%)、子女教育问题(47.30%)、养老问题(45.50%)(图16)。因此,妇女之家建设可以根据居民群体的需要,更多围绕更年期、青春期、老年期、婚恋期开展健康、子女教育、老年生活方面的活动、服务和项目。

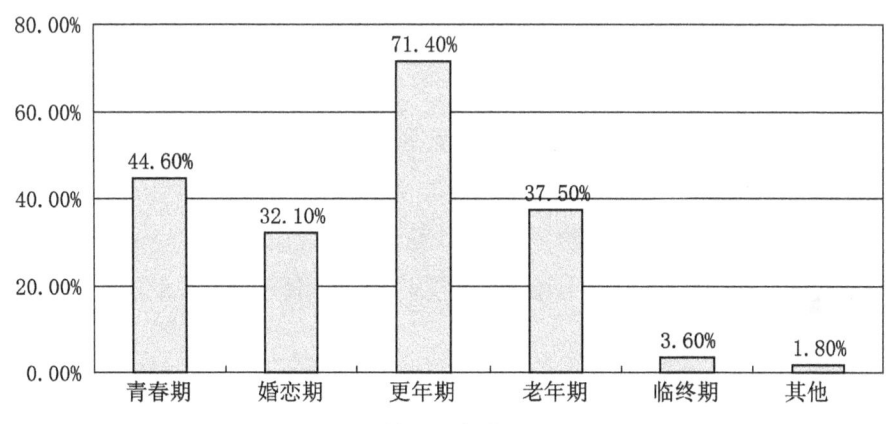

图 15 女性一生中最重要的时期

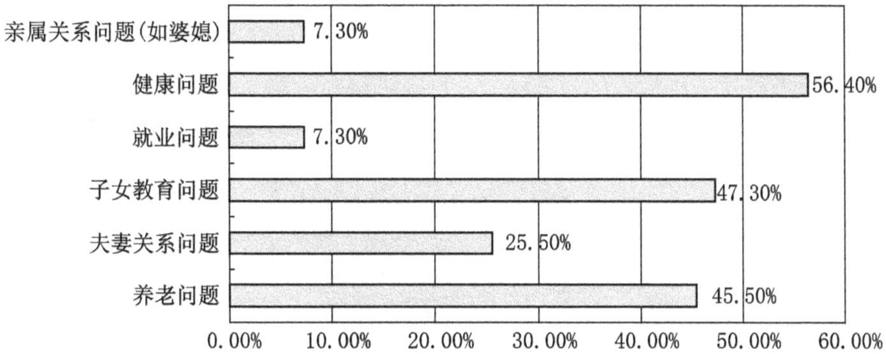

图 16 家庭生活中最关注的问题

2. 多元参与联动拓展建设主体

妇女之家的建设单靠妇联及居委会干部个别组织或个体的力量难以完成,必须更大范围吸引和依靠多元主体(政府组织、企业组织和社会组织)通过联动方式共同参与进来。目前杨浦区妇女之家建设"居——社"联动尚待拓展,因此,急需广泛培育基层社区群团组织,打造妇女之家枢纽平台。

具体做法有二:一是通过与辖区内现有的群团组织的互动了解,发掘更多可为妇女儿童家庭领域提供公益服务的社会组织,使同领域的公共资源得到集中共享;二是加快孵化与培育妇女之家建设所需要的群团组织,或将更多企业事业高校卫生等辖区范围内大型组织中的成熟团队吸纳进妇女之家建设平台,共同为满足妇女、儿童、家庭的需求贡献力量。

3. 民主自治转变建设方式

妇女之家建设需要转变建设方式,从行政控制走向民主自治,其工作模式需从自上而下转为自下而上,广大妇女通过妇女之家立足社区实际,结合自身需求,挖掘周边资源,做到队伍自我管理、活动自我组织策划,进行社区自治建设。

(二) 提高居委会资源整合能力,保证妇女之家建设的人、财、物配备

妇女之家建设需在给居委会减负的基础上,帮助其提高资源整合能力,保障基层社区妇女之家建设的基础配备。

1. 人力保障

至少给每个居委会配备1名妇女之家的专职管理人员(包括专职社工、专职志愿者或大学生志愿者),专门了解社区居民需求,发掘特色项目,开展丰富多彩的活动,以及进行妇女之家的日常管理。

2. 物质保障

即帮助整合基层社区资源,开辟专门或共享的妇女之家场地,内含基本配置及特色配置。

3. 资金保障

一是街镇每年拨付妇女之家固定经费,开展民生需求服务(活动);二是申请各类资金、基金支持的项目,多渠道吸纳妇女之家项目运作经费。

4. 制度保障

区妇联制订目标更加明确、流程更加高效简洁的妇女之家建设标准,使妇女之家建设在基层有目标、有人财物保障、有建设动力、有满意的绩效。

5. 培训保障

问卷调研显示,妇女之家的实践者们特别需要"相关部门指导引导和培训",因

此,建议定期开展形式多样的培训,提升广大基层实践工作者和居民能力。

(三)联动拓展,妇女之家无缝隙网络化遍及杨浦城区

1. 让妇女之家无缝隙对接所有辖区内的组织

目前的妇女之家仅覆盖到杨浦区各居委会,还没有全部覆盖到所有组织,包括辖区内的所有企事业单位、政府部门,特别是两新组织、街区里的民营小企业(如小型超市、小型理发定、洗脚店、小型浴室等),未来妇女之家建设需要进行联动拓展,无缝隙对接这些组织。

2. 网络化合作和共享妇女之家活动和服务

具体通过合作和共享实现无缝隙对接。对于辖区内的大型组织,如高校、卫生机构、大型国企等有完善工会和妇联的组织,可在街镇——居委会两个层面合作共建妇女之家,实现资源共享,难题共解,互惠多赢。对于辖区内的各种小型组织,如民营小企业,人数少,无独立的工会组织,则将其纳入所在辖区的居委会妇女之家,共建共享区域内各妇女之家的服务项目、服务理念、服务方法,在家庭救助、家庭教育、家庭服务、扶老助残、法律咨询、环境保护、健康卫生、文明礼仪宣传及其他公益服务中互助、互补、互利。

(四)创新宣传动员方式,开辟网上网下活动,拓展妇女之家影响力

妇女之家要可持续、长效发展,需走创新之路。

1. 开辟网上妇女之家建设平台

包括设置服务菜单和板块目录,明确网上的培训空间,突出各街镇、居委会妇女之家的特色项目,留出居民交流的论坛,以供提意见和建议等,以便更大范围吸纳中青年群体、在职人群。

2. 实现线上线下妇女之家对接

一是线上虚拟的服务介绍还需和线下实体服务对接,增加在实体空间的双向交流、互动和经验分享;二是走出来,请进去,杨浦区的各妇女之家与城区外甚至上海市以外的妇女之家进行多层面的交流沟通,共建公共家园。

3. 开展各类居民喜闻乐见的活动(服务)

如收集居民心愿卡、梦想卡,有针对性开展居民感兴趣和最急需的活动(服务),让更多的妇女、家庭参与进来,扩大妇女之家的影响力。

综上所述,杨浦区在妇女之家创新建设的探索实践中,要不断提高对新需求、新问题、新趋势的敏感度和研判能力,强调通过上下结合、多元互动等平等协商方式,让更多妇女之家的服务和活动惠及杨浦区域内所有妇女、儿童和家庭,努力把妇女之家建设成为了解妇女、凝聚妇女、服务妇女的最有效阵地,使妇女之家真正成为广大杨浦区妇女和家庭的"坚强阵地、温暖之家"。

创新妇女维权维稳工作　有效参与社会管理创新
——以闵行区白玉兰社工服务站为例

许晔婷[*]

近年来,随着闵行经济社会的快速发展和城市化进程的深入推进,社会价值观念多元化、利益诉求多样化、群众矛盾显现化等问题不断涌现,基层妇女上访事件和非正常上访现象频频发生。面对党和政府最大程度增强和谐因素的新期待,面对妇联组织参与社会管理创新和做好新形势下党的妇女群众工作的新要求,在闵行区区委、区政府的领导和支持下,区妇联以服务妇女为抓手、以满足妇女需求为导向、以妇女发展为目标,于2012年5月成立了全市首个妇联系统的社工组织——闵行区白玉兰社工服务站(以下简称白玉兰社工站)。白玉兰社工站本着"以人为本、以帮为先、以柔服人"的工作理念,从提供生活帮困、心理疏导、健康关爱、兴趣培养等角度入手,依托社会工作师的专业技巧,帮助频繁非正常上访的妇女群众争取合法权益、改善生活方式、重建社会关系、改变偏激行为,促使她们减少非正常上访的频次。

一、视点:通过"三个转变",突破传统信访工作的局限

妇联组织作为党联系妇女群众的桥梁纽带,维护好、争取好妇女群众的合法合理利益,引导好、团结好包括信访妇女在内的妇女群众是妇联组织的职责所在。基于此,闵行区妇联本着相信"信访妇女也是普通妇女,也需要服务"的初衷,探索建立依托白玉兰社工站的专业力量,通过平等接纳、柔性尊重的互动方式,帮助实现信访妇

---

[*]　许晔婷,闵行区妇联。

女生活、交往、发展等方面需求,促使她们减少非正常上访频次的全新工作模式,有效实现维权与维稳的有机结合。

(一) 从关注"单一的事",转变为关注"立体的人"

传统信访工作模式主要关注信访事件本身。白玉兰社工站要求社工秉承"以人为本"的专业理念,将工作的重心从"关注信访事件"转移到"关注信访事件背后的人",从"生态系统理论"的视角观察和审视信访妇女的生命历程,看到信访妇女的立体需求。社工要以信访妇女为中心,以她们的需求和问题为焦点,维护其合法权益,提升其福利水平、改善其生活品质。因此,社工除了要关注信访妇女对信访事件的看法和想法以外,要更多关注信访行为本身给信访妇女及其家庭带来的影响,更多关注信访妇女家庭关系的紧密度、社区参与融合度等等。

(二) 从解决"信访问题",转变为服务"信访妇女"

减轻信访妇女的消极对立情绪,促使她们罢访息诉仅是白玉兰社工站第一阶段的工作目标。从长远来看,白玉兰社工站希望通过人性化、个别化的服务,在协助信访妇女实现合理诉求的同时,帮助解决生活困难,从经济困难的救助,到家庭关系的调解,甚至子女就学就业困难的帮助,再到社区关系的融入等,运用优势增能视角,善于发现并激发她们的优势,提高生活质量,提升幸福指数,使她们真正成为幸福的女人。

(三) 从"刚性行政",转变为"柔性互动"

白玉兰社工在介入信访妇女工作中,没有"官方"的行政色彩,而是以第三方的平等身份介入,以尊重、理解的态度接纳信访妇女,以不批判为前提倾听信访妇女的诉求,全面客观了解信访妇女的需求和困难,以真诚务实的工作方式多渠道帮助妇女解决问题。在这个过程中,信访妇女能够放下戒心,减少对信访的质疑,理性慎重对待信访事件。白玉兰社工的柔性介入可以在信访者和信访部门之间开拓一块"缓冲地带",更有利于信访事件的合理解决。

二、实例:白玉兰社工服务站,有效服务、凝聚、引导信访妇女

(一) 坚持"三到位",建立服务管理有效开展的组织架构

为规范白玉兰社工站的运行模式,确保白玉兰社工最直接、最全面地服务信访妇

女,取得工作实效,白玉兰社工站坚持"三个到位",建立了点面结合、管理高效的组织架构。

1. 组织保障到位。闵行区妇联下发了《关于加强"闵行区白玉兰社工服务站"建设的实施意见》,要求各镇、街道、莘庄工业区分别成立领导小组,组长由分管领导担任,副组长由综治办主任、妇联主席担任。成员单位包括信访办、社区中心、社事办、司法所、社保中心和文体中心等。针对每名信访妇女成立个案工作小组,个案工作小组由社工、老舅妈志愿者和村(居)委干部组成,社工担任个案工作小组组长,形成"三位一体"的工作模式。

2. 经费保障到位。社工站共配备15名社工,目前中级职称2名、社工师助理3名、二级心理咨询师1名。区级社工站的社工工资由区财政局承担,办公场所、用品及其他办公条件由区妇联承担,各街镇工业区的社工工资、办公条件由各街镇工业区全额承担落实。

3. 措施制度到位。白玉兰社工站探索建立"一会两档三导"制度。"一会"是指每月召开工作例会制度。"两档"是指台账归档制度和保密归档制度。台账归档制度要求社工做好案主信息、个案服务、小组活动、片区会议等台账记录工作。保密归档制度要求社工对信访妇女的资料予以保密。"三导"是学习辅导、社工督导和考核指导制度。学习辅导制度要求每名社工全年累计自学不少于100小时,白玉兰社工站每年组织业务知识技能培训不少于50课时。社工督导制度是指信访个案的专家督导和片区会议的同辈督导。考核指导制度是指依据五大项考核指标,对社工全年工作绩效进行评估考核。

(二)成为"四种人",探索有效服务信访妇女的工作模式

白玉兰社工站要求社工绝不能将信访妇女从真实生活中抽离出来单纯解决信访事件,而是将信访当事人重新放置在她们原本生活的脉络中来了解她们,将社会工作的专业理念、方法与技巧,与实务工作相结合,努力成为信访妇女的"四种人"。

1. 走进"家"门,成为信访妇女的"熟悉人"。在介入信访妇女工作中,白玉兰社工不是被动地坐在办公室等着信访妇女告诉自己发生了什么,而是主动接近她们,走进她们所在的家庭、社区,去发现那些尚未被告知的、隐藏在事件背后的真相和事情的"全貌"。白玉兰社工化被动服务为主动关心,或者通过居委会介绍,或者通过"老舅妈"引荐,或者通过"夏送清凉冬送温暖"等活动,主动与信访妇女接触,经常走进信访妇女的家庭,了解她们的真实生活和家庭状况,了解信访事件的来龙去脉以及信访事件对她们的影响,了解信访事件背后她们真实的困难和需求。走进信访妇女的家门,不仅仅是一种收集信息的工作方法,传递更多的是一种被关心和被关注。

2. 卸除"防"门,成为信访妇女的"知心人"。"信任"关系的建立是介入信访妇女工作的关键一环。能够走进信访妇女的家门,不一定能赢得信访妇女的信任。特别是对于一些因长期上访无果而对周围社会产生极度不信任的信访当事人来说,要想使其卸除防御,信任白玉兰社工,社工自身所传递出来的真诚以及帮助她们解决实际困难就显得格外重要。因此白玉兰社工紧紧围绕"信任"二字做文章,无论是第一次接触信访妇女,还是在协助信访妇女解决信访事件的过程中,白玉兰社工自始至终都秉持着诚意和信任看待她们的信访事项,了解这些妇女在信访事件背后的酸甜苦辣,协助信访妇女解决信访事件或者因信访而产生的生活中的困难。

3. 打造联"盟",成为信访妇女的"维护人"。面对纷繁复杂的信访事件,面对因各种问题而走上信访之路的信访妇女,面对妇联"不是执法部门"的局限,白玉兰社工除关怀信访妇女、舒缓信访妇女的情绪之外,做得较多的就是帮助信访妇女搭建多方联动的沟通平台。在这个平台上,由某一部门"单枪匹马"解决信访工作的局面,转变为"多个部门联动、多方资源共享"的网状工作模式,而白玉兰社工则是其间穿针引线的"织网者"或"沟通者",既与信访妇女及其亲属、邻里沟通,对信访妇女进行全面客观的综合分析,又定期与街镇妇联主席、信访办相关部门进行沟通,使上情下达和下情上传有了快速通道,以利于服务对象的合理诉求得以实现。

4. 叩开"心"门,成为信访妇女的"领路人"。信访妇女往往性格比较偏执,可能会被亲戚、邻居或社区边缘化。这种主动或被动与外界隔离会导致信访妇女进一步自我封闭。白玉兰社工则在赢得信访妇女信任后,积极邀请信访妇女参加各类兴趣小组活动、亲子活动、职业技能培训、妇女健康检查、妇女健康讲座等,帮助信访妇女建立与社区联系,增加信访妇女与社区居民交流互动。在参与活动的过程中,信访妇女从自我世界中走出来,释放心情,获得尊重和快乐。

三、思考:创新"三个机制",构建社会多赢的工作格局

(一)瓶颈:服务信访妇女,坚持、陪伴和评估是难点

白玉兰社工站成立以来,在白玉兰社工的释疑解惑、温和疏导下,不少信访妇女修复了家庭功能,改变了生活习惯。一些信访妇女的实际困难得到客观解决,这些困

难可能是信访事件本身,也可能是信访事件之外的其他困难,例如子女就业就学困难、家庭贫困的多方救助、妇女产后抑郁症的求助、身心障碍者的照顾等问题。未结案的信访妇女大部分也都能理性看待信访事件,并且通过有序渠道、规范程序合理表达诉求,上访次数明显减少。2012年,社工站服务个案30件,结案10件,息访9件。2013年截至9月30日,社工站服务个案30件,结案18件,息访8件。两年来,社工共入户走访240次,与信访妇女面谈484人次,开展外围访谈318人次,开展个案研讨会18次,开展专业培训112小时。

但面对房屋动拆迁户利益诉求与刚性政策规定的激烈冲突,面对错综复杂的信访事件,特别是一些持续几年甚至是十几年的"积重难返"的长期上访户,要在短时间内取得明显的进展,难度相当大。"冰冻三尺非一日之寒",反之,解冻和融合的过程亦非一朝一夕之事。面对有些个案,白玉兰社工除做一些"外围"的关心服务、陪伴之外,"无能为力"的无奈感和无力感仍不时存在。在这个过程中,白玉兰社工始终坚持把关心传递给信访妇女,一直在陪伴着信访妇女,这个陪伴的过程可能需要1年,也可能需要2~3年甚至更多年。因此,白玉兰社工站就面临着发展瓶颈。比如在社会力量介入信访工作的过程中,如何在矛盾排查调处、监测预警、问题处理和权利救济等机制中更好地发挥作用、社工如何进一步有效地开展专业服务、如何评估服务的成效等。

(二)突破:创新"三个机制",构建社会多赢的工作格局

因此,充分发挥白玉兰社工站人性化、柔性化服务的优势,通过创新建立三个工作机制,进一步放大服务引导信访妇女的工作效应,实现更富意义的社会多赢,就成为了白玉兰社工站的未来发展方向。

1. 加强项目引领,实现乘数效应。"专业"是社会工作的生命线,而项目化工作是专业的最好表现形式和重要实现载体。信访妇女由于上访而形成了自己的小团体,平时极少参与社区组织的文化体育活动,也很少与其他居民交流,出现问题时首先考虑求助于自己的上访小团体,产生了强烈的小团体聚合效应。针对这种情况,今年年初,白玉兰社工站从信访妇女的兴趣点出发,设计实施了"乐织织编织坊",在组织信访妇女参加各类手工编织活动的同时,渗透心理疏导、帮困结对、就业助学等活动,让她们在学习技能的活动中,缓解焦虑的心理,改变社会交往圈子,修复家庭功能,重建社会支持系统,使信访妇女非理性上访次数有所下降。目前全区13名参加活动的信访妇女已经逐步开始转移生活重心,将更多精力放在编织手工艺品上。下一阶段,白玉兰社工站则应当进一步以信访妇女的需求为出发点,以家庭教育、就业指导等为切入点,制定实施更多帮助信访妇女解决生活困难、培养兴趣爱好、改善家庭关系的工作项目,让她们重新找到生活的乐趣,转移兴奋点,打破信访妇女原来的"生活怪圈",使其体验生活中不同的乐趣和成就感。

2. 注重全面评估,激发蝴蝶效应。社工提供的是"无形"的福利服务,其服务效果无法像有形的商业产品或是硬件设备一样立竿见影。因此,白玉兰社工站的工作成效不应当像经济工作抓GDP一样仅仅关注于上访率的下降,从"数量"上硬性规定白玉兰社工的"结案数"或"息访数"。案主的变化可能是侧面的,反复的,潜移默化的。针对信访妇女的需求,社会工作者作出了怎样的努力、服务的覆盖率是多少、投入产出的效益如何、是否缓解了矛盾冲突,都应当纳入到评估的主要内容。下一阶段,白玉兰社工站应当通过建立全面、合理的评估评价机制,进一步激发白玉兰社工服务信访妇女的蝴蝶效应。

3. 加强队伍建设,发挥明星效应。目前,白玉兰社工站绝大部分社工都是非专业出身,专业知识的匮乏导致工作的后劲不足已日益显现,业务能力的提升迫在眉睫。此外,信访领域的社工介入作为一种新的探索,白玉兰社工难免在工作中存在迷茫、困惑、焦虑和挫败感。这就要求区妇联建立一个强有力的专业督导制度作支撑,对社工在活动策划、个案辅导、关系协调等方面进行指导和帮助,在社工情绪低落、畏难退缩时给予关心和支持,形成强大的团队支援力量,这是服务品质的基本保障,这样才能让社工不间断地为信访妇女输送正能量。因此,下阶段,区妇联应当加强实操训练、同伴督导、专家督导、案例督导等模块的培训力度,通过专家授课、小组演练、模拟咨询、专家督导、自我体验、案例分析等多种形式相结合,不断提升白玉兰社工的专业水平和工作能力。

多元视角下妇联维权工作的路径选择
——基于静安区妇联维权工作的实践与探索

静安区妇联

改革开放在促进经济持续发展的同时,也使社会阶层结构发生了新的变动,引发了社会结构调整和社会资源的重新配置,出现了新的社会阶层和新的利益群体。而女性在变革过程中往往会导致合法权益受到不同程度的侵害,职业女性遇到的性别歧视、家庭暴力、离异妇女权益保障等问题尤为突出。作为妇联组织需要拓展社会资源,提高参与公共管理和社会事务的能力,积极维护妇女群众根本利益,发挥好妇联的社会支柱作用,逐步建立起开放式、社会化的妇女维权工作的模式,切实增强妇联组织在妇女群众中的凝聚力、号召力、向心力和感召力。

一、从宏观视角看,妇女权益保障法律体系在不断完善

20世纪90年代以来,我国已经形成了以《宪法》为基础、以《中华人民共和国妇女权益保障法》为主体及国家各种单行法律法规、地方性法规等构成的妇女权益保障体系,保障男女两性平等的社会地位,促进男女和谐发展,从而实现了妇女权益从"无法可依"到妇女权益保障法律体系基本形成的"飞越"。为了更好地保障妇女的权益,党的十八大报告中明确提出"坚持男女平等基本国策,保障妇女儿童合法权益"的要求,这将昭示在经济、政治、文化等领域需要建立权利平等、机会平等、规则平等、分配平等为主要内容的妇女权益保障体系,同时也标志中国社会发展理性与公平理性的融合,从而走向"善治"的精神境界。法律上"公正"与"善治",对于不同利益关系的阶

层起到平衡作用,减少社会矛盾激化的几率,尤其对提高妇女的法律地位,完善妇女维权机制,促进男女两性和谐发展具有战略意义。

二、从微观视角看,妇女的各项权益得到较好落实

现行保护妇女权益的法律、法规为妇女发展撑起了一片至爱的天空,唤起妇女主体意识、妇女权利意识,切实改变了妇女地位,收到良好的社会效果。就静安区妇女发展而言,妇女的法律地位在以下几个方面得到了较大的改观。

(一) 妇女享有的政治权利有了明显的改善

2012年,区党代表中女性占到47.96％,区人大代表、区政协委员女性比例逐年提高,分别占到36.41％、34.58％,比2011年高出4.41和2.58个百分点。区党委工作部门领导班子女干部配备率90.9％,分别比2010年提高了20.9个百分点。区政府工作部门领导班子女干部配备率达到76％,女性的主体意识得到增强,参与民主决策的女性增多,大大改观了妇女政治地位。

(二) 妇女享有的劳动权利得到落实,妇女经济参与的程度不断提高

国际静安的建设,现代服务业的快速发展,使静安区成为女性就业最为集中的领域。据不完全统计,区内参加现代服务业的白领女性达10万人之多。

(三) 妇女享有的人身权益得到保障

近年来,在各有关部门的支持下,女职工劳动权益保障得到落实,实施了女职工两年一次健康体检,为退休妇女和困难妇女免费提供妇科病、乳腺病筛查;加大对市场上女性保健品、药品、化妆品质量的抽检,保持妇女法律援助处理在100％,上述举措为广大妇女生存、发展创造了良好的社会环境。

(四) 婚姻家庭权利满意度得到提升

2013年对400户家庭抽样表明,静安区建健康之家、建学习之家、建文化之家、建安全之家、建生态之家平均达到93.9％,妇联组织开展"五好文明家庭"创建、推荐"静安最美家庭"、实施"百万家庭低碳行"实事项目、推出家庭文化服务的品牌和特色活动,极大地丰富了妇女的婚姻家庭生活。由此可见,静安女性在政治、文化、劳动就

业、人身财产、婚姻家庭等方面的权利有了长足的进步。

三、从现实视角看，妇女结构分层加快和维权问题仍然存在

（一）妇女的结构层

市场经济的竞争，加速了社会转型，出现了阶层结构的分化，从"一个阶层"转变"多个阶层"。贫富差距逐渐拉大，使妇女边缘群体在社会生活的各个方面处于明显劣势地位，引发价值焦虑在上升，很易于形成妇女经济上的困难和心理上的不平衡，这些群体很需要妇联的介入，维护她们的合法权益。当前妇联主要维权的群体为：一是受到性别歧视的职业女性。在经济绩效至上、唯利是图的环境驱动下，妇女受到性别歧视比较突出。从第三次上海妇女社会地位调查显示，城镇中有八成以上女性认为在社会中还存在"因性别而不被录用，男女同工不同酬，因怀孕、结婚、生育而被解雇"等问题。二是婚姻家庭领域中受到伤害的妇女。虽然从第三次上海妇女社会地位调查显示，女性遭遇家庭暴力的比重在下降，但因房产、财产等物化引发的婚姻问题常常发生。三是从农村到城市，尔后与上海人结婚的外来流动女性，称之为"外来媳"。据不完全统计，截至2010年底上海流动人口为897.7万人，其中女性约占1/3。上海"外来媳"约37.5万人，而居住在静安的"外来媳"在2 000人左右，该群体一般住房偏紧、职业不稳定、收入偏低或无收入，社会保障水平差，合法权益保护不到位。四是失业妇女、家人残疾或自己患重病的女性群体。她们在经济、心理上遇到了不少的困难与困惑。五是60岁以上老年妇女群体。上海60岁老年有347.76万人，而静安老年人口占到8.8万人，其中女性占到52.5%，关爱贫困老年妇女成为政府、社会和社团组织的一项重要工作。

（二）维护妇女权益中存在的主要问题

一是婚姻家庭领域问题依然凸显，但婚姻家庭权益类问题在逐年下降。据统计，我区妇联2013年上半年251件信访来访中，婚姻家庭案件占到12.9%，比去年有所下降，反映的问题仍然集中在家庭纠纷、"闪婚闪离"、配偶有外遇及家庭暴力。家庭暴力现象有明显的减少，但是杀害、强奸、伤害、侮辱妇女的刑事案件仍在上升，2010年、2011年、2012年分别为3件、6件和7件。二是劳动和社会保障权益问题比较突出。据静安区法律援助中心反映，2010年至2012年之间，女职工因劳动和社会保障类的咨询、投诉达到587起，同比增加15起。主要反映女职工因劳动合同、劳动环

境、劳动待遇以及"四期"劳动保护引起的矛盾,还有白领女性关于生育保险政策在实施中引发争议也比较突出。三是邻里家庭纠纷案件增多。目前静安区邻里家庭纠纷案件占到来信来访的50%左右。主要为外来流动人口的租房客与本地居民发生矛盾、老人与小辈同住发生经济和理念上的矛盾、老公房公共卫生保洁和房屋漏水等引发的冲突。四是人身权益和财产权益案件呈上升态势。据统计,区妇联2013年上半年信访接待中人身权益类案件占5.6%,财产权益类案件占10.3%,比同期有所上升。来访反映问题主要为医疗事故、交通事故赔偿以及未成年人在校受伤后的责任赔偿等。

四、从妇联视角看,妇女维权工作的机制在不断创新发展

妇女问题是社会问题,做好新时期妇女维权工作,迫切需要妇联从"人治"到"法制"的转变,坚持主动维权、依法维权和科学维权,准确把握妇女群众多利益需求,牢牢把握妇女维权工作社会化和维权维稳一体化趋势,善于整合各类资源,建立和完善全社会齐抓共管的开放性、宽覆盖的妇女维权社会化体系和运行机制。

(一) 联建宣传机制,营造妇女权益保障的良好舆论环境

一是在每年的"三八"节期间,开展"学法律·反家暴·促和谐"的法律咨询宣传服务和法律知识有奖竞答等活动,为妇女提供法律知识、政策解读、维权实务等服务,营造良好的法治社会环境。二是结合"五好文明家庭"创建活动,围绕家庭文明建设,开展"幸福家庭从心开始"系列活动,倡导"尊老爱幼、男女平等、夫妻和睦、勤俭持家、邻里团结"的家庭美德。深入社区开展"爱暖家庭,情满静安——静安区第十二届家庭文化节暨第十四届家庭教育宣传周"系列活动,切实提高家庭成员和妇女的幸福指数和幸福感,达到身心和谐,家庭和谐,社会和谐。三是以"人人参与禁毒、构建和谐静安"为主题,通过办宣传版面、宣传横幅、发送禁毒短信和"学法共成长"夏令营、失足女性一对一的帮教等活动,增强公民的法制观念。

(二) 完善妇女利益协调机制,健全"四位一体"的工作模式

一是充分运用区妇儿工委主管妇女儿童工作的资源平台,定期通报妇女儿童权益方面存在的问题,协调解决涉及妇女儿童权益的难点问题。诸如开展女职工劳动保护、劳动合同签订、工资支付、工时制度、缴纳社会保险费等女职工劳动权益保障情

况专项检查,向受查单位和女职工宣传保障女职工合法权益的法律法规和维权的基本常识。二是完善"四位一体"即信访接待、法律援助、人民调解和心理疏导的工作模式。与区人民法院、区法律援助中心有效衔接,化解矛盾,为老年妇女和离异妇女争取合法财产,为人身权益受到侵害的职业女性提供法律援助,维护妇女的合法权益;主动落实市、区人民政府关于"公共服务窗口延长服务时间"的要求,建立健全区、街道、居委妇女信访"窗口"的维权网络;以"白玉兰开心家园"为阵地,为遇到困惑的妇女及时提供心理疏导服务,达到维权心理疏导服务的同城效应。三是推动区基层法院落实沪高(2011)386号文件《关于加强合作建立健全妇女权益保护工作机制的会议纪要》中"强化婚姻家庭合议庭"专项审判工作运行机制的建设,促成在民一庭设立"妇女维权合议庭",在涉及妇女儿童权益保护的婚姻类案件的判决中直接适用"一法一办法",保障了妇女在婚姻家庭的合法权益。

(三)健全妇女诉求表达机制,推进社会管理创新工作

加强社会建设、创新社会管理是妇联维权工作一项重要的内容,推行以"预测、预警、预防"为主要内容的诉求表达机制。一是依托社会组织实施"知心妈妈"项目,采用人文关怀、家庭关系修护等方法,引导妇女合理合法有序地反映诉求。二是相继建立三级"开心家园",构建维权工作的立体网络。发挥心理咨询、法律援助、矛盾化解、帮教四支志愿者队伍在心理疏导、倾听民意呼声、化解社会矛盾的作用,达到维护家庭平安和社会稳定的效应。据统计,五年来,我区三级妇联组织共接待来信、来访、法律援助、人民调解5 103件(次),办结率100%。三是与区委、区政府签订静安区社会综治信访维稳责任书,使"平安家庭"创建纳入"平安城区"创建,推动了创建工作的深入开展。四是开通"小菁维权热线",与民政局联手,成立"静安区婚姻辅导室",开展婚姻危机干预、离婚劝和、新婚指导工作。

(四)实施妇女权益保障机制,共享社会发展的成果

解决弱势妇女最关心、最直接、最现实的利益问题,是在社会利益多元化条件下对民生问题的重视,也是不断促进社会公平正义的着力点。一是实施创业就业行动。争取政策和资源,指导和扶持女性灵活就业、自主创业,协助解决小额担保贷款,启动"家政发展助力计划",扶持龙头家政企业,落实就业岗位,帮助妇女实现就业、创业。二是促进妇女发展援助行动。依托社会力量为困难和外来务工女性提供健康关怀、维权、帮困等服务,成立"新上海姐妹之家",满足进城务工女性"被重视、可倾诉、能进步、得实惠"的诉求。开展妇女健康实施项目,为困难妇女提供一年一次的免费妇科病及乳腺病筛查及治疗救助。三是开展帮困送温暖行动。关爱患病的老三八红旗手、准孤儿,关心单亲困难家庭等特殊群体,实施"幸福妈妈家园"项目,使单亲家庭能以积极健康良好的心态融入社会生活。设立"静安区妇女儿童救助专项基金",推出"爱心营养早餐"、"爱心绿色蔬菜"等妇女儿童社会公共服务项目,帮助解决妇女实际困难,优化妇女发展的社会环境。

五、结 语

虽然目前在我国已经形成了妇女维护权益保障的体系,但是法律体系还需要在社会发展进程中不断完善,需要扎实推进立法完善、严格执法、公正司法、自觉守法等法律制度建设,为实现共建共享、推进男女两性和谐发展、促进社会和谐提供保障,从法律上、制度上保障《中华人民共和国妇女权益保障法》贯彻落实。虽然妇联组织在妇女权益保护上做了大量的创新工作,但是妇联组织在推动维护妇女儿童法律法规的路径、完善社会救助网络、健全维权监督机制、充分发挥维权阵地的作用、提升妇女法律素养等方面的力度还需增强。

(一) 建立以宏观维权为主、微观维权为辅的妇女权益保障工作机制

"坚持男女平等基本国策,保障妇女合法权益"作为加强社会管理的重要组成部分写入党的十八大报告,体现出中国执政党对男女平等、妇女发展在社会主义和谐社会建设中重要作用的高度重视,反映了广大妇女最关心最直接最现实的利益需求,对于在全面建成小康社会进程中同步实现社会性别平等和妇女的全面发展具有重要意义。宏观上,以《中华人民共和国妇女权益保障法》为准绳,维护妇女发展的整体利益,审视妇女发展过程中存在性别不平等的问题;微观上,从区域、群体和个体上维护妇女的权益,当女性某群体和个体遇到不平等侵害时,妇联、社团和个体可以拿起法律武器维护自己的合法权益。宏观与微观的关系既有联系又有区别。为此建议区各部门要深入贯彻落实男女平等基本国策,将实施《中华人民共和国妇女权益保障法》的工作纳入静安区经济和社会发展的总体规划、纳入区政府财政预算,为妇联维权工作营造有利的大环境,使《中华人民共和国妇女权益保障法》的法律地位和社会地位有可靠的保证。其次将《中华人民共和国宪法》、《中华人民共和国婚姻法》、《中华人

民共和国妇女权益保障法》、《上海市实施〈中华人民共和国妇女权益保障法〉办法》等法律法规与落实静安区妇女发展"十二五"规划相结合,加大实施力度,使维护妇女权益的法律更切实可行。

(二) 改进宣传教育的方式,营造尊重妇女、保护妇女的良好社会环境

要改变《中华人民共和国妇女权益保障法》"笼统宣传"、"阶段宣传"的形式,开展深入持久的宣传,在全社会扩大影响力。积极推进将《中华人民共和国妇女权益保障法》作为广大市民普法的重要内容之一,提高法制宣传的实效性和针对性。为此建议针对重点人群开展宣传:一是加强对区公务人员的培训,提高政府司法、执法人员的性别平等观念、法律意识和责任意识,加深对男女平等基本国策的理解,将男女平等意识纳入决策主流。二是开展对企业经营管理者的宣传,提高私营企业和个体经济业主维护妇女权益的意识,遵守国家有关法律规定,执行劳动用工制度,落实女职工劳动保护规定。三是帮助妇女掌握有关法律法规,提高遵纪守法的自觉性,在全面参与静安经济建设和社会发展中依法办事,学会运用法律和政策,保护自己的劳动就业、人身权益、婚姻家庭等法定赋予的权利。四是充分发挥媒体在法制宣传中的作用。以广播、电视、报刊、新媒体等,宣传保障妇女权益的法律法规和政策,宣传男女平等基本国策,宣传文明进步的性别平等观念,有效地遏止社会上有损妇女形象和人格尊严的违法行为,营造男女两性互相尊重、平等发展的社会环境。

(三) 强化政府责任为主导、妇联组织为主要依靠力量的维权工作运作模式

建立和健全以区政府为主体,多部门齐抓共管、社会各界广泛参与的社会化妇女儿童维权工作格局。从政府视角即经济领域、社会公共政策和舆论导向上给予妇女权益保护的支持。具体而言,一是政府采取更为积极的政策措施,增加就业岗位,除了发展适合女性就业的第三产业外,还应当鼓励妇女在更广阔的领域寻求就业机会。同时努力避免和减少就业中的性别歧视,保护妇女的平等就业权利。二是继续落实女职工劳动保护规定,保护妇女在工作场所的人身安全和健康。加大劳动监察力度,预防并及时纠正各种侵害妇女劳动权益的行为。三是发挥司法机构的维权功能。公安、法院、检察院等部门要积极探索建立保障妇女人身权利和婚姻家庭权益的长效机制,为受到侵权的妇女提供更多的司法救济,包括法律援助、司法咨询等,使妇女真正能够拿起法律武器保护自己的权利。从妇联的视角就是在服务项目、价值倡导等为妇女权益保障提供帮助。具体而言,在维护妇女合法权益上应守土有责、守寸尽责,对涉及侵害妇女权益的重大事件要积极维护,对妇女最关心、最直接、最现实的利益问题上勇于担责,毫不推诿,协调各方资源,整合社会资本、组织志愿者队伍为维护妇女合法权益开发服务项目。

(四)加强协调联动,形成妇女儿童维权工作的整体合力

妇联是党和政府联系妇女群众的桥梁和纽带,是国家政权的重要社会支柱。代表和维护妇女权益、促进男女平等是妇联的基本职能。因此,妇联要始终把代表和维护妇女权益作为一切工作的出发点和落脚点,正确处理好发展和维权的关系、维权和稳定的关系。一是完善妇联维权工作的机制,大力扶持、鼓励社会组织参与妇女维权工作,在实践中丰富妇女维权工作的内涵,拓展维权工作的外延,适时推动有关方面设立专门为妇女提供法律援助的法律事务所或机构。二是构建协调联动机制,建立信息交流平台,形成人大监督、舆论监督和群众监督维权工作的整体合力,共同推动妇女维权工作的创新发展。三是加强法制培训,通过女子开放大学静安分中心、社区学校、讲座、报告会等,帮助妇女提高维权的法制素养。四是开发社团组织的服务功能,培育一批热心妇女事业的女律师队伍和志愿者队伍,提升妇女干部维护妇女儿童合法权益的能力。

综上所述,从宏观与微观、政府与妇联组织、社会组织与妇联各种视角的分析,透视出我区妇联维权工作的路径。如何进一步拓展妇联工作一手抓发展、一手抓维权的路径和模式,不仅需要法律、法规、制度的保障,还需要有社会性别视角和有效的运作模式,才能使妇女权益保障真正落到实处。

后 记

本书汇集了 2013 年度由上海市各级妇女组织、各妇女研究中心、专家学者等撰写的与妇女、儿童和婚姻家庭研究领域内容相关的研究成果,入选的文章均参与了上海市妇联的优秀调查报告、论文评选并获得奖项,基本涵盖了妇女发展和妇女工作的各个方面,具有较强的理论创新性和工作针对性。在此,谨向积极支持妇女研究工作的各单位、各课题组以及参与本书编辑工作的同志们表示诚挚的敬意和衷心感谢。

因受篇幅所限,本着尊重作者基本观点的原则,视具体情况,我们进行了一定的压缩和调整。限于编撰水平和时间,疏漏不足之处,敬请指正。

编 者
2014 年 4 月

图书在版编目(CIP)数据

妇女发展与妇女工作:2014年上海妇女理论研究成果汇编/上海市妇女联合会编.—上海:上海人民出版社,2014
ISBN 978-7-208-12280-2

Ⅰ.①妇… Ⅱ.①上… Ⅲ.①妇女工作-理论研究-文集 Ⅳ.①D440-53

中国版本图书馆CIP数据核字(2014)第097211号

出 品 人　邵　敏
责任编辑　邵　敏　陈　蔡
封面装帧　克里斯

世纪文睿出品

妇女发展与妇女工作:2014年上海妇女理论研究成果汇编
上海市妇女联合会 编

出　　版　世纪出版集团 上海人民出版社
　　　　　(200001　上海福建路193号　www.shsjwr.com)
出　　品　世纪出版股份有限公司上海世纪文睿文化传播分公司
发　　行　中国图书进出口上海公司
字　　数　320,000
I S B N　978-7-208-12280-2/D·2487

www.ingramcontent.com/pod-product-compliance
Lightning Source LLC
Chambersburg PA
CBHW080356030426
42334CB00024B/2893